영성수련
Retreat

생활 속에서 실천하는 영성수련

루벤 좁 지음 | 이세형 옮김

kmc

A GUIDE TO RETREAT
FOR ALL GOD'S SHEPHERDS

by Rueben P. Job

영성수련 Retreat

초판 1쇄   2009년 9월 1일

루벤 좁 지음 | 이세형 옮김

발 행 인 | 신경하
편 집 인 | 김광덕

펴 낸 곳 | 도서출판 kmc
등록번호 | 제2-1607호
등록일자 | 1993년 9월 4일

(100-101) 서울특별시 중구 태평로1가 64-8 감리회관 16층
(재)기독교대한감리회 출판국

대표전화 | 02-399-2008, 02-399-4365(팩스)
홈페이지 | http://www.kmcmall.co.kr
          http://www.kmc.or.kr

디자인 · 인쇄 | 리더스 커뮤니케이션 02)2123-9996/7

값 11,000원
ISBN 978-89-8430-432-1 03230

A GUIDE TO RETREAT

FOR ALL GOD'S SHEPHERDS

RUEBEN P. JOB

감사의 글

지금까지 내 영혼을 돌보아 준 하나님의 사람들에게 진심으로 감사드립니다. 내게 기도와 묵상과 수련의 중요성을 가르쳐 준 분들이 많습니다. 하나님께서 이들을 보내 주셔서 영적 지도와 양육의 모범을 보여 주셨습니다. 이분들에게 깊은 감사를 드립니다.

특별히 자신의 기도 유형과 수련 방식을 소개하며 상담해 주었던 친구들과 동료들에게 감사를 전합니다. 그들은 이 책이 완성되도록 언제나 격려를 아끼지 않았습니다. 스티븐슨(Janet Stephenson), 루아흐(Susan Ruach), 로손(David Lawson), 쇼척(Norman Shawchuck), 톰슨(Marjorie Thompson), 오우(Ough), 레딕(Jill Reddig)에게는 지면을 빌어 특별한 감사를 표합니다. 이들은 영성수련을 위한 안내서가 수련 교재로서 완성도와 개방성을 유지하도록 연구 과정에서부터 분명한 방향을 제시하고 도움이 될 만한 창조적 조언을 해 주었습니다. 또한 이 책의 영적 독서를 위한 자료와 자료 선정 과정에서 조언을 해 준 커튼(William Cotton), 스미스(Judy Smith), 켈러(Jack Keller), 윔스(Lovette Weems), 그리고 보겔(Susan Vogel)에게 감사를 드립니다.

여러 출판사와 작가들이 이 책의 자료로 사용하도록 허락해 주었고, 편집인들은 내 의중이 잘 반영되도록 이 책을 구성해 주었습니다. 가족들은 책이 완성되기까지 나의 부재를 기다려 주었습니다. 이들 모두에게 감사드립니다. 그러나 근본적으로는 우리의 영적 갈증과 양식의 근원이 되시며 예수 그리스도 안에 영광의 광채로 우리에게 말씀하시는 은총의 하나님(히 1:1~4)께 모든 감사를 드립니다.

1993년 가을

루벤 좁Rueben P. Job

내 영혼의 집이 너무 협소하여 주님께서 들어오실 수 없나이다.
주님이시여! 내 영혼의 집을 넓혀 주옵소서.
내 영혼의 집이 폐허가 되었사오니 무너진 내 영혼의 집을 속히 회복시켜 주옵소서.
– 아우구스티누스

나는 40년 넘게 목회를 관찰하기도 하고, 직접 참여하기도 했습니다. 이 과정에서 오늘날 많은 목회자들이 이전의 어떤 지도자들보다도 더 많은 영혼의 아픔을 경험하고 있다는 사실을 발견하였습니다. 목회의 필요와 기회는 배가 되었고, 목회에 부과된 수요와 기대의 무게는 엄청나게 늘었습니다. 한때 목회자와 전문 사역자들에게 그들만의 가치와 지도력을 기대했던 때가 있었습니다. 그러나 이제 시대가 달라졌습니다. 현대의 기독교 사역자들은 낯선 땅의 이방인처럼 되어 버렸거나 아무런 지원도 받지 못하는 선교지의 선교사처럼 되어버렸습니다.

이러한 환경에서 교회 안에서 일하고 있는 목회자들과 전문 사역자들은 종종 미몽과 낙심과 우울증을 경험합니다. 지도자 자신의 가치 체계, 세계관, 기대감과 이들을 둘러싼 주변의 가치 체계, 세계관, 기대감이 상호 충돌함으로 해서 많은 이들이 목회에 만족할 수도, 효과를 기대할 수도 없게 되었습니다.

따라서 효과적이고도 만족스런 목회를 수행하기 위해서는, 새롭고도 목마르지 않을 시원한 "생수의 강"(요 7:38)에 거하는 의도적 노력이 필요합니다. 우리의 영혼이 살아 있고 건강해지려면 지도자 자신이 의도를 가지고 정기적으로 영적 수련에 임해야 합니다.

영혼의 돌봄은 평생의 과제입니다. 그럼에도 우리는 자주 삶에서 부차적인 것으로 혹은 가장 나중에 생각해도 되는 것으로 치부해 버립니다. 세상의 소란한 업무에 깊이 빠진 나머지 내면 깊은 곳이 이미 텅 비어 있음을 간과해 버립니다. 어떤 이는 말라버린 영혼의 샘을 어렴풋이 인식합니다. 그러나 어떤 이는 온 삶을 집중해야 할 만큼의 큰 아픔으로 경험합니다. 파스칼이 말했듯이, "하나님만이 하나님을 닮은 공허를 채울 수 있습니다." 하나님만이 우리 영혼의 아픔을 치유할 수 있습니다.

정기적인 영성수련은 우리의 무너진 영혼을 치유하고, 텅 빈 영혼 안에 하나님의 임재를 경험하게 하며, 외로움 한가운데서 하나님과 친구됨을 회복하고, 하나님의 능력을 체험하게 하는 시간과 공간이 됩니다.

나는 노스 다코다(North Dakota)의 한 농장에서 젊은 시절을 보냈습니다. 지금도 끝없이 펼쳐졌던 초원과 초원 위의 풍차를 잊을 수 없습니다. 농장 주변은 커다란 사시나무들에 둘러싸여 있어서 가끔은 밖에서 불어오는 미풍조차 풍차에 미치지 못했습니다. 바람이 불어야 풍차가 돌아가고 농장에 물을 끌어 올리는 일을 할 것이 아니겠습니까? 바람이 너무 약해 거대한 풍차의 날개가 바람을 향해 있지 않는 날이면, 아버지께서는 높은 탑에 올라 풍차의 날개와 꼬리를 손으로 돌려 바람을 향하게 하곤 했습니다. 날개가 방향을 잡게 되면 아주 미미한 바람일지라도 그 바람이 풍차를 움직여 생명을 주는 물을 공급해 주었습니다. 우리의 영적 수련은, 제 자리를 다시 찾아주는 시간입니다. 의도적으로 우리의 주파수를 하나님을 향해 돌려놓는 시간입니다. 에블린 언더힐(Evelyn Undershill)은 "내가 하나님을 향하는 이유는 어떤 개인적인 성취나 황홀이 아니라 나로 하여금 이를 할 수 있게 하기 위함이다."라고 말한 바 있습니다. 나는 언더힐의 의견에 전적으로 동감합니다.

살펴보기

감사의 글_ 5

서문_ 6

서론_ 11

01 아무것도 들리지 않을 때_ 20

02 "네가 누구냐?"고 누군가 물을 때_ 50

03 실수와 실패의 한가운데서_ 78

04 행함과 존재의 혼돈_ 110

05 교회 안에 미래가 있습니까?_ 150

06 우리를 부르고 보내시는 분이 누구입니까?_ 188

부록 : 세상을 향하여_ 212

참고문헌_ 218

영적 독서를 위한 색인_ 221

역자후기_ 222

한국어판에 부쳐_ 224

사진·유인선

우리는 하나님의 은총을 목말라합니다.
그러나 하나님께서는 우리에게 자신의 두레박을 던져 물을 퍼 올리라고 하십니다.
– 에블린 언더힐 Evelyn Underhill

일상을 떠나온 여러분을 환영합니다. 영성수련 안내서는 묵상과 기도와 갱신의 시간을 갖는 여러분에게 도움을 주기 위한 것입니다. 여기 소개한 자료들은 여러분이 좀 더 온전하게 하나님이 주시는 샘물을 마심으로 충성된 목회를 준비하는 데 도움이 되도록 하기 위해 빌려 온 것입니다. 우리는 하나님께서 영성수련의 지도자이자 우리 삶의 여정에 안내자 되심을 고백하면서 이 책을 내놓습니다. 그 동안 많은 사람들이 수련의 시간을 통하여 목회를 위한 새로운 힘과 인생의 새로운 목표와 용기와 방향을 하나님으로부터 공급받았습니다. 이제 당신의 차례가 되었습니다.

영성수련을 준비할 때는 먼저 수련 장소와 시간을 정하고 음식과 숙소를 마련한 다음, 집과 목회 현장을 떠나 있는 동안 방해받지 않도록 해결해야 할 일들을 미리 처리해 둡니다. 장소를 정할 때는 일터나 집과 거리가 좀 있는 곳을 택하는 것이 바람직합니다. 우리는 교회, 수양관, 기도의 집, 심지어는 시립공원이나 지방에 소재한 도립공원을 수련 장소로 잡을 수 있습니다. 내 동료 목사님 중 한 분은 도립공원에서 겨울과 여름, 일 년에 두 차례씩 정기적으로 24시간 개인 영성수련을 합니다. 그러나 어떤 때는 집이나 여러분이 일하는 사무실을 영성수련의 장소로 쓸 수밖에 없는 경우가 있습니다. 이런 경우에는 장소 때문에 하나님의 임재를 경험하고 하나님의 부름에 귀 기울이는 일에 방해받는 일이 생기지 않도록 의도적인 준비를 해야 합니다. 당신이 사용하는 방을 수련 장소로 택하였다면, 침묵과 고독을 경험할 수 있는 시간을 택하십시오. 가장 중요한 것은, 산만한 일상에서 벗어나 여러분의 안내자 되기 원하시는 그분의 세미한 음성에 주의를 집중해 분명하게 듣는 것입니다.

금식하는 경우가 아니라면 식사와 음료 그리고 쉴 만한 공간을 준비해야 합니다. 그리고 가능하다면 걷거나 가볍게 뛰는 운동의 기회도 가져야 합니다. 물론 당신의 손때 묻은 성경을 지참하고 성경을 깊이 읽기 위해 대조하며 읽을 다양한 역본의 성경을 가져갈 수도 있습니다. 아울러 노트와 필기도구도 준비하십시오. 수련 장소에 도착하면 이내 시간에 맞추어 의도적으로 하나님과의 친밀한 교제의 시간을 가지십시오.

이 책은 안내서의 성격을 갖추고 있습니다. 안내서는 성격에 따라 변용이 허락되지 않고 안내서의 안내를 지켜야 하는 경우가 있습니다. 그러나 어떤 안내서는 사용자의 특성과 개성에 따라 변용이 가능하도록 기획된 경우가 있습니다. 이 책은 후자에 해당합니다. 영성수련 기간 동안 하나님의 음성을 귀 기울여 들으십시오. 그리고 하나님께서 오늘 여러분의 필요에 맞는 유형으로 어떻게 안내하시는지 주목하십시오. 언젠가는 여기 소개된 안내서가 필요 없게 될 수도 있을 것입니다. 하지만 나는 여러분의 영적 여정에 이 안내서가 얼마나 도움이 되는지 알아보기 위해 두세 차례 약간의 변화를 주어 이 안내서를 잘 활용해 보라고 권하고 싶습니다. 영성수련 과정에서 여러분은 성장을 위한 긴장을 느낄 수도 있습니다. 그러나 여러 차례 계속적으로 수련을 경험하고 나면 안내서가 제시하는 일과표가 몸에 익숙하게 되어 좀 더 효과적으로 하나님을 향해 나아갈 수 있을 것입니다. 아래 항목들은 이 영성수련 안내서의 사용 지침입니다.

하나님의 인도를 비는 기도

먼저 하나님께 돌아서도록 인도해 달라고, 우리 삶에 하나님을 초청하는 기도를 드릴 수 있습니다. 이 기도는 우리의 생각을 모으는 시간이고, 수련 기간과 우리 자신을 하나님께 드리는 기도입니다. 하나님께서 우리를 인도하고 방향을 제시해 주시기를, 그리고 우리와 교제하시기를 구하는 기도입니다. 미리 인쇄한 기도문을 읽거나 스스로 쓴 기도문을 사용할 수 있고, 또는 입을 열어 기도드릴 수도 있습니다. 기도하는 동안 일상을 잊고 하나님의 돌보심과 인도하심에 당신을 내어 맡기십시오.

조용히 듣기

노트를 지참하고 30분 이상 조용히 들으십시오. 언더힐이 제시하는 것처럼, 이 시간은 '우리를 가르치실 뿐 우리에게 배울 것이 없으신' 주님의 음성을 듣는 시간입니다. 침묵을 흐트러뜨리는 여러 가지 잡상, 생각, 느낌에 방해받지 마십시오. "성령이여 오소서."라는 초청의 기도와 "주님! 제가 여기 있습니다."라는 결단의 기도를 드리면서 주님께 나아가십시오. 그리고 계속해서 조용히 들으십시오.

성경 읽기

주어진 성경 본문을 여러 차례 읽으십시오. 본문을 앞세우십시오. 본문이 묻고, 본문이 말하게 하십시오. "이 본문을 통해 하나님은 내게 무엇이라 말씀하시는가?" 당신의 목회 여정에서, 지금 여기에서 본문 말씀이 당신을 향한 하나님의 말씀이 되게 하십시오. 이 시간은 주일 설교를 위한 정보나 자료를 모으는 시간이 아닙니다. 본문 말씀이 당신에게 하나님의 살아 계신 말씀이 되게 하십시오. 생각 속에 떠오르는 느낌, 물음, 고백, 방향을 노트에 기록하십시오. 수련 기간 동안 성경 읽기를 위해 한 시간 이상 방해받지 않을 시간을 계획하십시오.

영적 독서

성인들이 쓴 영성에 관한 책의 서론을 읽은 후, 주제에 따라 하나 혹은 그 이상의 주제를 읽으십시오. 정보를 얻을 목적이나 개념을 이해할 목적으로 읽지 말고, 하나님의 음성 듣기를 기대하면서 책을 읽으십시오. 오늘 당신의 영적 독서를 통해 하나님은 무엇이라 말씀하시는지 물으십시오. 책을 통한 성인들의 가르침에 한 시간 이상 영적 귀를 열고 들으십시오. 천천히 묵상하면서 읽으십시오. 읽다가 당신의 주목을 끄는 단어, 구절, 개념이 나오면 읽기를 멈추십시오. 어떤 구절을 통해 하나님의 음성을 들었다면, 그 구절을 읽고 묵상하면서 하루 온종일을 보낼 수도 있습니다.

나는 전통에 잇대어 있는 자료들을 의도적으로 사용합니다. 성인들이 쓴 영적 자료들은 현대 언어가 아님에도 불구하고 현대를 포용하는 영성을 지니고 있습니다.

묵상

조용히 듣기, 성경 읽기, 영적 독서의 시간에 적어 두었던 내용들을 모아 읽으면서 어떤 공통된 주제나 메시지가 있으면 기록해 두십시오. 한 시간 이상 묵상을 하고, 적어 두었던 내용이나 읽었던 자료를 다시 꺼내 되새김질을 하십시오. 그리고 묵상을 정리하여 요약해 두십시오.

식사 시간

수련의 경험이 효과적이기 위해서는 식사는 가벼우면서도 영양은 충분해야 합니다. 감사한 마음으로 음식을 받는 것은 여러 면에서 하나님의 은총에 의한 풍요로운 삶을 상기시켜 줍니다. 금식으로 수련을 시작했다면 수련 기간 동안 혹은 수련을 끝내면서 감사의 애찬을 들면서 금식을 끝낼 수도 있습니다. 변용과 실험을 통해 식사 시간을 단순히 음식을 섭취하는 것 이상의 축제가 되도록 해 보십시오.

쉼

나의 관찰에 따르면 수련회 참석자들은 쉼이 필요한 때에 수련의 시간을 갖습니다. 여러분도 같은 이유에서 쉼을 위해 수련회에 오셨다면, 쉬는 것을 부끄럽게 생각하지 마십시오. 한 시간 혹은 두 시간 동안 쉬든가 혹은 잠을 자는 일은 수련 기간 중 가장 중요한 경험이 될 수 있습니다. 그러나 더 많은 시간을 쉬어야 한다거나, 계속해서 피로를 느낀다면 의사와 상담을 하고 영성 지도자의 안내를 받으십시오.

여가 선용

쉬는 시간을 이용하여 운동을 할 수도 있습니다. 가능하다면 건물 밖으로 나가 걷거나 뛰어보십시오. 수영을 하거나 정원을 가꿔 보십시오. 나무를 자르는 일과 낙엽을 긁어모으는 일을 해 보십시오. 물론 당신의 힘이 허락하는 만큼, 또 몸이 허락하는 만큼 하십시오. 건강이 좋지 않은 경우엔 한두 시간 혹은 잠깐 동안 밖에 나가는 것만으로도 수련에 새로운 활력과 선물을 얻게 될 것입니다.

일기 쓰기

한 시간 이상 할애를 해서 하루의 일과를 생각하며 일기를 쓰십시오. 하루를 지내면서 기록했던 글들을 다시 살펴보면 일기를 쓰는 데 큰 도움이 될 것입니다. 특별히 마음에 떠올랐던 물음들, 또 생각났던 방향이나 다짐들을 적으십시오. 아울러 새롭게 고백한 것들과 헌신을 다짐한 결심들도 기록하십시오.

기도

하나님의 돌보심을 기억하면서 경배, 감사, 탄원, 중보, 내려놓음의 기도를 드리십시오. 우리가 마땅히 기도할 바를 알 수 없을 때에라도 오직 성령께서 말할 수 없는 탄식으로 우리를 위해 친히 간구하심을 믿으면서(롬 8:26), 하나님께서 우리의 기도를 이끌어 가시도록 허락하십시오.

영적 독서, 묵상, 일기 계속 쓰기

영적 수련 시간을 하루 더 연장하고자 한다면 영적 독서, 묵상, 일기 쓰기, 성경과 가져온 자료 읽기 등을 계속 하십시오. 상황에 따라서는 이러한 유형으로 원하는 기간만큼 훈련을 계속 하셔도 됩니다. 이 책에서 소개한 자료들이나 당신이 준비한 자료를 사용해도 좋고, 또는 수련회 장소에 맞는 자료를 사용해도 좋습니다.

성만찬

수련에 참여했던 많은 성직자들은 성만찬 시간을 영성을 구성하고 새롭게 하는 계기로 경험합니다. 절기에 따른 예전을 사용할 수도 있고, 특별히 당신 자신의 영성을 구성하는 데 도움이 되는 예전이 있다면 그 예전을 사용하여도 좋습니다.

응답

수련의 모든 프로그램마다 응답의 시간을 가지십시오. 일상을 떠난 오늘 하루 동안 당신에게 일어난 모든 일에 당신이 어떻게 응답하는지 주목한 후 응답한 내용들을 모아 기록할 시간을 가져보십시오. 소박한 감사의 기도일 수도 있고 삶의 새로운 규칙이나 방법을 적어 놓은 것일 수도 있습니다. 아니면 과거에 정한 헌신과 계약을 갱신하는 것일 수도 있습니다.

세상을 향하여

새롭게 준비된 마음으로 영적 수련으로부터 돌아오게 되면, 많은 경우 새로워진 통찰과 비전과 영적 기운이 빠르게 빠져나가는 것을 발견하곤 합니다. 이때가 바로 매일 매일 우리의 목회 속에서 영혼의 성숙을 하나님이 인도하시도록 우리가 적용해야 할 훈련 단계들을 생각하고 기록할 시간입니다. 영적인 삶을 위한 계획을 어떻게 전개할 것인지에 대해서는 뒤에 제시한 부록을 참고하십시오.

마침 기도

마침 기도는 목회 현장으로 돌아갈 준비를 하면서 감사와 탄원과 헌신의 기도를 드리는 시간입니다. 개인 기도를 위해 미리 인쇄한 기도문을 사용할 수 있습니다.

≈ 영성수련 일과표 ≈

하나님의 인도를 위한 기도

사랑이 많으신 나의 목자 되시는 주님이시여, 이번 수련 시간을 통해 나의 영적 여정을 인도하여 주옵소서. 주님과의 깊은 연합을 깨달아 알게 하시고, 지친 내 영혼에 주님의 힘을 공급해 주소서. 상한 마음과 관계에 주님의 치유의 손길을 허락해 주시고, 주님의 은총이 나의 기쁨이 되게 하옵소서. 아멘.

조용히 듣기

성경 읽기

시 22; 시 23; 눅 11:1~13; 눅 18:1~8; 마 27:46

이 구절들이 오늘 당신에게 무엇을 말씀하고 있나요?

이 말씀의 각 구절들이 당신에게 어떤 의미로 다가오나요?

이 말씀에 대해 당신은 무엇이라 응답하고 있나요?

영적 독서

묵상

식사 시간, 쉼, 여가 선용

일기 쓰기

기도

영적 독서, 묵상, 일기 계속 쓰기

성만찬

응답: 감사, 봉헌, 계약

세상을 향하여

부록에 제시한 제안들을 사용할 수도 있고, 지속적인 영적 삶을 위해 스스로 계획을 만들어 사용할 수도 있습니다. 삶과 목회가 영적 성숙을 더해 가도록 하루의 일과와 일주일의 계획을 세워 보십시오.

마침 기도

오 하나님, 저로 하여금 주님의 교회와 이 세상 속에서 성령의 도우심을 받아 주님의 종으로서 신실한 섬김의 삶을 살아가도록 하옵소서. 성령이시여 나의 목회 여정을 인도하시고, 능력을 허락하시며, 도와주옵소서. 목회 속에서 나를 지켜 주시고 지탱하여 주옵소서. 내게 은혜를 베푸사 주님을 기쁘게 하는 삶을 살게 하시고 주님이 함께하심을 늘 묵상하게 하옵소서. 이 시간 나의 기도를 들으시고 내 생명을 받아 주소서. 주님의 변치 않는 사랑으로 이끌어 주소서. 그리스도 예수님의 이름으로 기도합니다. 아멘.

1

아무것도 들리지 않을 때

아주 드물게 말로 형언하기 어려운 순간을 경험합니다. 성인들의 증언을 읽다 보면 '아하! 이분들에게도 이런 일이 있었구나!' 하면서 맞장구를 치게 됩니다. 우리는 모두 하나님을 목말라합니다. 아담과 이브 때부터 우리에게 이르도록 사람들은 하나님을 목말라합니다. 그러나 아주 드물게 우리는 하나님과 연합하고 하나가 되는 정점을 경험합니다. 정점의 경험은 우리의 가슴을 뛰게 하고 새로운 확신을 줍니다. 그것은 어떤 명령으로 주어진다든지 미리 예상할 수 있는 것이 아닙니다. 앞서 살았던 성도들과 우리는 평범한 삶을 삽니다. 그러나 그 평범한 삶 속에서 정점을 경험하는 순간, 일상에서 깨어나 가장 가까운 곳에서 우리의 삶을 지탱해 주시는 그분의 현존을 깊이 인식하게 되고, 인도하시고 손잡아 주시는 조용한 친구이신 그분을 느끼게 됩니다. 그분과의 상호관계를 통해 우리는 생명을 공급 받습니다.

그러나 이처럼 초월의 정점 경험이 있는가 하면, 친구의 목소리도 들리지 않고 우리 앞에 불빛 하나 없는 어두운 밤과 침묵의 순간도 있는 것 같습니다. 제가 " – 있는 것 같습니다."라고 추정하듯이 말한 이유는, 우리가 신학적이며 이론적으로는 "하나님께서 우리와 늘 함께하신다."고 고백하기 때문입니다. 하나님의 함께하심은 신앙에서 중심이 되는 진리입니다. 그러나 아무리 신앙과 전통에 따라 하나님이 우리와 함께하신다는 신학적 선언을 한다 하더라도, 현실 속에서 하나님의 부재를 경험하고 어둠과 침묵의 시간을 통과해야 하는 때가 있습니다. "겨울은 여느 계절과 마찬가지로 마음의 계절이다."라고 한 마틴 마티(Martin Marty)의 말에 공감하게 됩니다. 침묵과 하나님의 부재는 우리만 경험한 것이 아니죠. 시편 기자와 심지어는 우리 주님까지도 깊은 침묵과 하나님의 부재를 경험하였습니다. 십자가 위에 달려 주님은 외로이 외치셨습니다. "어찌하여 저를 버리시나이까?"(마 27:46)

영적 순례의 여정에서 대부분은 하나님의 부재와 침묵의 순간을 만나게 될 것입니다. 때로 자신의 일에 너무 바쁜 나머지 자기가 영혼의 광야를 지나고 있다는 사실조차 인식하지 못하는 때가 있습니다. 혹은 하나님과의 관계가 깊지 못하여 아무것도 들리지 않는 적막함 한가운데에 던져진 것을 인식조차 하지 못하는 때도 있습니다. 우리는 목회에 몰두하여 선을 행하고 세상의 궁핍한 자들을 섬기며 교회를 돌봅니다. 그러나 바로 그때 어떤 위기에 목덜미를 잡힌다거나 깊은 고독과 묵상의 순간에 있다가 갑자기 광야에 던져지는 것을 경험합니다. 아득한 공허가 펼쳐지고 황량함이 광야를 쓸고 지나간 후 침묵이 무겁게 짓누릅니다.

그 순간, 다른 때라면 생각할 수 없는 일이 일어날 수 있습니다. 확신의 은총은 비존재의 허무 속으로 증발해 버리고, 버림받고 홀로되었음을 느끼게 됩니다. 우리의 기도는 생각 속에 맴돌 뿐 생각 밖으로 나오지 못합니다. 영적 샘은 말라버린 듯싶습니다. 이 전에 위로나 영감을 주었던 것들이 침묵하고, 한때 감격에 겨워 고백했던 확신과 자신감도 사라집니다. 다른 사람들을 인도하려던 노력은 점차 어렵게 되고, 침묵과 부적절함으로 조롱거리가 됩니다.

나는 몇 년 몇 달에 걸쳐 5~6명을 한 그룹으로 묶어 총 700여 명의 목회자들을 만난 적이 있습니다. 만남은 매 번 세 시간 동안 이루어졌고, 대화 내용은 목회의 소명에 관한 것이었습니다. 그때 한 목회자가 "목회의 항해를 동세하고 있는 중"이라고 내게 밀해 주었습니다. 그는 설교하고 세례를 베풀며 상담을 하고 결혼식과 장례식을 집례하고 있지만, 정작 자신은 하나님과의 영적 교제의 부재를 느끼고 있고, 자신의 삶과 목회에서 주님의 현존과 인도하시는 손길을 경험할 수 없다고 털어놓았습니다. 또 어떤 여성 목회자는 자신은 지금 깊은 침묵과 황량한 부재를 경험하고 있으면서 회중을 향해서는 하나님께서 그들의 삶 안에 현존하고 활동하고 있음을 확신시키고자 하고 있다는 영적 고뇌를 털어놓았습니다.

이처럼 어둠의 경험은 여러 가지의 색깔로 누구에게나 다가옵니다. 우리 앞의 선조들도 이 어둠의 길을 경험하였습니다. 어떤 이들은 인생 대부분을 어둠 속에서 보내고, 어떤 이는 잠깐 동안 어두운 밤을 거치며, 또 어떤 이들은 산책길에서 그늘을 만나듯이 가볍게 어둠의 시간을 경험합니다. 이 어둠의 시간에는 위로의 음성이 멀리 아득하게 들릴 뿐입니다. 우리는 언제 어떻게 어둠의 시간을 만날지, 또한 어둠의 시간이 어떻게 지나갈 것인지 예견할 수 없습니다. 우리는 왜 그 침묵이 생겼는지, 언제 그 침묵이 막을 내릴 것인지 알 수 없습니다. 다만 알 수 있는 것은 침묵이 누구에게나 다가온다는 것입니다.

시편 기자로부터 예수님과 십자가의 성 요한(John of the Cross)을 거쳐 오늘에 이르기까지, 새벽이 마침내 도래할 것이며 침묵은 찬양으로 이어질 것이라는 약속과 신앙의 어둠에 대한 증언들이 많이 있습니다. 우리는 앞서 간 선조들의 삶과 증언에서 많은 교훈을 얻을 수 있습니다. 어둠을 헤치며 나아갔던 선조들의 삶은, 빛은 희미하게 보이고 침묵에 완전히 둘러싸인 것 같은 우리의 여정에 좋은 길잡이가 될 수 있습니다.

케네스 리치(Kenneth Leech)는 자신이 경험했던 무지(無知, unknowing)의 순간을 솔직하게 털어놓으면서 사도 요한이 말한 "영혼의 어두운 밤"은 신앙의 여정에서 예상할 수 있는 시간이라고 정확하게 해석합니다. 종종 침묵은 하나님의 음성에 집중하여 이전보다 분명하게 그 음성을 들을 수 있게 합니다. 명시 선집 「거룩한 비단 북」(The Sacred Silk Drum)의 마지막 줄을 특별히 주목해 보십시오. "'침묵의 비단으로 짠 공허' 속에서 우리의 일상은 잡다한 것으로 가득하여 넘쳐흐르는 것이 아니라 하나님의 경험으로 가득하게 됩니다."

마음이 공허하여 도움을 구하는 외침에 아무런 대답도 없는 것처럼 느껴질 때 어떻게 우리는 하나님의 무제약적인 사랑이라는 좋은 소식을 선포할 수 있을까요? 어둠 속을 걷는 것처럼 느껴질 때 어떻게 우리가 다른 사람들을 빛으로 인도할 수 있을까요? 신앙의 등불이 깜박거리다가 꺼져버렸다면 어떻게 우리가 일어나 하나님을 믿으라고 다른 사람들에게 권면할 수 있을까요? 우리는 이웃을 하나님께 인도하는 것이 우리의 소명이며 책임이라고 생각합니다. 우리는 이웃과 함께 걸으면서 저들이 생과 사를 넘나들며 하나님과 생명을 나누는 관계를 스스로 발견하도록 도와주고자 합니다. 우리는 초대 교회의 모습에서 또 한때는 우리의 체험을 통해 하나님과의 친밀하고도 생명이 공급되는 관계를 경험하였습니다. 우리는 지금도 이 관계를 열망하고 우리의 이웃도 이 관계에 동참하기를 소망하고 있습니다.

그런데 바로 이 순간에 우리는 어두움뿐 아니라 황량함도 경험할 수 있습니다. 토마스 머튼은 이 어둠의 경험을 이렇게 증언한 바 있습니다. "노력하면 할수록 나는 어떤 위로와 확신을 얻을 수 없었고, 오히려 더욱 무능해지고 있음을 경험하였다." 이처럼 황량한 침묵을 경험하고 있을 때, 우리는 스스로에게 다음과 같은 물음을 던지게 됩니다. "이래서야 어떻게 내가 회중을 지도할 수 있을까? 어떻게 신앙의 모범이라고 할 수 있을까? 능력이 바닥난 지금 어디에 가서 무엇을 해야 능력을 회복할 수 있을까?" 이런 물음들은 우리에게 환멸과 죄책감을 느끼게 하고, 심지어는 절망감에 빠지게 합니다. 그리고 이 부정의 감정들이 길어지게 되면 무기력과 깊은 우울감에 빠질 수도 있습니다.

20년 동안 능력 있게 목회를 감당해 온 어느 목사님이 또 다른 소명을 발견하고 싶다는 소원을 피력하였습니다. 대화 속에서 목사님은 하나님이 너무 멀리 계시는 것처럼 느껴질 때 목회에서 겪게 되는 어려움을 토로하였습니다. 하나님께서 우리를 만져 주시는 친밀감이나 우리와 동행하시는 하나님의 임재를 느끼지 못한 채 목회를 감당하는 것은 정말 불가능해 보입니다.

침묵 가운데 있을 때 침묵의 실재를 확인할 필요는 없습니다. 다만 침묵 외에 또 다른 실재가 있음을 상기할 필요가 있습니다. 우리 앞의 많은 선조들도 침묵의 시간을 경험했습니다. 이 사실은 그들의 증언을 통해 알 수 있고, 우리의 구원자인 예수님께서도 침묵의 시간을 거치셨습니다. 침묵의 시간은 우리만의 경험이 아닙니다. 가장 어두운 한밤중에도 우리는 기적을 경험할 수 있고 하나님을 찬양할 수 있습니다. 바로 이 깊은 어둠 속에서 우리의 침묵을 흔들어 깨뜨리며 유일하신 그분의 임재를 고백하게 하는 기적과 찬양을 선물로 받을 수 있습니다. 헨리 나우웬(Henri Jozef Machiel Nouwen)의 고백처럼 "영성을 포함해 우리가 가진 것은 아무것도 없습니다. 우리는 온전히 절대적으로 주저함 없이 하나님의 자비에 의존해 있습니다." 이 고백은 우리의 영적 눈을 뜨게 합니다. 새로운 눈으로 보면 우리는 부적절하지만 예수 그리스도는 적절하신 분임을 깨닫게 됩니다. 어두움과 침묵의 두려움이 사라집니다. 우리를 괴롭혔던 물음들을 예수 그리스도를 통해 행하신 하나님의 능력에 비추어 보면서 아무것도 아닌 것임을 깨닫기 시작합니다. 침묵 속에서도 하나님이 우리를 사랑하고 인도하며 돌보고 계심을 배우기 시작힙니다.

침묵 저 너머에 무엇이 기다리고 있을지 알 수 없지만, 이제 침묵의 문에 들어설 때보다 온전하고 완전한 모습으로 침묵의 문을 나설 것이란 점이 분명해집니다. 이런 확신이 들면 침묵은 더 이상 두렵게 느껴지지 않고 편안하게 느껴집니다. 침묵의 시간을 지나는 동안 우리의 구원자이신 예수 그리스도의 강하고 부드러우며 넓은 손이 우리를 붙잡아 주실 것입니다. 그리고 주님이 함께하심을 경험하게 되면 로마서 저자처럼 담대하게 외칠 것입니다. "우리를 우리 주 그리스도 예수님 안에 있는 하나님의 사랑에서 끊을 수 없으리라."(롬 8:39)

나는 깊고 긴 침묵을 경험해 보지는 않았지만, 갑작스런 병으로 인해 새로운 경험을 한 적이 있습니다. 미연합감리교회 감독이 되어 일 년 동안 바쁘게 보내던 때였습니다. 어느 날 중요한 회의를 진행하던 중에 숨이 가빠지고 심장이 답답해지는 것을 느꼈습니다. 바로 병원 중환자실로 옮겨졌고, 코에는 산소마스크를 쓰고 한쪽 팔에는 주사약이 들어가고 다른 팔에서는 동맥으로부터 피가 뚝뚝 떨어지고 있었습니다. 네 명의 전문의가 심장 상태를 점검해 주는 의료 기계와 나를 번갈아 지켜보고 있었고, 나는 누워서 살기 위해 투쟁하고 있었습니다.

나에게는 하나님의 사람들을 위해 일하려는 큰 꿈이 있었습니다. 세상 사람들을 연합하게 해서 그리스도의 몸을 이루어 가려는 이상을 갖고 있었습니다. 이런 꿈과 이상 때문에 사람들을 모아 부지런히 일할 수 있었습니다. 그러나 회합을 만들고 처음 일을 시작하기 위해 회의를 진행하고 있던 내가 어느 순간 숨을 쉬기 위해 애쓰면서 중환자실에 누워 있는 것을 발견하였습니다. "이것이 웬 날벼락이란 말인가? 다음 회의는 누가 주재하며 설교는 누가 할 것인가? 도대체 어디서 실패한 것일까? 이것으로 인생이 끝나는 것일까? 나는 이제 죽는 것인가? 앞으로 내 인생은 어떻게 될 것인가? 어째서 나는 이토록 무기력한 것일까?"

의사들이 가느다란 섬유질로 이루어진 심장이 제대로 작동하도록 애쓰는 동안 나는 이런 저런 생각들과 싸우고 있었습니다. 두어 시간이 지난 후 상태가 좋아지기 시작했고, 의사들은 신을 벗기겠다고 했습니다. 그때까지 나는 상의만 벗은 채 하의도 벗지 않고 있었습니다. 신을 벗기려는 의사들에게 그냥 놔두라고 요청했습니다. 마침내 제 아내가 중환자실로 들어왔습니다. 아내는 들어오자마자 신을 벗을 것을 제안했습니다. 다시금 저는 거부했습니다. 무력함과 의존을 떠밀어내기 위해 나는 신을 벗지 않으려 했습니다. 신발은 내가 스스로 나를 통제할 수 있고, 결정할 수 있으며, 목회에 헌신할 수 있게 하는 상징이었습니다. 결국 몇 시간이 흘러서야 내 뜻을 접고 신발을 벗을 수 있었습니다.

'방문 사절'이란 팻말에도 불구하고 방문객들이 줄을 이었고 기도와 격려가 이어졌습니다. 그러나 내 마음에는 여전히 질문이 계속되고 있었습니다. 원근 각지에서 격려가 쇄도하였고 격려를 받을 때마다 오히려 의심과 불안감은 증폭되었습니다. 심지어는 친구들조차 이렇게 물었습니다. "이렇게 되도록 하나님은 어디 계셨어?" "어떻게 너한테 이런 일이 다 일어나니?" "그렇게 살아 있던 네 영성은 어디 있니?"

내 몸의 심장은 점차 안정 수치를 찾아가고 있었지만, 내 영적 심장은 중환자실에 들어올 때보다 더 깊은 수렁으로 빠져들었습니다. 내 상태는 내 자신을 위해서도 친구들을 위해서도 참 딱한 상태였습니다. 어둠의 터널에 들어와 있었고 아픔의 경험은 내면으로 파고들며 일상이 되어가고 있었습니다. 이때 저는 이전의 경험을 기억해 냈습니다. 내려놓음이나 순복의 기도를 통해 치유의 손길을 경험했던 적이 있었습니다. 중환자실에 누워 있으면서 예수님의 기도를 기억해 냈습니다. 예수님의 기도는 나의 유일한 위로며 희망인듯 싶었습니다. 물론 나는 치유와 나아길 길과 힘을 달라고, 어둠에 빛을 비춰 달라고 기도했습니다. 그러나 아무것에도 확신이 없었습니다.

심장 재활 프로그램에 참여하면서 나는 점점 조용한 시간, 적절한 쉼, 묵상, 기도, 안식의 시간이 얼마나 중요한지를 배우게 되었습니다. "어떻게 이런 시간들을 만들 수 있을까?" 나는 이론적으로는 그 방법을 알고 있었습니다. 수년 동안 나도 이렇게 해야 한다고 많은 사람들에게 가르쳤던 것입니다. "내가 그토록 잘 알고 있는 이론을 어떻게 실천할 수 있을까?" 이 사실은 내게 격려와 희망을 주기보다는 더 깊은 절망에 빠지게 했습니다. "도대체 내가 무엇을 해야 좋단 말인가?" 시편과 성인들의 기도서를 읽으며 기도를 계속 하였습니다. 나는 내가 태어난 초원이 펼쳐진 농장에 가고 싶었습니다. 아내와 나는 다코다에 가서 한 주간을 보내기로 하고 차를 몰았습니다. 농장에 도착한 후 광활한 하늘과 대 초원을 배경으로 돌아가고 있는 풍차들을 사진에 담았습니다. 나는 눈에 보이지도 않는 바람이 풍차를 돌려 땅 속 깊은 곳으로부터 차고 시원한 생명수를 퍼 올리는 것을 지켜보며 묵상하였습니다. 묵상 중에 "하나님의 세미한 숨결을 어떻게 내 삶에 연결할 수 있을까?"를 생각하였습니다. "어떻게 하나님의 숨결(ruah)이 내게 힘을 줄 수 있을까?"

풍차는 바람의 힘을 얻기 위해서 언제나 바람 부는 쪽으로 향해 있습니다. 그리고 바람을 받아 생명을 주는 물을 퍼 올립니다. 풍차들이 바람을 향해 돌아가는 것을 보면서 나는 하나님을 향해 내 자신이 온전히 돌아서고 있음을 느꼈습니다. 하나님께 돌아서면서 비로소 내 자신을 내려놓는 순복의 기도를 드릴 수 있었습니다. 내가 잡고 있던 목회, 꿈, 생명을 조용히 주님 앞에 내려놓았습니다. 그러자 놀랍게도 우울함과 절망감이 사라지기 시작했습니다. 의심과 비난의 소리들이 사라지고 밤의 세력이 새벽으로 물러나 뒷걸음질쳤습니다. 영적 독서와 기도가 다시금 살아니기 시작했습니다. 하나님의 자비하심과 영원한 현존을 다시 한 번 경험할 수 있었고, 나를 꼭 껴안아 주시는 하나님의 영원한 품이 위로와 희망의 확신으로 밀려왔습니다.

"다른 사람들이 말하는 영혼의 성결이란 이런 것인가? 영혼의 성결이란 내가 행동한 결과로 주어지는 것인가, 아니면 내 행동과는 아무 상관이 없는 것인가? 영혼의 성결이란 내 스스로 만들어 낸 것인가, 아니면 내 과거가 축적되어 이루어진 것인가? 영혼의 성결이란 내 눈이 보지 못했던 미래의 경험을 위한 준비일 뿐인가?" 이러한 질문들이 섬광처럼 의식 속에서 일어났습니다. 분명하거나 확실한 대답은 아니지만, 실패의 두려움 없이 삶을 기댈 수 있는 좋은 길잡이가 있습니다. 성경과 동료 그리고 신앙 선조들의 안내가 그것입니다. 이 안내는 우리가 선호하는 구체적인 어떤 것이 아닐 수 있지만 언제나 믿을 만합니다. 이 안내를 따라 길을 계속 가면 다시 빛이 나타날 것이고, 이내 우리의 마음은 하나님의 음성을 듣고 응답하게 될 것입니다.

기도하려는 열망이나 하루를 떼어 주님께 드리고자 하는 생각은 하나님의 자비하심과 은총에 기인한 것이며 하나님의 음성에 마음으로 응답했기 때문입니다. 우리의 마음을 하나님께서 깨워 부르시지 않았다면 우리는 여기 있지도 않았을 것이고, 하나님을 향한 열망도 없었을 것입니다. 계속해서 구하고, 문을 두드리고 찾으십시오. 이것은 우리보다 앞서 살았던 신앙 선조들이 삶에서 항구적으로 추구하던 주제였습니다. 계속해서 여러분의 삶을 신실하신 구원자에게 드리십시오. 손을 열어 쥐고 있는 것을 내려놓으십시오. 나는 중환자실에서조차 신발을 벗으려 하지 않았습니다. 하나님이 내 인생을 지배하도록 나 자신을 내려놓는 것을 거부하였습니다. 당신의 자존

심이나 두려움의 상징이 무엇입니까? 어떻게 하면 당신의 신을 벗고 하나님을 신뢰할 수 있을까요? 자, 이제 하나님과 새롭게 교제하는 선물을 받기 위해 당신의 손을 열어 보시기 바랍니다. 내려놓음 속에서 침묵과 어둠은 별다른 의미가 없습니다. 진정 삶의 모든 것은 하나님께 달린 것입니다.

하루의 수련 일정대로 수행을 하다 보면 질서와 의미가 생길 것입니다. 혹 병이나 달라진 환경 때문에 수행이 어렵게 되었다면, 이 일정을 기억하는 것만으로도 치유가 될 것입니다. 영성훈련의 수행을 통해 우리는 침묵이라는 겨울의 광야를 지나 봄기운 가득한 하나님의 음성과 노래를 듣게 될 것입니다.

영적 독서

마른 뼈
(Dry Bones)

지친
내 영혼이
생명의 색깔을 잃고 부서집니다.

죽음을 지나
생명으로 비상하며
자유하고 싶습니다.

그리하고 싶습니다.
그러나 주님과 나
이토록 아무런 말이 없습니다.

내 깊은 곳
주님께 내려놓습니다.
생명을 건 몸짓으로

아하!

주님은 침묵의 하나님

깊고 강하신 어둠의 하나님

이제 더 이상 씨름하지 않으렵니다.

다만 기다리고 기다리렵니다.

당신께서 내 마른 뼈들로 다시금 춤추게 할 때까지

– 조이스 립^{Joyce Rupp}

「이 춤을 출 수 있을까요?」(*May I Have This Dance?*)

겨울 여행: 부재의 경험

겨울은 계절뿐 아니라 마음으로도 만납니다. 존 크로우 랜섬(John Crowe Ransom)은 두 종류의 겨울을 연결해 이렇게 표현한 적이 있습니다.

겨울은 두 개의 악

따로 떼어 보면 하나하나가 괴물과 같습니다.

겨울은 내게 찾아와 오래도록 지루하게 나를 지배합니다.

마음 깊은 곳 부재의 울부짖음

그리고 나무 사이로 윙윙거리는 겨울 바람

이제 여러분을 영혼의 여행으로 안내하겠습니다. 먼저 부재의 위협에 노출될 것입니다. 이때 시편이 안내자 역할을 할 것이고, 겨울은 마음의 계절을 상징하게 될 것입니다.

겨울이 없는 기후를 생각할 수 있습니다. 그러나 겨울이 없는 영혼은 생각하기 어렵습니다. 우리는 1월의 북극과 7월의 남극에서, 매섭게 몰아치는 추운 기후에서 겨울을 경험합니다. 반면 적도 부근에서는 겨울을 경험할 수 없습니다. 그러나 마음으로 느끼는 한기는 어디에서 피할 수 있을까요? 죽음이 다가올 때, 부재가 아픔을 가져올 때, 누구나 추운 겨울을 경험합니다. 또한 전혀 예기치 않은 순간에 겨울의 찬바람이 마음을 쓸고 갑니다. 빙하기를 버텨 온 북극의 지독한 추위와 같은 냉혹한 삶의 현실이 우리의 영혼을 강타할 수 있습니다.

"부재, 부재!" 한 시인이 마음의 울부짖음을 듣습니다. 사랑이 식고 사랑하는 이가 멀어져 갈 때 겨울의 찬 기운이 공허로 남아 돌아옵니다. 새로운 사랑을 찾거나 인내하는 사랑을 다시금 회복하십시오. 그리하면 마음의 여름이 되돌아올 것입니다. 우리의 삶이 그런 것입니다. 또한 하나님으로부터 멀어지게 되면 황량한 벌판에 던져져 부재를 경험합니다. 하나님께서 침묵하게 되면 거룩함은 멀리 떠나버립니다. 매서운 추위의 겨울은 잠시 불어왔다가 봄이 오면 잠잠해집니다. 그러나 계절과 기후에 상관 없이 영혼에 부는 매서운 추위와 황량함은 언제나 우리에게 남아 있습니다.

겨울이 몰아닥친 추운 영혼을 누가 돌볼까요? 기독교 신앙과 가속은 피난처이자 따뜻한 품이어야 합니다. 이 시대에 영성을 말하면 온종일 내리비추는 한여름의 태양빛을 떠올립니다. 그러나 영혼의 활기를 잃은 채 공허감과 부재의 느낌으로 살아가는 사람들은 다른 사람들이 이토록 빛나는 영성만을 말할 때 소외된 느낌을 갖게 됩니다.

영혼의 훈훈함에 목말라하는 어떤 사람이 있다고 합시다. 그가 성령이 충만하다고 알려진 친구에게 전화를 겁니다. 전화를 받은 친구가 "할렐루야! 주님을 찬양합니다." 하면서 전화를 받습니다. 전화를 끊고 둘이 개인적인 만남을 갖습니다. 한 사람은 우울하지만 활기를 찾고 싶어하고, 다른 친구는 이미 활기가 가득합니다. 활기가 넘치는 친구가 자기의 마음속에서 일어나고 있는 여름의 태양을 강요한다면 어떤 영혼의 전이가 일어나게 될까요? 친구의 얼굴은 찡그린 그늘이 없습니다. 한때 불만으로 꽉 닫혀 있던 입술이 이제는 화장으로 꾸민 미소로 꽉 차 있습니다.

"주님은 불평을 원하시지 않습니다!" 친구는 마음의 동요가 될 만한 불만이 담긴 이야기를 들으려 하지 않습니다. 친구는 말합니다. "주님은 모든 필요를 채워 주시는 분입니다. 그러니 자기 안의 공허한 세계를 다시 한 번 들여다보는 것은 죄가 될 뿐입니다. 그리스도가 우리의 대답이시고, 성령은 언제나 훈훈합니다. 경계선 사이로 혹은 영혼의 창들 주변에 어떤 찬 기운도 허락하지 마십시오."

친구와 만난 다음, 마음에 의문이 생깁니다. "여름형 영성을 지닌 신앙인들은 정말 정직한 것일까? 그 친구도 언젠가는 공허감에 노출되어야 하지 않을까? 부재의 목소리는 목소리도 없고 들리지도 않는 것인가? 아니면 그 친구가 그것을 간과한 것일까? 가장 답답한 것은 그 친구는 공허한 감정을 억누르고, 공허한 감정은 선별하여 들으려 하지 않는 것 아닌가? 영혼이란 창도 없이 거울로 둘러싸인 복도만을 걸어가야 하는 것인가? 우리는 생존을 위해 세속적인 것들은 선별하여 차단한 후, 정신적으로 건강한 방을 만들어서 거기에만 머물러야 하는 것인가?"

순례의 여정에서 겨울을 통과한 칼 라너(Karl Rahner)의 권위 있는 가르침을 잠시 들어보십시오. 이 위대한 독일 사상가는 지난 세기 30년이 넘도록 자기가 속한 전세계 가톨릭 교인들의 수보다 더 많은 사람들에게 영적 안내자가 되어 주었습니다. 라너는 영어를 사용할 수 없었기에 대중적인 인기를 끌 수 없었습니다. 하지만 그는 신학교와 신학생들에게 영향을 끼쳐 이들을 통해 파급 효과(trickle-down)를 일으켰습니다. 목회 현장에서 라너와 만났던 목회자들은 평신도들에게 어둡고 추운 침략자를 물리치도록 도와주었습니다. 그러나 평신도들은 이들 목회자들이 라너로부터 영향 받은 것을 알지 못했습니다. 라너의 영향력은 세대를 뛰어넘어 이어지고 있습니다.

몇 년 전 뜻하지 않게 라너의 인터뷰 기사를 읽으면서 두 개의 영적 유형이 있다는 사실을 알게 되었습니다. 일전에 「헤르더 커러스펀던스(Herder Correspondence)」라 불리는 정기 간행물이 있었습니다. 이 간행물의 편집자는 기사마다 날짜를 기입해 놓지 않았기 때문에 자료에 대한 정보를 정확하게 알 수는 없습니다. 다만 증거물로 제시할 수 있는 것은 여러 번 접혀 구겨진데다가 누렇게 빛이 변해 버린 복사본 자료입니다. 복사본 자료 상단에는 '라너와의 인터뷰'라고 적혀 있고, 하단에는 '645쪽에서 끝남'이라고 적혀 있습니다. 그렇지만 복사본에 발행 연도가 기입되어 있지 않아 이 인터뷰가 언제 시행되었고 이 간행물이 언제 발행되었는지 여러분에게 알려 줄 길이 없습니다.

인터뷰를 진행했던 기자는 아마도 라너의 책 「교회의 구조적 변화」(Structural Change in the Church)를 읽었던 듯싶습니다. "선생님은 책에서 하나님을 떠난 사람들과 지성적인 연대를 가짐으로 자신의 신앙과 영성을 시험해야 한다고 말씀하신 적이 있으시지요?" 이 질문에서 보이듯이 영어로 번역이 되었는데도 독일어 냄새가 물씬 납니다. "'지성적 연대'란 신앙인들이 불신앙으로 옮겨 가야 한다는 말이 아니죠. 오히려 이 말은 신앙이 없는 사람들, 세속인들, 하나님께 노출되지 않은 현대인들조차 신앙인들이 경험하는 바를 경험할 수 있다는 뜻입니다. 교회 밖의 사람들의 경험은 신앙인들이 마음으로 경험한 것과 쉽게 일치할 수도 있을 거예요. 적어도 하나님을 찾을 수 없고 경험할 수 없었던 교회 밖 사람들의 삶의 지평을 향해 신앙인들이 걸어 들어감으로써 자신의 신앙을 시험해 볼 수 있겠죠. 이 지평에 서게 되면 매서운 겨울 바람이 나무 사이로 불어 오게 됨을 경험하게 되죠."

인터뷰 기자가 또 물었습니다. "교수님은 그런 시도를 통해 미래 교회가 새로운 동기를 찾을 수 있다고 보시는 건가요?" 사진 속의 라너는 작은 키에 안경을 끼고 있습니다. 안경 너머로 얼굴을 찌푸리고 있어 근엄한 표정인데다가 언제나 진지한 모습입니다. "사실, 그런 질문엔 무엇이라 답해야 할지 모르겠어요?" 그러고는 라너가 재치 넘치는 대답을 합니다. "내 생각에 미래에는 영성과 경건이라는 두 유형이 교차하며 존재할 것 같아요. 다시 말하지만 순수한 영성과 경건이란 존재하지 않지요." 신앙과 경건에서 순수한 것이란 아무것도 없습니다. 여름형 영성을 가진 사람들은 정직할 필요가 있습니다. 겉으로는 웃고 주님을 찬양한다고 하지만 의심이 지배할 때, 절망이 몰려올 때, 죽음의 징벌이 삶을 후려칠 때 내면의 영혼은 부재를 인식하고 있음을 인정할 필요가 있습니다. 그러면 경건치 못한 삶을 살아가는 사람들과 연대하며 신앙을 시험하고 있는 겨울형 사람들에 대해서는 무엇이라 말할 수 있을까요? 이들이 삶에 대해 한 번도 '예'라고 대답할 수 없다면 삶을 견디어 내지 못할 것입니다. 삶의 긍정이 갖는 훈훈한 기운이 마음의 겨울을 녹여낼 수 없다면 겨울형 사람들은 영원히 하나님을 만날 수 없을 것입니다. 정말이지 여름형과 겨울형, 두 유형은 '화학적으로 순수한' 것이 아닙니다.

— 마틴 마티[Martin E. Marty]

「부재의 울부짖음」(A Cry of Absence)

성스러운 비단 북

옛날 옛적 일본에 자신의 죽음이 임박했음을 알았던 권세 높은 영주가 살았답니다. 영주는 외동딸 유미오에게 결혼할 것을 재촉했답니다. "내 귀여운 공주야, 자두나무에 잎이 나고 떨어지더니 이제 꽃이 피는 시기가 되었구나. 그런데 사랑하는 딸아, 어째서 너는 아직 남자를 택하지 않았는고? 너를 만나러 오는 사람마다 다 퇴짜를 놓다니. 이 불쌍한 아비는 너의 결혼도 보지 못하고 손자 한번 안아보지 못한 채 죽음을 맞아야 할 것 같구나."

딸이 대답했습니다. "아니에요, 아빠. 조금만 기다리세요. 지금 내가 대나무로 된 틀 위로 비단을 감아 북을 만들고 있어요. 내가 손가락으로 북을 쳤을 때 그 소리를 들을 수 있는 사람과 결혼할 거예요."

늙은 영주가 말했습니다. "아이쿠 맙소사! 비단으로 만든 북은 어떤 소리도 나지 않는 법인데…. 불쌍한지고. 이제 영영 손자는 보지 못하고 죽게 되었구나!" 그렇지만 아리따운 유미오 공주는 뜻을 굽히지 않았습니다. 마침내 비단 북이 완성되었습니다. 아름답고 부유한 공주와 결혼하고 싶어 하는 많은 젊은이들이 공주의 북소리를 들으러 앞 다투어 몰려왔습니다. 여러 달이 지나고 계절도 지났습니다. 그동안 많은 구혼자들이 다녀갔습니다. 노인은 혀를 차며 탄식하였습니다. "내 그럴 줄 알았지. 쯧쯧."

그러던 어느 날 잘생기고 귀족풍의 옷을 입은 건장한 젊은이가 마당에 들어섰습니다. 분위기로 보아 먼 길을 여행한 것 같았습니다. 그는 어른에게 공손히 절을 하고는 비단 북을 들고서 옆에 앉아 있던 유미오 공주에게 가볍게 예를 갖추어 목례를 하였습니다.

"젊은이, 그대는 어디서 왔는고?" 공주의 아버지가 물었습니다.

"산 넘고 바다 건너 먼 나라에서 왔습니다."

다시 영주가 물었습니다. "무슨 이유로 그렇게 먼 거리를 여행하였는고?"

그러자 젊은이가 대답하였습니다. "따님과 결혼하고자 이렇게 먼 거리를 왔습니다."

"내 딸은 저기 비단 북소리를 들을 수 있는 사람하고만 결혼한다고 하네. 산 넘어 바다 건너 그렇게 먼 나라에서 공주의 북소리를 듣고 왔다고는 말할 수 없겠지?"

"영주님 말씀이 옳습니다. 저는 아무런 소리를 듣지 못했습니다."

"그렇다면 자네도 왔던 길로 돌아가게나. 어째서 여기서 머뭇거리는 것인가?!"

"그런데 영주님." 젊은이가 말을 이었습니다. "저는 북의 침묵을 들었습니다."

그러자 유미오 공주가 빙그레 웃음 짓더니 비단 북을 살며시 옆으로 내려놓았습니다. 이제는 더 이상 비단 북이 필요하지 않았기 때문입니다.

예수님께서 말씀하신 사마리아 사람도 비단 북 소리를 들었던 사람입니다. 그 소리는 모든 소리의 부재입니다. 침묵의 소리는 산맥을 넘고 대양을 건너 들리고 시공을 초월해 들립니다. 헨리 데이빗 소로우(Henry Thoreau)가 말한 것처럼, 실로 하늘이 켜는 비단 북소리를 듣는 사람은 사람들과 다른 여정의 삶을 살아갑니다. 그렇지만 여러분이나 나는 위에 소개한 옛날이야기의 구혼자들처럼 하나님을 사랑하는 열정으로 귀를 열어 하나님의 목소리를 들으려 합니다. 그러다가 아무것도 들리지도, 보이지도 않으면 종교적인 난국에 처합니다. 이때 우리는 이런 소리를 듣습니다. "믿음이 있어야 해. 볼 수도 없고 만질 수도 들을 수도 없는 것을 믿을 수 있어야 하지." 이렇게 거룩하게 들리는 충고는 우리의 발길을 광야로 향하게 할 뿐입니다. 우리가 듣지도 보지도 느끼지도 못한다면 어떻게 마음과 영혼과 힘을 다해 전 인격적으로 사랑할 수 있을까요? 옛날이야기에 나오는 젊은이처럼, 우리도 거룩한 비단 북의 '침묵'을 들을 수 있을까요? 깊은 침묵 속에서 들려오는 하나님의 음성을 들을 수 있을까요? 무엇이든 만질 때마다 하나님의 부드러운 사랑의 품을 느낄 수 있을까요?

온 힘으로 사랑하고자 한다면, 그리고 깊은 기도로 하나님의 신비와 연합한 삶을 살아감으로써 그 사랑을 표현하고자 한다면 우리에게 두 가지가 따라올 것입니다. 첫째는 우리가 믿는 하나님이 우리가 경험하게 될 하나님이라는 사실을 염두에 두어야 합니다. 예를 들어, 찰스 디킨스(Charles Dickens) 소설에 나오는 어떤 인물처럼 잘못한 것에 대해 엄격하게 벌하는 전능한 심판자인 하나님을 믿는다면, 우리는 그런 하나님을 경험하게 될 것입니다. 벌하시는 하나님을 향해 우리는 자비와 용서를 구하는 기도를 드릴 것입니다. 이러한 신앙의 결과로 우리의 삶은 율법, 규정, 의무로 가득한 북소리로 평가될 것입니다. 두려움 속에 살게 될 것이고, 기노는 자비를 구설하는 기도가 될 것입니다. 둘째는 하나님은 화산처럼 타오르는 목소리로 혹은 한밤중에 가물거리는 빛 속에서 말씀하실 것이라 믿는다면, 우리는 결코 하나님의 '실제적인' 목소리를 듣지 못할 것입니다. 그러나 진정으로 하나님께서 사랑하는 자의 손으로 비단 북을 치고 계시다고 믿는다면, 하나님의 부재 속에서도 우리는 하나님의 현존을 믿게 될 것입니다. 그리고 그때 그 '침묵'과 '비단 북의 공허' 속에서 우리의 일상은 하나님의 경험으로 채워질 것입니다. 결코 북적거리거나 흘러넘침 없이 충만할 것입니다.

– 에드워드 헤이스^{Edward Hays}
「모든 방법으로 기도하라」(*Pray All Ways*)

하나님께서 부재하신 것처럼 보일 때

하나님의 부재와 영혼이 메말라 있음을 느끼는 것은 악이 아닙니다. 이는 두려워하거나 싸워야 할 것도 아닙니다. 어떤 사람들은 하나님의 부재를 느낄 때, 그저 쉼을 누리며 조용히 있으면서 영의 바람이 불고 안개가 걷히기를 평화롭게 기다리라고 충고합니다. 나는 좀 더 적극적이고 민감하게 반응하라고 충고하고 싶습니다. 하나님이 가까이 계심을 새롭게 알기 위해서 다음과 같은 제안을 합니다. 이 제안은 감정을 조절하라는 의미가 아니라 공간을 만들어 길을 준비하고, 주의를 새롭게 해서 우리를 사랑하시는 하나님께 주목하도록 돕기 위한 것입니다.

우리가 거할 수 있는 최고의 자리는 우리를 지치게 하고, 우리의 열정을 갉아먹으며, 아무것도 느낄 수 없을 정도로 기운을 빼앗아 가는 삶의 조건이 무엇인지 탐구할 수 있는 곳입니다. 이곳에서 우리는 내면의 탈진과 하나님이 가까이 계심을 느끼지 못하는 것과 관련이 있음을 발견하게 될 것입니다.

또 다른 자리는 아직 치유되지 않은 상처들, 상처가 가려진 관계, 분명하지 않은 분노, 밑에 가라앉아 있는 슬픔 등을 바라볼 수 있는 곳입니다. 상처들은 예기치 않은 순간에 표면으로 떠올라 우리를 향한 하나님의 빛을 빼앗아 갈 수 있습니다.

세 번째 제안은 새로운 기도 방식을 시도해 보는 것입니다. 굳이 감정을 강요할 정도로 엄격할 필요는 없습니다. 오히려 기대감과 희망을 가지고 시도해 보십시오. 정규적이고 의도적으로 시간을 정하여 하는 기도와 좀 더 자발적인 기도 방식을 번갈아 가면서 시도해 보십시오. 새로운 기쁨으로 둘 사이를 오가며 기도해 보십시오. 한 가지 방법으로만 기도하는 것은 기도의 기쁨을 사라지게 할 수 있습니다.

몸의 도움을 받으십시오. 몸의 도움을 받게 되면, 몸은 영적 친구이자 안내자가 됩니다. 몸의 여러 지체들은 내면의 깊은 무의식의 자기와 만납니다. 하나님은 의식적인 생각을 통해 말씀하시는 것보다 몸의 지체와 만난 무의식의 자기를 통해 좀 더 분명하게 말씀하십니다.

예를 들어, 기도하는 동안 몸을 움직이는 것이 편안하다고 느낀다면 움직이면서 기도를 해 보십시오. 주변을 돌면서 기도할 수도 있고, 무릎을 꿇고 기도할 수도 있습니다. 몇 가지 기본 춤 동작을 이어 가면서 기도할 수 있고, 스트레칭을 한다든지 자기를 안아 주면서 기도할 수 있으며, 손을 올리거나 사랑과 치유가 담긴 손을 몸에 얹으며 기도할 수도 있습니다. 혹은 기도 중에 크게 웃거나 울부짖어 기도할 수 있고, 찬양을 한다거나 특별한 어구나 단어를 소리내어 기도할 수도 있습니다.

아니면 '비유 걷기'(parable walk)라고 제가 명명한 것을 따라서 할 수 있습니다. 예컨대 아무런 목적 없이 그냥 걸으십시오. 걷는 중에 새로운 모양의 나무, 구름, 강아지, 개미, 새, 누군가의 얼굴, 창문, 색깔, 향기, 접촉, 소리 등을 통해 하나님께서 당신에게 말씀하시는 것을 들어보십시오. 아무리 사소한 것일지라도 당신에게 중요한 어떤 것을 경험하게 될 것입니다.

또는 하나님께 모든 것을 털어놓는 정직한 편지를 써 보십시오. 가장 신뢰하고 의지할 수 있는 친구에게 하듯 편지를 써 보십시오. 당신이 느끼는 대로 모든 것을 솔직하게 적으십시오. 심지어는 하나님에 대한 의심이나 하나님을 향한 분노까지도 적어 보십시오.

혹은 당신 앞에 의자를 하나 가져다 놓고 부활하신 예수님을 그 자리에 앉히십시오. 그분께 속삭이듯이 혹은 소리를 내어 당신의 필요와 느낌과 열망을 말씀해 보십시오. 그러고는 조용히 그 자리에 앉아 내면에서 무엇이 밀려오는지 느껴보십시오. 아무것도 일어나지 않는 것 같다면, 그냥 몇 시간 혹은 며칠을 두고 어떤 변화가 삶에서 일어나는지 주의를 기울여 살펴보십시오. 종종 기대하지도 않은 변화가 일어납니다.

기도하거나 묵상하는 중에 하나님을 생각나게 하는 특별한 그림이나 물건을 손에 쥐어보십시오. 그것을 가슴에 갔다 대면 강력한 체험을 맛보게 될 수도 있습니다. 이전에 친구로부터 동방정교회의 성화 사진을 선물받은 적이 있습니다. 이런 성화는 기독교 서점에서 쉽게 구할 수 있습니다. 저는 이 성화를 가슴에 대고 어떤 그림도 그리지 않고 어떤 것도 요구하지도 않은 채 조용히 자리에 앉았습니다. 그 순간 그리스도로부터 흘러나온 힘과 사랑의 강물이 내 안에 가득 채워지는 것을 느꼈습니다. 이때 저는 지난 몇 달 동안 한 번도 경험해 보지 못한 주님과의 직접적인 소통을 경험하였습니다. 성화는 기도하는 사람들에게 열린 창이 됩니다. 우리는 성화를 통해 하나님을 보고, 하나님은 성화를 통해 우리를 보게 됩니다.

그렇다고 손에 성화만 잡고 기도할 필요는 없습니다. 책이 될 수도 있고, 십자가, 자갈돌 하나, 꽃 한 송이, 천 한 조각이 될 수도 있습니다. 어떤 것이든 하나님의 사랑을 연상할 수 있는 것이면 됩니다. 이 대상을 통해 우리는 보다 쉽게 치유자의 임재가 물결치며 우리에게 거함을 경험할 수 있습니다.

또 다른 제안은 창조의 한 부분을 생각하고 묵상하는 것입니다. 예컨대 우리 몸 가운데 눈, 뇌, 양 손, 내장 중 하나를 집중해서 묵상하거나, 나무의 구조, 식물, 산, 미분자, 원자 구조, 별 구조 등을 연구하며 생각할 수도 있습니다.

만일 하나님의 임재를 인식할 수 없다면, 역사 속에서 하나님을 사랑했던 분들의 삶을 배워 보십시오. 아니면 지금 우리 세대에 하나님에 의해 변화를 경험한 사람을 살펴보십시오. 살펴볼 사람이 성인이나 큰 신비가일 필요는 없습니다. 우리가 알고 있는 그저 평범한 사람일 수 있습니다. 그 평범한 사람이 하나님을 체험하고 그의 생애가 하나님과의 만남을 통해 변화를 경험한 것입니다. 그의 삶을 살펴보십시오.

사람과의 상호 관계가 하나님에 대한 성만찬적 경험으로 다가올 수도 있습니다. 한 번 생각해 보십시오. 내가 만난 사람들 가운데 나에게 위로를 주고, 힘을 주고, 양육해 주고, 믿어주고, 가장 필요로 했을 때 함께 있어 주었던 이가 있다면 그를 깊이 생각해 보십시오. 여러분의 깊은 자아를 경험하도록 도왔던 이들을 생각해 보십시오. 약함과 상처를 함께 경험하고 기뻐하는 데 제약이 없었던 그들의 사랑에 대해 깊이 생각해 보십시오.

특별히 나를 위해 바로 거기에 있던 소중하고도 특별한 그분을 생각해 보십시오. 그분을 깊이 생각하고 묵상해 보십시오. 여기에 다시금 하나님의 임재가 있습니다. 그분이 우리를 느끼는 방식, 우리에게 응답하는 방식, 우리에게 다가오는 방식은 그 자체가 기적적인 실재일 뿐 아니라 수백 번도 더 하나님이 우리를 경험하는 방식의 암시이며 예시입니다.

세상에서 내가 가장 사랑하는 사람들을 생각해 보십시오. 그들의 충만함과 행복을 열망해 보십시오. 그들이 상처를 당할 때 우리는 그들의 고통에 함께 아파합니다. 그들이 행복하면 마음 깊은 곳에서부터 그들의 기쁨을 함께 기뻐합니다. 그들의 무거운 짐과 문제를 함께 나누는 일은 그것이 비록 아픈 경험일지라도 희생처럼 느껴지지 않습니다. 우리가 진정으로 사랑하는 사람이라면 그가 아파할 때 그를 떠나 즐거움을 만끽하기보다는 그의 아픔에 같이 있고자 할 것입니다. 그들도 여전히 약점이 있고 실수도 있습니다. 그러나 그들의 약점과 실수가 우리의 사랑에 어떤 영향도 미치지 못합니다. 그들이 무슨 일을 하였든지 우리는 그들을 버리지 않을 것입니다. 우리는 또한 그들의 사랑을 제약하거나 강요할 수 없음을 잘 압니다. 그들의 사랑이 복종이나 의무, 죄의식을 불러일으킨다면 우리는 사랑을 느끼지 못할 것입니다. 그들의 사랑은 자유롭고 자발적인 것입니다. 그렇기 때문에 우리는 그들과 함께 기뻐하고, 그들 또한 우리와 함께 기뻐합니다.

그들에 대한 우리의 느낌을 묵상해 봅시다. 하나님이 우리에게 임할 때 우리는 하나님께서 우리에 대해 느끼시는 바를 미미하고 희미하게 느낍니다. 성경은 우리가 하나님의 형상으로 지어졌다고 증언하고 있습니다. 그러므로 하나님께서는 창조의 아주 작은 부분까지 무제약적으로 느끼시지만, 우리는 우리에 대한 하나님의 느낌을 그저 미미하게 맛보고 경험하고 표현할 수 있을 뿐입니다.

치유, 도움, 위로, 후원을 베풀고 싶은 열정이 강하게 일어나는 때가 있습니다. 이 감정은 불의, 탐욕, 공동체의 무관심, 노숙자들에 대한 무정, 아이들과 어른들에 대한 학대, 병든 사람에 대한 무관심, 생태 환경의 파괴(흙, 숲, 물, 대기권) 등에 대해 불일듯이 이는 의분과 관계될 수 있습니다. 우리는 스스로 변화의 일부가 되고자 강력한 강물처럼 넘쳐나는 기운을 느낍니다. 이때 하나님의 임재는 우리가 느끼는 슬픔, 아픔, 타오름, 싸우고자 하는 열망 등으로 나타납니다. 하나님은 우리에게 아픈 마음을 주시고 직접 우리에게 말씀하십니다. 여기서 다시금 우리는 이 땅의 고통을 우리의 고통으로 경험하는 깊은 사랑의 자리, 곧 성만찬적 임재를 경험합니다.

이웃과 함께해 보십시오. 하나님과의 깊은 만남의 경험을 추구하고 있는 헌신된 집단이나 두세 사람이 모여 있는 이웃과 함께해 보십시오. 특별히 하나님과의 깊은 사랑의 경험을 체험한 사람들과 함께해 보십시오. 그들이 있는 곳에 함께 있으십시오. 그들과 이야기를 나누고 그들의 도움을 구하며 기도를 요청하십시오. 기도와 나눔의 시간을 만들어서 가능하다면 정기적으로 그들과 만나십시오. 살아 계신 하나님의 경험은 전염되는 힘을 갖습니다.

마지막으로 복음서 중의 하나를 선택해서 읽고 또 읽으십시오. 치유자 예수님께 집중하고 있는 누가복음을 선택할 수도 있습니다. 나는 누가복음 15장을 '복음서 중의 복음서'로 알고 있습니다. 성경의 나머지를 잃어버리고 오직 누가복음 15장만을 갖게 된다면, 이때 하나님의 마음의 중심이 우리에게 보일 것입니다.

선택한 복음서를 아직 한 번도 읽지 않았거나 심지어는 이전에 한 번도 들어본 적이 없는 것처럼 읽으십시오. 읽으면서 예수님이 말씀하신 것에 집중하십시오. 무엇보다도 그분이 행하신 것에 집중하십시오. 예수님의 인격에 나타난 하나님의 본성을 묵상하십시오. 하나님은 인격입니다.

여기서 기억해야 할 가장 중요한 것은, 모든 행동과 수행과 성찰이 하나님의 은총에 뿌리를 두고 있다는 점입니다. 우리는 숨어 계신, 마지못해 하는 하나님을 찾고 있지 않습니다. 하나님께 더 가까이 가고자 하는 그 열망은, 바로 하나님께서 이미 우리를 사랑하고 계시기 때문에 일어나는 것입니다. 그분이 우리를 열망하시고 우리에게 다가오셔서 말씀하셨기 때문입니다.

우리가 하나님을 사랑함은, 하나님께서 우리를 먼저 사랑하여 주셨기 때문입니다.(요 4:19)

그러므로 우리는 기대감 넘치는 기쁨과 자신감을 가지고서 새로운 가능성을 탐구하며 시도할 수 있습니다. 이유는 우리가 우리를 사랑하시는 하나님의 마음을 가졌기 때문이고, 이미 그리고 영원히 우리를 둘러싸고 있는 그분의 현존에 응답하고 있기 때문입니다.

― 플로라 슬로슨 윌너 Flora Slosson Wuellner
「치유의 마음, 빛의 마음」(*Heart of Healing, Heart of Light*)

일상의 삶에서 상을 베푸시고

나의 하나님, 오늘 저는 방황하던 제 마음을 다시 돌려 주님께 향할 수 있기를 간구합니다. 내 열정이 식었습니다. 내 자신이 마른 시내 같습니다. 이제 주님의 옷자락에 다다르고자 합니다. 나는 찾을 수 없습니다. 그런데 주님은 이처럼 어두움 한가운데서도 만찬의 상을 준비하셨습니다. 만찬은 나의 시냇물이 생명으로 가득 넘쳐나던 이전 날들을 기억나게 합니다. 만찬은 언제나 일어설 수 있는 견고한 기반이나 날 수 있는 날개가 있음을 상기시켜 줍니다. 만찬은 오늘 내가 우편함에서 발견한 놀라운 글귀입니다. 이 글귀는 내 어두움을 축하하도록 도와주는 강장제입니다. 익명의 누군가가 쓴 이 글은 라손(David Larson, M. D.)의 가정에서 발견된 글입니다.

우리가 빛과 어둠의 경계를 걸으며 미지의 어둠 속으로 발걸음을 내딛을 때, 두 가지 중 하나가 일어날 것이라고 믿어야 한다. … 거기에 딛고 설 수 있는 견고한 기반이 있거나 그렇지 않으면 그 어둠을 박차고 훨훨 날 수 있도록 배워야 할 것이다.

아! 산란해진 내 마음에 얼마나 위로가 되는 노래입니까? 어둠은 어둠을 뚫고 깨어나 일상의 삶의 만찬에 나아옵니다. 내가 먹어야 할 것이 어둠이어야 한다면, 경외감으로 어둠을 먹을 것입니다. 왜냐하면 나는 어둠 한가운데 견고한 기반과 날개가 있다는 것을 알기 때문입니다.

그러나 요즘 나는 주님께 기도를 드리다가 내 마음을 잃어버렸습니다. 주님, 내 마음이 어디에 있는지 아시나요? 나의 하나님, 내 마음을 보셨나요? 내가 가졌던 시인의 마음이 메말랐습니다. 사라졌습니다. 모든 세계가 재로 변했다고 여전히 느낄 수 있는 나의 마음이 사라졌습니다.

그렇다면 이 황량한 봄날에 무엇이 남아 있습니까? 시인의 마음에 남은 것은 무엇입니까? 기억의 저편으로부터 비쳐오는 실낱같은 한 줄기 희망의 빛! 그것이 남겨진 전부입니다. 그런데 그것으로 만찬을 시작하기에 충분합니다.

나는 나를 흔들어 깨우던 그분의 손을 잡았던 때를 기억합니다. 그때 또 다른 길을 볼 수 있었고, 또 다른 별을 볼 수 있었습니다. 샘물이 말라 있을 때에도 다른 마음을 가질 수 있었고, 그 마음을 간직할 수 있었습니다. 그러나 오늘 내 마음에 다른 마음을 떠올릴 수조차 없습니다. 내 마음의 시인은 샘물이 말라버린 슬픈 시내로 흘러가버렸습니다. 오직 남아 있는 희망의 빛줄기는 시냇가에 물이 흐르던 때를 기억한다는 것입니다. 바싹 말라버린 땅이 하늘을 올려다보며 기억합니다. 갈라져버린 땅은 사랑하는 사람을 갈구하듯이 갈급합니다. 갈라진 땅은 내 마음입니다. 내 마음도 역시 물로 가득하던 때를 기억합니다. 모든 것이 사라졌다고 말하지 마십시오. 기억이 우리를 축복하고 구원합니다. 나에게 시인의 마음은 오늘 사라졌을 수도 있습니다. 그러나 제게 충분한 비전이 남아 있습니다. 오랫동안 만찬을 즐기던 기억을 갖고 있습니다. 견고해진 땅에 무슨 좋지 않은 일이 일어난다면 그때는 날 수 있다고 생각합니다.

오. 숨어 계신 하나님! 어찌하여 주님은 멀리 떠나가셨습니까? 내가 주님을 목말라 찾으라고 그리하신 것입니까?

이처럼 열매도 없는 탐구를 나는 이해하지 못합니다. 내 자신이 주님의 옷자락을 찾아 나선 사냥개처럼 느껴집니다. 주님의 냄새가 아주 가까이에 있습니다. 주님을 궁지로 몰아넣었지만, 나를 도와줄 사냥꾼이 없습니다. 나는 홀로 주님께 다가갈 수 없습니다. 나는 하늘에 계신 주님을 향해 쏠 수 없습니다. 주님은 내려오시려 하지 않습니다. 그러니 내가 주님을 찾았다고 하는 순간 주님은 다시금 방랑자가 되십니다. 주님은 주님의 친구 아브라함과 같습니다. 언제나 유목하며 방랑하는 하나님이시며 움직임이십니다. 언제나 움직이고 숨으시는 하나님이십니다.

아니면 무엇이겠습니까? 내가 움직이는 사람입니까? 주님은 내가 포기하기를 조용히 기다리는 사냥꾼이십니까? 오 하나님, 내게 고요함의 부스러기를 던져 주시어 쉼 없이 방황하는 내 마음을 위로하여 주옵소서. 주님께서 나를 찾으시도록 허락하는 날, 나도 주님을 찾을 것이란 것을 압니다. 그러나 나는 아직 내 고집을 꺾지 못하고 있습니다.

하나님의 추수: 주님 앞에 상을 베풀고

살랑거리는 조용한 바람
조그만 바람 한 조각만이 있습니다.
내 이마를 스쳐 머리카락을 날리는 바람
하나님이었습니다.

희미한 한 줄기 빛에 깨어났습니다.
창 커튼 사이로 내 얼굴을 비추고 있습니다.
빛을 따라 창가로 다가갔습니다.
커튼을 젖히자
조용히 방 안 가득히 새벽이 임했습니다.
하나님이었습니다.

외로움이 밀려오는데
전화가 울렸습니다.
반가운 목소리
"안녕! 당신을 사랑해요."
사랑이 제 영혼을 울립니다.
하나님이었습니다.

마른 땅에 조용히 비가 내리고 있습니다.
천천히, 조심스럽게, 쉬지 않고 내립니다.
기다림으로 메말랐던 땅 위에
거룩한 빗줄기 사이로
우산도 없이 두려움을 벗어던지고 걸었습니다.
하나님이었습니다.
그것은 그냥 작은 아픔이었습니다.
내가 만든 이야기 그런데 내 마음에 자리했습니다.
이 이야기는 몇 년 동안이나 내 영혼을 맴돌더니
폭풍이 되고 성난 광풍이 되어 예사롭지 않게 되었습니다.
이제 폭풍은 내 존재의 깊이를 흔듭니다.
그리고 아픔을 날려버립니다.
하나님이었습니다.

아침 햇살에

실버 단풍만이 있습니다.

하늘이 내려앉은 날

나는 황홀에 빠졌습니다.

천사의 날개가 살포시 나를 안습니다.

하나님이었습니다.

마음에서 밀려오는 감격으로 토해 냅니다.

오! 사랑의 하나님.

주-님을 사랑합니다.

주님은 내게서 숨으실 수 없습니다.

일상의 깨어진 바위틈으로

주님의 기다림을 보았습니다.

찬미를 원하시는 주님

주님은 제 삶에 오셨습니다.

낮과 밤처럼

별빛과 햇볕처럼

이제야 알았습니다.

당신은 하나님이십니다.

– 마크리나 위더커^{Mcarina Wiederkehr}

「천사로 가득한 나무」(*A Tree Full of Angels*)

용서받은 자의 기도

신앙의 여정은 맞춤형 옷입니다. 하나님의 부재는 우리가 미리 정한 시간표에 따라 움직일 때는 느낄 수 없습니다. 우리는 모든 사람이 따를 수 있는 보편적인 지도를 그릴 수 없습니다.

기도의 삶에는 정해진 길이 없기 때문에 우리는 다음 단계로 옮겨 가지 못합니다. 예를 들면, 기도의 삶에서 5단계와 12단계에서 하나님의 부재를 경험할 것이라고 알려 주는 지도는 없습니다. 그런 지도가 있다면 우리의 기도 생활은 훨씬 쉬운 여정이 될 것입니다. 그러나 누구나 참고할 수 있는 미리 정해진 기도 지도가 있다면, 그 기도는 살아 있는 관계보다는 기계적인 배열이 되고 말 것입니다.

살아 있는 관계

이제 하나님의 부재를 다른 차원에서 말할 차례입니다. 우리는 상호 자유로운 관계로 시작해서 점점 살아 있는 관계로 돌입하고 있습니다. 하나님은 우리에게 완전한 자유를 주셔서 하나님과 우리 사이의 관계에서 자유로운 선택을 하도록 하십니다. 용서받은 자의 기도를 통해 우리는 하나님께 똑같은 자유를 허용하기를 배웁니다. 이처럼 상호 허용의 관계는 결코 조작되거나 강요될 수 없습니다.

우리가 하늘과 땅의 창조자를 우리 맘대로 불러 세울 수 있다면 아브라함과 이삭과 야곱의 하나님을 만날 수 없을 것입니다. 우리는 대상이나 우상을 세워 하나님과 연합하려 합니다. 그러나 우상을 타파하시는 하나님은 하나님이 누구며 무엇과 같은지를 표현한 거짓된 형상을 깨뜨리십니다.

하나님의 부재를 느끼는 우리의 느낌이 기대하지 않은 은총인지를 어떻게 알 수 있을까요? 숨어 계심 안에서 하나님은 천천히 우리의 형상을 따라 하나님을 만들어 내는 것을 그만두게 하십니다. 「나니아 연대기」(The Chronicles of Nania)에서 그리스도로 등장하는 아슬란(Aslan)처럼, 하나님은 길들여지지 않은 모습으로 자유로이 자기 마음대로 오십니다. 우리가 연주하는 음악에 따라 춤추는 인형이나 병 안에 갇힌 아라비안나이트의 요정 지니(genie)가 되는 것을 거부하시는 하나님은 우리가 만든 거짓된 우상으로부터 우리를 자유하게 하십니다.

우상이 무너질 때 우리는 하나님을 떠나는 대신 우리가 믿는 하나님이 과연 어떤 하나님인지를 더 깊이 생각합니다. "하나님은 우리의 선을 원하는 선한 분이신가? 아니면 잔인하고 공격적인 폭군이신가?"

비로소 우리는 믿음과 소망과 사랑에는 의심이 있어야 함을 깨닫게 됩니다. 이제 우리는 자기 자신의 동기를 의심해 봅니다. 이런 행동이나 저런 생각이 믿음, 소망, 사랑에 의한 것이 아니라 두려움, 헛됨, 교만에 기초된 것은 아닌지 의심해 봅니다.

두려움에 떠는 어린아이처럼 우리는 조심스럽게 거룩하신 하나님을 에워싸고 있는 어두운 안개를 통과하고 있습니다. 스스로에 대해 주저하기도 하고 더욱 불분명해집니다. 이전에는 경험해 보지도 못했던 물음들이 일어나기 시작합니다. "기도라는 것이 심리학적 착각에 불과한 것은 아닐까? 궁극적으로 악이 승리하는 것은 아닐까?" "우주 안에 진정 의미가 있기는 한 것인가? 하나님께서 정말 나를 사랑하실까?

역설적이게도 이런 물음들을 통해 하나님은 우리의 믿음을 없앨 것처럼 위협하심으로 오히려 믿음을 순결하게 하십니다. 우리는 피상적인 충동이나 인간적인 노력을 깊이 신뢰하지 않습니다. 의심을 물음으로써 우리는 이전보다 더욱 깊이 우리가 가진 자기-기만의 능력을 인식합니다.

불평의 기도

버림받았다고 느낄 때 어떤 기도를 드릴 수 있을까요? 맞습니다. 불평의 기도로 기도를 시작할 수 있지요.

예부터 내려오는 전통적인 불평의 기도 가운데 '시편 애가'라고 알려진 시편의 기도가 있습니다. 고대 시인들은 어떻게 불평의 기도를 드리는지 알았지요. 고뇌와 좌절이 담긴 말들이 어떻게 기도가 되는지를 알았답니다. 이들은 경외감과 실망을 함께 표현하였습니다. "내가 찬양하는 하나님이여, 잠잠하지 마옵소서."(시 109:1) 이들은 끝나지 않은 희망과 점점 커져 가는 절망을 경험하였습니다. "여호와여 오직 내가 주께 부르짖었사오니 아침에 나의 기도가 주의 앞에 이르리이다. 여호와여 어찌하여 나의 영혼을 버리시며 어찌하여 주의 얼굴을 내게서 숨기시나이까?"(시 88:13~14) 그들은 하나님의 품성을 확신하였고 하나님이 활동하지 않으심에 분노하였습니다. "내 반석이신 하나님께 이르기를, '어찌하여 나를 잊으셨나이까?'"(시 42:9)

시편 애가는 우리의 내면이 겪는 갈등과 모순을 기도하라고 가르칩니다. 버림받은 어두운 동굴 속에서 버림받음에 대해 소리치고, 그 소리가 다시금 우리에게 돌아오는 메아리를 잘 들으라고 합니다. 시편 애가는 우리로 하여금 한순간 하나님을 향해 주먹을 들이대도록 하고, 그 다음 우리의 분노를 하나님께 드리는 송영으로 바꾸어 놓습니다.

– 리처드 포스터^{Richard J. Foster}

「기도」(Prayer)

어둠의 가치

십자가의 성 요한(John of the Cross)은 믿음의 길이란 모호할 수밖에 없다고 주장합니다. 밤길을 운전할 때는 길을 멀리 보고 운전할 수 없습니다. 길이 어떻게 이어지는지 알지 못한 채 어둠을 뚫고 조금씩 나아갈 뿐입니다. 소호(Soho)에서 나는 목회 사역과 정치권에서 이 진리가 얼마나 중요한지를 깨닫게 되었습니다. 우리는 믿음의 기반에서 행동하고 어둠에서 성숙된 통찰에 따라 행동해야 합니다. 침묵에 뿌리를 둔 확신과 희미하지만 하나님의 어두움인 신비로운 실재에 견고하게 기반을 둔 이상에 따라 행동해야 합니다. 사회 활동과 정치 활동이 열광주의에 빠지지 않기 위해서는 침묵과 신비로운 실재에 깊이 뿌리를 내려야 합니다.

십자가의 성 요한은 어두운 밤은 부정적이며 파괴적인 경험이 아니라고 주장합니다. 유한한 존재들은 오히려 어두운 밤에 불과 빛을 경험하고 하나님 사랑의 살아 있는 불꽃을 경험합니다. 맹목적인 믿음은 지성을 압도하고 지배합니다. 그래서 어둠은 언제나 더 깊이 자라갑니다. 왜냐하면 성 요한에게 어두운 밤이란 시간적인 밤이 아니라 전체 실재를 표현하기 위한 상징이기 때문입니다. 우리의 모든 삶과 행동은 어둠의 정황에서 일어납니다.

밤은 우리 모두에게 옵니다. 밤은 본질상 우리가 통제할 수 없고, 하나님의 영의 신비로운 활동의 지배를 받기 때문에 준비된 밤이란 없습니다. 다만 밤이 지난 후에야 어떻게 밤이 지나갔는지를 표현할 수 있습니다. 내 생각에는 이 땅에서 정의를 위한 사역이 효과를 얻으려면 이처럼 어둠의 깊이를 만나야 합니다. 왜냐하면 진실하고 정의로운 행위는 진리와 정의 안에 깊이 뿌리를 둘 때에만 자랄 수 있기 때문입니다.

– 케네스 리치^{Kenneth Leech}
「폭풍의 눈」(The Eye of the Storm)

어머니가 말 못하는 자녀를 이해하듯이
현명한 선생이 말더듬이 소년의 말을 알아듣듯이
현자가 침묵으로 수행하는 순례자를 알아보듯이
우리의 아버지시여
우리가 우리의 열망과 필요를 아뢸 때에
우리의 기도를 들어주소서.
그리스도의 이름으로 기도합니다. 아멘.

- 에드워드 타일러[Edward Tyler]
「새해 축하 기도 모음」(*Prayers in Celebration of the Turning Year*)

영성수련 일과표

하나님의 인도를 위한 기도

우리와 같은 한 사람을 택하셔서 주님의 길과 주님 자신을 인류에게 알리게 하신 신실하신 구원자시여! 금번 수련 기간 동안 주님의 길과 임재를 보여 주소서. 삶과 목회의 짐과 염려를 내려 놓고 주님의 음성을 듣게 하소서. 주님의 진리의 빛으로 인도하사 신실하고 기쁨이 넘치는 제자의 삶을 준비하게 하소서. 아멘.

조용히 듣기

성경 읽기

눅 4:1~30; 롬 12:1~21; 고전 9:1~27l; 엡 1:1~23

이 구절들이 당신과 당신 목회에 무엇이라 말씀하는지 묵상하십시오.
이 말씀들 가운데 어느 구절이 당신에게 위로를 주었나요?
혹은 이 구절들 중 어느 구절이 당신을 당혹스럽게 하였나요?
이 구절들이 당신에게 요청하는 특별한 행위들이 있다면 적어 보십시오.

영적 독서

묵상

식사 시간, 쉼, 여가 선용

일기 쓰기

기도

영적 독서, 묵상, 일기 계속 쓰기

성만찬

응답: 감사, 봉헌, 계약

세상을 향하여

부록에 제시한 제안들을 사용할 수도 있고, 영적 삶을 지속하기 위해 스스로 계획을 만들어 사용할 수도 있습니다. 삶과 목회가 영적 성숙을 더해 가도록 하루 일과와 일주일의 계획을 세워 보십시오.

마침 기도

우리를 지키시는 하나님! 주님 안에서 우리가 누구인지, 우리의 삶이 어떠한지를 발견하였습니다. 이처럼 시간을 따로 떼어 주님과 함께할 수 있는 은총을 베풀어 주셔서 감사합니다. 이제 내가 드릴 수 있는 삶의 모든 것을 주님께 드립니다. 나를 받아주소서. 주님께 나 자신을 드리오니 이 선물을 거룩하게 하셔서 능력 있게 목회할 수 있도록 새롭고 참신한 방향을 향해 떠날 수 있게 하옵소서. 그리스도 예수님의 이름으로 기도합니다. 아멘.

2

"네가 누구냐?"고 누군가 물을 때

본회퍼는 '나는 누구인가?' 라는 시에서 자신의 정체성을 다음과 같이 고백적이고 시적으로 표현합니다. "내가 누구이든지 오 하나님, 당신은 내가 당신의 것임을 아시나이다." 헌신과 영적인 삶을 살면서도 세상에 깊이 참여하여 양심수가 된 본회퍼는 당황하거나 숨기는 일 없이 자신이 안고 있는 갈등과 물음을 토로합니다. 그렇지만 근본은 분명합니다. 그의 삶은 하나님의 손에 맡겨진 삶이었고 그 안에서 안전한 삶이었습니다.

　　본회퍼가 시를 쓸 당시의 상황과 우리의 목회 상황에는 큰 차이가 있습니다. 그러나 목회의 여정에서 성직자가 대면하게 되는 물음과 갈등은 그렇게 다르지 않습니다. 예컨대 성직자의 정체성에 대한 물음은 언제나 우리를 압박해 옵니다. 압박을 느끼는 이유는 부분적으로는 정체성을 찾으려는 목회자들 때문이고, 또 다른 경우는 목회자가 속해 있는 종교적 전통 때문입니다.

　　회중, 대리자, 제도적 교회는 언제나 이들의 지도력에 대해 정의를 내리는 과정에 있습니다. 목회자들은 가끔은 부드럽게, 때로는 치열하게 목회자의 역할과 정체성을 찾으려 합니다. 목회자가 목회를 담당하면서 동시에 자기–발견 과정을 어떻게 계속할 수 있을까요? 대답은 예수 그리스도를 통해 우리에게 나타나신 하나님께 삶과 목회와 미래 전체를 드림으로 가능합니다.

　　만일 목회를 준비하고 있다면, 다음 몇 가지 이야기들은 다른 사람이 당신이 누구라고 말해 주는 여러 방법을 이해하는 데 도움이 될 것입니다. 만일 이미 목회를 하고 있다면, 이 목록에 당신이 발견한 목록을 더해 보십시오. 첫 번째 이야기는 내가 신학교를 졸업하고 처음 목회지로 파송받은 후 경험한 이야기이고, 두 번째 이야기는 두 번째 파송을 받은 경험을 담은 이야기입니다. 그리고 세 번째 이야기는 어떤 목회자 부부의 경험을 소개한 것입니다.

　　다른 목회지로 떠나는 전임자의 가구가 이사 차량으로 옮겨지는 동안, 우리의 조촐한 살림(양과 가치와 질에 있어서)은 사택 잔디 위에 놓여 있었습니다. 아내와 내가 차를 몰고 들어섰을 때, 연로한 평신도 세 사람이 사택 정문으로부터 10피트 정도 떨어진 곳에서 우리가 사용했던 침대 겸용 대형 소파에 앉아 있었습니다. '이곳이 내 첫 목회지로, 앞으로 내 집이고 내 교구가 되는 것이야.' 이렇게 생각하면서 세 어른에게 다가갔습니다. 내가 새로 부임하게 될 목사라고 소개한 후,

이들과 대화를 시작하였습니다. 이때 세 어른 가운데 한 분이 독일어를 말할 수 있는지 물었습니다. 이 지역에는 여러 독일 이민자들이 정착해 살고 있어서 독일어가 통용되고 있었습니다. 나는 대학에서 배운 고급 대학독일어로 그들이 좋아하는 대답을 했습니다. "물론입니다." 그러자 이번에는 "그러면 독일어로 설교할 수 있습니까?"라고 물었습니다. 나는 독일어로 대답했습니다. "그럴 수는 없습니다." 내가 교인들의 요구에 부응하기가 얼마나 어려운가를 설명하기도 전에 세 분 신사로부터 대답이 돌아왔습니다. "그렇다면 이 교회의 목회자가 될 수 없지요."

어쨌든 나는 그들의 목회자가 되었습니다. 우리는 서로 사랑하기를 배웠고, 처음 임지를 떠나기 전 세 성도 가운데 두 분의 장례식을 치렀습니다. 그렇지만 그들이 나의 목회와 지도력에 기대하던 일은 결코 실현되지 않았습니다. 이들은 내 목회와 그리스도인으로서의 정체성을 형성시키려 노력하였고 열망하였습니다. 이들의 의도는 악한 것이 아니었습니다. 이들의 요구는 목회자의 지도력에 대한 그들 나름의 이해와 희망에 근거한 자연스런 결과였습니다. 그럼에도 불구하고 자기들의 요구에 순응시키려는 압력이 대단했습니다.

이사 차량이 다음 목회지의 사택을 빠져나가기도 전에 교인 둘이 다가와 반갑다며 저녁 음식을 전해 주고 갔습니다. 그러고는 새로 부임하는 목사가 어떤 방향으로 교회를 인도하면 좋은지 암시를 주는 것도 잊지 않았습니다. 한 주가 지나가기 전에 여러 교인이 교회 사무실 혹은 사택에 들러 새로 부임한 목사가 어떤 방향으로 교회를 이끌어 주었으면 하는지 자신들의 기대감을 전해 주고 갔습니다. 어떤 교인은 자기의 의중을 미묘하게 표현하였고, 또 어떤 교인은 자신의 의사를 분명하게 드러냈습니다. 그러나 그들의 의도는 아주 분명하였습니다. 목회자가 자기들의 기대에 부응하는 목사이기를 바랐던 것입니다. 그들이 기대한 것 가운데 많은 부분은 아주 고상하였지만, 또 어떤 기대들은 기독교의 사랑의 범주를 넘어서는 것이기도 했습니다. 또 많은 경우는 정말 어처구니없는 기대들도 있었습니다. 종종 고린도전서 9장이 내게 도전으로 다가올 때가 있습니다. 어떻게 하면 내가 내 영혼을 상실하지 않으면서도 모든 사람에게 모든 것이 될 수 있을까? 대답은 분명합니다. 바로 하나님 안에서 나의 정체성을 찾을 때입니다. 날마다 목회 현장에서 성령으로 형성되고 변화된 정체성은 기도와 묵상으로 훈련하는 삶에서 얻어집니다.

어느 날 젊은 목회자 부부가 감독을 찾아왔습니다. 그들은 자신들이 누구인지 또한 공동체 안에서 자신들의 역할과 그들의 돌봄을 받는 평신도의 역할이 무엇인지 물었습니다. 다른 목회자와 마찬가지로 이들의 삶 역시 노출되어 있었고, 아이를 키우는 방법, 공동체에 참여하는 일, 여성과 남성의 역할 분담, 평신도들의 요구에 맞는 목회자의 지도력 등 여러 면에서 신도들의 요구에 순응하도록 압력을 받고 있었습니다. 그러한 요구 중 어떤 것은 순수한 동기에서 온 것도 있었지만, 대부분이 열정을 가진 사람들에게서 온 것이었고, 모든 요구는 목회자의 인간됨과 지도력을 평가하려는 것이었습니다. 이런 상황에서 교단의 지도력을 통해 목회자와 회중을 지지해 주고 외부로부터 정확한 진단과 기도 훈련 과정의 도움이 주어진다면, 회중과 목회자들은 정체성을 분명히 하고, 그리스도 안에서 하나님과의 관계를 깊이 있게 하며, 이들이 속한 공동체와 세계를 향해 신실한 목회를 감당할 수 있게 될 것입니다.

앞서 소개한 세 이야기는 목회자가 누구인지를 말해 주는 목소리입니다. 이제 잠시 멈추고 당신의 경험을 생각해 보십시오. 당신이 누구인지를 말해 주는 사람이 누구입니까? 회중 가운데 한 사람입니까? 아니면 교단 안에 속한 누구입니까? 아니면 먼 친척 중 한 사람입니까? 이런 압력은 새로운 것이 아닙니다. 누가복음 4장 16절에서 30절까지를 다시 읽어 보십시오. 그리고 가상 설교를 메모해 보고 그 설교에 대한 회중의 반응을 적어 보십시오. 기도하러 올라가는 베드로와 요한(행 3장), 회당의 전통을 따르기를 거부하는 스데반(행 6장과 7장), 자신과 다른 사람들에 대해 갖고 있던 형상을 부숴버린 욥바에서의 베드로의 환상(행 10장)은 초기 기독교 지도자들이 다른 사람에 의해 자신의 정체성을 정하도록 압력받았다는 사실과 진정한 정체성과 소명을 잃지 않기 위해 그들은 하나님 안에서 그 힘을 찾았다는 사실을 보여 주고 있습니다. 하나님과의 관계가 삶을 결정하는 요인이었습니다.

자기-인식을 통해 목회자는 목회와 목회자를 규정하려는 노력들이 미묘하면서도 그렇게 미묘하지 않은 것임을 알게 될 것입니다. 예수 그리스도 안에 나타난 하나님의 음성만을 따르고 순종하고자 하는 목회자의 목회 모델은 회중이나 문화가 원하는 목회가 아닐 수 있습니다. 회중들은 말로는 영성 지도자를 원한다고 합니다. 그러나 목회자가 영적 삶을 훈련하고 하나님과 하나님의 통치에 주목하면서 다른 사람들과 삶을 나누고 돌봄의 목회를 감당하게 될 때, 교인들은 종종 불편함을 느껴 여러 방법을 동원해 목회자의 정체성과 목회를 보다 유순하고 완화된 모델로 바꾸려고 노력합니다. 철저한 신앙은 많은 사람들을 거북하게 합니다. 그 원칙을 무시하는 것이 쉽지 않기 때문에 회중들은 신앙의 열정을 무디게 하고 신앙의 목소리를 잠재우려는 시도를 하게 됩니다. 세상은 자신의 방식을 따르라고 우리를 압박합니다.(롬 12:2) 이러한 세상의 압력을 피하는 유일한 방법은 매일 매일 하나님의 변화의 은총으로 살아가는 것입니다.(롬 12:1~21)

조상, 학위, 목회지, 혹은 다른 사람의 견해가 우리의 정체성을 결정할 수 없다는 것이 신앙의 중심적인 고백입니다. 우리의 정체성은 우리를 만드신 창조자 하나님과 우리를 구원하고 변화시키고 보존하시며 하나님이 사랑하시는 세상에서 신실한 삶을 살도록 파송하시는 예수 그리스도 안에서 발견됩니다.(엡 1:1~23)

하나님 안에서 또한 하나님과의 친밀한 교제 안에서 우리가 누구인가가 분명해집니다. 하나 님과의 친밀한 교제는 우연히 일어나는 것이 아닙니다. 상호 관계성으로 끊임없이 부르시는 하나 님의 초청에 성실하게 응답한 결과입니다. 매일 매일의 친밀한 교제 속에서 인간이며 목회자로서 의 우리의 정체성이 분명해집니다.

우리를 순응시켜 진정한 정체성에서 떠나게 하는 압력은 회중과 제도로부터만 오는 것이 아 닙니다. 우리로 하여금 하나님 안에서 발견되지 않는 정체성에 주목하게 하고 이를 추구하게 만 드는 내면의 욕구들도 있습니다. 하지만 순응시키려 하는 압력들까지도 우리가 누구이며 누구에 게 속했는지를 상기시켜 줄 수 있습니다. 목회자는 한 분 구원자와 한 분 주님이 계신 것을 압니 다. 이러한 인식이 우리 안에 자리잡을 때, 순응시키려는 압력은 아프게 쏘는 힘과 유혹의 힘을 상실하게 됩니다.

내가 아는 한 동료는 자기 생일날 어떤 회중 모임을 이끌어 달라는 요청을 받았습니다. 그런 데 초등학교에 다니는 아들이 슈퍼맨이 그려진 운동복을 선물하고는 그날 저녁 모임에 입고 가라 고 주문하였습니다. 친구는 아들의 요청에 따라 운동복을 입고 모임에 나갔습니다. 모임에서 의 견이 나눠졌습니다. 친구는 객관적이고자 노력했지만 자기들 편을 들어 달라는 압력이 몰려왔습 니다. 이 압력을 거부하자 분노가 친구에게 쏟아졌습니다. 친구는 자기를 향한 적대감에 압도되 어 좌절을 경험하였습니다. 이때 친구는 슈퍼맨이 그려진 운동복과 가족의 사랑을 생각해 냈습니 다. 친구는 스스로에게 일렀습니다. "내 아들과 아내가 베풀어 주는 따뜻한 사랑에 비하면 지금 잠깐 당하는 이 아픔은 아무것도 아니야." 회의 도중에 친구는 자기가 받았던 세례와 하나님의 사랑을 기억했습니다. 그리고 어떻게 하나님의 사랑 안에서 의미와 생명을 발견하였는지 기억했 습니다. 그러자 지금 자신이 느끼는 두려움, 염려, 미성숙한 사람들을 향한 분노가 얼마나 어리석 은 것인지를 깨달을 수 있었습니다. 집으로 운전하며 돌아오는 길에 그는 얼마나 쉽게 자기가 누 구인가를 잊고 지내는지, 또한 얼마나 빨리 자기가 원치 않는 모습으로 행동하는지를 깨닫게 되 었습니다. 그것은 참으로 놀라운 가르침이었습니다.

우리의 정체성을 어디에서 발견해야 할까요? 그 대답은 오래된 하이델베르크 교리문답에도 나와 있습니다. "몸과 영혼, 삶과 죽음에서 나는 나 자신에게 속한 것이 아니라 나의 신실한 구원 자 예수 그리스도에게 속했다는 진리 안에 그 대답이 있습니다." 우리는 평생 목회와 자기 자신을 규정하기 위해 미묘하지만 단호한 노력들을 만나게 될 것입니다. 우리가 누구에게 속하였는지를 분명하게 기억하는 것은, 지금 여기 목회의 자리로 부르신 하나님의 인도하심에 따라 삶과 목회를 구성하도록 하는 길잡이가 될 것입니다.

영적 독서

나는 누구인가?

나는 누구인가? 사람들은 종종 내게 말합니다.
감옥에서 걸어 나오는 내 모습이
시골 저택의 귀족처럼
조용하고 기쁨이 그윽하며 당당하다고.

나는 누구인가? 사람들은 종종 내게 말합니다.
교도관들에게 말할 때
마치 내가 명령하는 자인 것처럼
자유롭고 친근하며 명쾌하다고.

나는 누구인가? 사람들은 또 내게 말합니다.
불행에 닥쳐서도
승리한 사람처럼
평정심을 갖고 웃음을 잃지 않은 채 자부심이 묻어난다고.

그러면 다른 사람들이 내게 말하는 내가 정말 나일까?
아니면 내가 알고 있는 내가 진정 나일까?
새장에 갇힌 한 마리 새처럼 쉼이 없고 갈망하며 아픈

여러 손들이 내 목을 조르는 것을 느끼며 숨쉬기 위해 몸부림치고 있는

색깔과 꽃을 보고 새들의 노래 소리를 듣고 싶은

친절한 말과 이웃의 따뜻한 사랑을 목말라하는

전제 정치와 조그만 굴욕에도 분노로 치를 떠는

거대한 사건들을 기대하며 이리 저리 뒹구는

무한히 떨어져 있는 친구들을 힘없이 염려하는

기도와 생각과 행동에 지치고 공허한

이 모든 것에 꺼져 가듯 안녕을 고할 준비가 되어 있는

나는 누구인가? 이게 나인가 저게 나인가?

나는 오늘 이 사람이었다가 내일은 저 사람인가?

나는 동시에 이 둘인가? 다른 사람들 앞에서는 위선자였다가

나 자신 앞에서는 비열하도록 슬픔에 찬 약한 사람인가?

아니면 이미 성취한 승리의 혼란한 틈을 타 적의 진지를 탈출한 군인처럼

아직도 무엇이 내 안에 남아 있는가?

나는 누구인가? 나에 대한 물음들만이 남아 나를 조롱한다.

내가 누구이든지, 오 하나님 당신은 내가 당신 것임을 아십니다.

— 디트리히 본회퍼[Dietrich Bonhoeffer]

「옥중서간」(Letters and Papers from Prison)

자신을 살피십시오

우리가 우리 자신에 대해 무엇을 살필 것인지 생각해 봅시다. 구원의 은총 사역이 정말 철저하게 당신의 영혼에서 일어났는지 살피십시오. 당신이 다른 사람들에게 베풀어 준 하나님의 구원

의 은총이 당신에게 공허한 것이 되지 않도록, 당신이 설교한 복음의 능력이 당신에게 낯선 것이 되지 않도록, 세상을 향해서는 구원자의 필요성을 선포하면서 당신의 마음은 정작 구원자를 간과하지 않도록, 그리고 그분을 관심하며 그분의 구원의 은혜를 잊지 않도록 당신 자신을 잘 살피십시오. 다른 사람을 향해서는 멸망하지 말라고 가르쳐 놓고 당신이 멸망하지 않도록, 다른 사람들에게는 먹을 것을 주고 당신은 굶어 죽지 않도록 당신 자신을 잘 살피십시오.

당신의 모범된 삶이 당신의 교리와 모순되지 않도록, 소경 앞에 장애물을 놓아 저들이 멸망하는 일이 일어나지 않도록, 당신의 삶으로 이제까지 말한 것을 헛되게 하지 않도록, 당신의 수고가 모두 헛된 것이 되지 않도록 당신 자신을 살피십시오.

– 리처드 박스터^{Richard Baxter}

「참된 목자」(*The Reformed Pastor*)

강박관념에 사로잡힌 목사

머튼(Thomas Merton)은 「사막의 지혜」(*The Wisdom of the Desert*)라는 책 서문에서 다음과 같이 기술합니다.

> 사막 교부들은 사회를 … 난파된 배처럼 생각했습니다. 배가 난파되었을 경우 각 사람은 자신의 생명을 건지기 위해 수영을 해야 합니다. … 이 (자기 생명을 건지기 위해 수영하는) 사람들은 사회의 가르침과 가치를 수동적으로 받아들이면서 시류가 흘러가는 대로 자신을 내어맡기는 것이 정말 재앙이라고 생각하는 사람들입니다.

이 관찰을 통해 우리는 문제의 핵심을 직접 파악할 수 있습니다. 우리 사회는 하나님의 사랑을 비추는 공동체이기보다는 지배와 조작의 위험한 그물망입니다. 그래서 그 그물망에 쉽게 걸려들어 거기에서 영혼을 잃어버리기도 합니다. 여기서 우리는 예수 그리스도의 목회자들인 우리가 이미 어두운 세상의 유혹에 깊이 빠져서 자신과 이웃의 치명적인 사태를 보지 못하고 생명을 구하기 위해 수영할 힘도 의욕도 상실한 것은 아닌가 하는 근본적인 물음을 묻게 됩니다.

그저 잠깐 동안만 자신의 일상을 바라보십시오. 일반적으로 우리는 아주 바쁜 사람들입니다. 참석해야 할 회의도 많고, 방문해야 할 곳도 많으며, 인도해야 할 예배도 많습니다. 달력에는 약속들이 빼곡히 적혀 있습니다. 하루, 한 주일, 한 해가 계획과 해야 할 일들로 가득 차 있습니다. 우리는 언제나 뭔가를 해야 한다는 의식으로 살아갑니다. 내 생각과 말과 행동이 정말 가치 있는 생각이고 말이며 행동인지 잠시 시간을 멈추고 쉬면서 돌아볼 겨를도 없이 분주하게 살아갑니다. 우리는 그저 우리에게 부과된 '그래야만 하고', '당연히 해야 하는 것들'을 따라 살아갑니다. 필연과 당연이 마치 복음의 본래적인 속성인양 따라 삽니다. 사람들은 교회에 오도록 권유를 받아야 합니다. 젊은이들은 즐거워야 합니다. 돈은 많이 벌어야 하고, 무엇보다도 모든 사람이 행복해야 합니다. 더욱이 교회와 정부와는 좋은 관계를 맺고 살아야 합니다. 교인들로부터는 존경을 받아야 하고 지위는 높아야 합니다. 그리고 안락한 삶을 살기에 충분한 직업과 봉급이 있어야 합니다. 따라서 다른 사람들처럼 바빠야 하고 바쁜 사람들에게 주어지는 보상을 받으며 살아야 합니다.

당연히 그래야 하는 이 목록들은 우리의 목회가 얼마나 끔찍스럽게 세속적으로 되었는가를 보여 주고 있습니다. 왜 그럴까요? 왜 빛의 자녀들이 이렇게도 쉽게 어둠의 자녀들처럼 되어버렸을까요? 대답은 아주 간단합니다. 우리의 정체성, 곧 자아의식이 위태롭게 되었기 때문입니다. 세속성이란 시류의 흐름에 기초한 존재 방식입니다. 세속적이거나 거짓된 자아는 토마스 머튼이 말한 대로 사회의 강박관념의 지배를 받아 만들어진 자아입니다. '강박관념에 사로잡힌'이란 형용사는 거짓 자아를 표현하는 가장 적합한 용어입니다. 이것은 계속해서 증가하는 긍정을 필요로 합니다. 나는 누구인가? 나는 매력이 있고 찬사를 받으며 존경을 받는 사람입니다. 혹은 나는 매력도 없고 미움을 받으며 경멸을 받는 사람입니다. 내가 피아니스트이건 사업가이건 목회자이건 문제가 되는 것은 어떻게 세상이 나를 인정하느냐 하는 것입니다. 만일 바쁜 것이 좋은 것이라면 바빠야 합니다. 돈이 있는 것이 진정한 자유의 징표라면 돈을 가져야 합니다. 많은 사람을 아는 것이 나의 가치를 드러내는 일이라면 여러 사람과 연결되어야 할 것입니다. 강박관념이란 더 많은 일, 돈, 친구들을 모음으로써 실패의 두려움을 숨기려는 것입니다.

강박관념은 분노와 탐욕을 일으키기 때문에 영적 삶에 적이 됩니다. 분노와 탐욕은 세속적 삶의 내면에 자리하며, 세속에 기초한 삶을 살아가기 때문에 따라오는 씁쓸한 결과입니다. 박탈당한 경험에 충동적으로 반응하다 보면 분노 외에 어떤 반응을 보일 수 있겠습니까? 다른 사람들이 내게 말해 준 것에 기초하여 내 자아를 의식한다면, 누군가 나를 비판하게 될 경우 화를 내는 것은 자연스러운 것입니다. 또한 내가 얻을 수 있는 것에 기초하여 자아를 의식한다면, 내 기대와 욕망이 좌절되었을 때 탐욕이 불타오르게 됩니다. 그러므로 탐욕과 분노는 구원받지 못한 세상의 사회적 강박관념에 의해 조작된 거짓된 자아의 형제요 자매인 것입니다.

특별히 분노는 현대 목회에서 전문적인 영역에서 일어나는 악과 가까이 있는 듯 보입니다. 목회자들은 지도자들이 지도력을 잘못 발휘한다고 분노하고, 자기를 따르는 사람들에게는 잘 따라오지 못한다고 분노합니다. 교회에 나오지 않는 사람들에게는 교회에 나오지 않는다고 화를 내고, 열정 없이 교회에 나오는 사람들에게는 성의가 없다고 화를 냅니다. 자기에게 죄의식을 느끼게 한 가족에게 화를 내고, 가족이 원하는 인물이 되지 못한 자신에 대해서도 화를 냅니다. 이 분노는 개방되고 눈에 띄는 드러난 분노가 아니고, 부드러운 말씨와 웃는 얼굴과 예의를 갖춘 악수 뒤에 감추어진 분노입니다. 이 분노는 차갑게 얼어붙은 분노로써 물어뜯는 분노를 마음에 새겨 관대한 마음을 점차 마비시킵니다. 목회를 어둡고 무디게 하는 어떤 것이 있다면 그것은 어둡고 교활한 분노가 그리스도의 종들 마음에 자리하고 있기 때문입니다.

안토니와 그의 제자들이 세상의 가르침과 가치를 수동적으로 받아들이는 것이 영적 재앙이라고 생각한 것은 이상한 것이 아닙니다. 이들은 기독교인 한 사람 한 사람뿐 아니라 교회 자체가 세상이 주는 강박관념을 피해 가는 것이 얼마나 어려운 일인지를 깨달아 알았던 것입니다. 그러면 안토니와 그의 제자들은 어떻게 살았습니까? 이들은 가라앉는 배에서 탈출하여 자기들의 생명을 구하기 위해서 수영을 했습니다. 이들은 고독의 자리, 곧 사막을 구원의 자리로 여겼습니다.

– 헨리 나우웬Henri J. M. Nouwen
「마음의 길」(The Way of the Heart)

자기 성찰

소크라테스는 "성찰되지 않은 삶은 살 가치가 없다."고 말한 바 있습니다. 그는 영혼을 살피고 돌보는 것이 돈, 명예, 심지어 평판보다 더 중요하다고 보았습니다. "첫 번째 의무는 당신 자신을 아는 것이다. … 그 이유는 일단 우리가 스스로를 알게 되면 스스로를 어떻게 돌볼지 알기 때문이다. 우리가 스스로를 알지 못하면 결코 스스로를 어떻게 돌볼지 알 수 없을 것이다."「원더랜드」(Wonderland)에 나오는 공상 인물 엘리스(Alice)도 이렇게 외친 바 있습니다. "이 땅에서 나는 누구인가? 아, 이것이 정말 수수께끼다!"

모든 종교 지도자들이 처하는 가장 큰 위험 가운데 하나는 너무 바쁘거나 지루하게 되는 것 혹은 너무 교만하거나 우울함에 빠지는 것입니다. 이들은 자신의 행동과 가장 열망하는 것에 대해 성찰하지 않고 지나칩니다. 우리는 원하는 것을 원한다는 이유로 옳다고 생각하고 또 그 원하는 것을 잘 하고 있다고 생각합니다.

그러므로 효과적인 지도자가 되기 위해서는 자신의 삶을 계속 성찰해야 합니다. 먼저, 남의 눈을 의식하지 않아도 되는 경우 내 삶의 특성과 구조를 성찰하십시오. "나는 누구인가? 나는 어떤 생각을 즐기고 있는가? 내가 비밀스럽게 하는 행동이 무엇인가?" 둘째, 남의 눈을 의식해야 하는 경우 삶과 일의 질과 특성을 성찰하십시오. "지도자로서 나의 가치와 행동은 무엇인가? 나는 무엇에 헌신하고 있는가? 내 지도력의 진정한 결과는 무엇인가?"

종교 개혁자들은 예외 없이 부름에 응답하여 자기 성찰의 모범을 보였습니다. 마틴 루터(Martin Luther)는 "하루의 마지막 순간은 한 날의 동기와 행위를 살피면서 그날을 하나님께 드리고 잠자리에 들어야 한다."고 가르쳤습니다. 우리가 일터를 떠나 잠시 죽음에 든 순간, 하나님은 우리가 깨어 있는 동안 완성할 수 없었던 일을 우리가 잠자는 동안 이루시면서 우리의 일을 완성하실 수 있습니다.

캘빈은 "자기에 대한 인식이 없다면 하나님에 대한 인식도 없고 … 하나님에 대한 인식이 없으면 자기에 대한 인식도 없다."고 말하면서 자기 성찰의 필요성을 재미있게 묘사하였습니다. 존 웨슬리는 종교 지도자가 갖추어야 할 지속적인 덕목으로 자기 성찰을 꼽았습니다. 초창기에 웨슬리는 매일 '성찰'을 위한 시간을 따로 떼어 놓았습니다. 나중에는 자기 성찰을 위해 토요일 하루를 따로 떼어 놓았습니다. 마침내 생의 마지막 기간 동안에는 매 시간마다 5분씩 지난 한 시간 동안의 삶을 성찰하기 위해 멈추어 섰다고 합니다.

지도자가 자기 성찰의 역할을 충실히 수행하지 못할 때 그 문제가 회중들에게 미칩니다. 목회자가 한 인간임을 망각하게 된다면 문제는 더 심각하게 됩니다. 지도력에 대한 연구와 수행은 내면의 삶을 살피는 것에서 시작됩니다. 우리의 정체성과 자기 이해는 모든 지도력의 행위와 관계에 영향을 미칩니다.

회중은 경쟁력을 갖춘 교회 지도자를 원합니다. 그러나 이들은 또한 인품과 정직성을 갖춘 목회자를 원합니다. 예컨대 말하는 것과 행하는 것이 일치된 지도자를 원합니다. 많은 사람이 여러 이유를 들어 내면으로 향하는 여정을 거부합니다. 어떤 사람은 내면으로의 여정을 두려워합니다. 또 어떤 사람은 급하게 닥친 일들을 처리하느라 바빠 내면으로의 여정을 위해 시간 내는 것에 죄의식을 느끼기도 합니다.

지도자의 내면 성찰은 목회의 다른 영역이 잘 이루어지게 합니다. 토마스 오든(Thomas Oden)은 "기독교 지도자가 아직 성찰되지 않은 욕망의 노예가 되어서는 안 된다."고 하였습니다. "자신을 성찰하지 않으면 우리의 영혼은 자신에게 주어진 지위의 욕망에 따라 상호 관계를 조작한다." 이 욕망에 기초한 지도력은 효과적인 목회에 방해물이 됩니다. 욕망은 우리의 영혼을 어린이처럼 성장할 수 없게 하고, 마음이 가난한 여정을 하지 못하게 하며, 섬김의 열정을 가로막아 자기 자신과 공동체의 삶을 돌아볼 수 없게 합니다. 지도자가 내면을 성찰하는 일은 지도력에 방해가 되는 것이 아닌 자유에 이르는 첩경이 됩니다. 내면 성찰은 우울함과 운명적인 분위기로 끝나지 않고 자발성과 기쁨으로 이어집니다. 내면 성찰을 통해 우리는 하나님으로부터 새로운 약속을 받게 됩니다.

– 노만 쇼척과 로저 호이저^{Norman Shawchuck and Roger Heuser}
「회중 이끌기」(*Leading the Congregation*)

종으로서의 목회자

내가 학생들에게 '종'으로 목회를 수행한다고 선언하였을 때, 나는 스스로 감당하고 있는 '종'의 역할을 정의하고 있었습니다. 「열린 교회 내의 평신도 목소리」(*Lay Voices in an Open Church*)라는 책의 '열린 교회, 세계 안의 교회'라는 제목의 글에 나오는 셀리아 앨리스 한(Celia Allison Hahn)의 말을 빌려 표현한다면, 나는 평신도로서 하나님의 종들의 종입니다. 이사야는 시적인 표현으로 종을 노래하고 있고, 요한복음은 예수님께서 제자들의 발을 몸소 씻김으로 종의 도를 보여 주는 기사를 소개하고 있습니다. 목회의 모든 표현이 종이신 그리스도에 기원을 둔다면, 목회의 직임과 칭호는 더 이상 지위의 문제가 되지 않으며 성직자와 평신도의 긴장도 사라지게 됩니다. 우리 모두는 하는 일에 따라 봉사의 직무를 가진 종들입니다. '종'이란 모든 형태의 기독교 봉사에 영감을 주고 그것을 정당화하는 그리스도에서 기원한 말입니다. '종'은 젊은 여성이 "나는 저 남성을 넘어설 수 없어."라고 말할 필요가 없는 칭호입니다. '종'이란 분노에 찬 여성 평신도의 저항과 교회의 위계질서를 자신의 편으로 옮겨 놓으려는 여성 성직자들의 노력에 답을 주는 단어입니다.

그리스도께서는 "내가 너희를 위해 본을 보이노라."라고 말씀하십니다. 그리스도는 그리스도인들이 감당해야 할 목회의 표본입니다. 나는 내가 내리는 종에 대한 정의에 대해 배움의 전율 같은 것을 느꼈습니다. 이는 예기치도 않고 추구하지도 않았던 순간에 슈바이처(Albert Schweitzer)가 말한 '생명에의 경외'를 느낀 것과 같았습니다. 나는 '기독교' 공동체 안에서 평신도와 성직자 모두에게 기쁨이 되는 단어를 소개받은 것입니다. 종의 모범을 보여 주신 그리스도는 모든 목회에 경외감을 선물합니다.

목회를 수행하는 기쁨은 포용적인 칭호를 발견하는 기쁨입니다. '종'이란 말은 지위를 넘어설 뿐 아니라 편견이나 성적 편애에 얽매이지 않습니다. 종이란 용어는 지칭 대명사가 여성인지 남성인지 그 효용을 놓고 시비를 가리는 계기를 갖지 않습니다. 나는 안수받은 성직자를 남성으로만 표현하는 전통적 표현에 대한 최고의 대안으로 종이란 용어가 적합하다고 생각합니다. 종이란 말을 사용하면 성직자가 평신도보다 위에 자리할 이유도 없습니다. '종'이란 말 속에서 안수받은 성직자와 안수받지 않은 평신도가 함께 손을 잡을 수 있습니다. 나는 성직자뿐 아니라 평신도를 소개할 때도 자매요 형제라고 부를 수 있음에 전율을 느낍니다. 이 전율은 종이란 말이 암시하는 바대로 우리가 함께 공동으로 목회에 참여할 수 있다는 것 때문입니다.

나는 목사 가운에 수건을 영대로 걸어 두었습니다. 내게 신앙의 유산을 가르쳐 준 또 다른 여성 목회자의 가르침을 소개하겠습니다. 나의 영대는 수건입니다. 이 말은 종이란 말만큼이나 내게 놀라운 도전과 깨달음을 주었습니다. 오랫동안 남성 성직자(여기서 남성 성직자라 표현한 것은 의도적인 것임)들은 영대를 섬김의 징표인 수건으로 생각하지 않고 인수받은 목회자의 직임을 표현하는 징표로 생각하였습니다. 앞치마로 사용하여 낡아진 수건이 '여성의 사역'을 위한 전통적인 옷이었듯이, 이제 여성 성직자들이 영대를 목회자의 수건으로 이해하게 될 때 영대의 진정한 의미가 살아나게 될 것입니다.

'영대'는 성직자들이 봉사를 위해 사용하는 수건을 의미하는 것으로, 목회자의 직무를 포용적으로 만드는 천 조각입니다. 목회를 '종'의 사역으로 이해하고 보면, 목회란 세례 받은 모든 기독교인에게 해당되며 서열 없는 봉사의 표현이 됩니다. 종의 목회가 이루어지는 현장은 회중이 되고, 종의 삶은 교과서가 됩니다. 목회에 대한 나의 기도는 평신도들이 이 세상에서 그들의 목회를 잘 감당하도록 돕는, 하나님의 종들(평신도)의 종(목회자)이 되는 것입니다.

– 마르다 크리벨Martha B. Kriebel
「영대는 수건이다」(*A Stole is a Towel*)

명상의 열매

홀로 독방에서 수행하는 수도사나 서재에서 학문에 몰두하는 신학자의 노력이 세상에서 일하는 사람들에게 섬김의 정신을 불러올 수 없다면, 나는 이들의 삶을 영적인 것이라 생각하지 않을 것입니다. 그 이유 중의 하나는 묵상과 신학적 성찰은 종의 정신을 새롭게 함으로써 정부, 사업, 학교, 병원, 가족, 공동체, 교회를 살린다고 믿기 때문입니다. 그러므로 교회는 교회의 목회가 미치는 사람들에게 영적 영향력을 미칠 수 있는 기관이며, 그 영향력을 행사할 수 있도록 스스로를 훈련하는 기관입니다. 섬김의 공동체로써 스스로의 영성을 키우는 것과 타자에게 모범이 되는 일은 밀접한 관계가 있습니다. 나는 신학적 입장과는 상관없이 이 두 역할을 효과적으로 수행하는 집단이 교회라고 생각합니다.

– 로버트 그린리프Robert K. Greenleaf
「지도력으로서의 영성」(*Spirituality as Leadership*)

평범함을 배우십시오

진정으로 평범해질 때, 진정으로 거룩해집니다. 우리는 '소박하게 자기 자신일 수 있는' 용기와 하나님을 신뢰하는 사람을 통해서 평범함이 거룩함임을 배우게 됩니다.

종합신학대학원(General Theological Seminary)의 학장을 지낸 짐 팽하겐(Jim Fenhagen)은 데스

몬드 투투(Desmond Tutu)가 연설하는 동안 자기 옆에 앉아 있었던 한 신학생에 대한 이야기를 다음과 같이 들려줍니다. 투투의 연설이 끝나자 그 학생은 팽하겐 학장에게 몸을 돌려 이렇게 말했습니다. "오늘 저는 성인을 만났습니다." 학생의 이 말을 듣고 학장은 왜 그런지를 설명해 달라고 했습니다. 그러자 학생은 투투와의 만남을 통해 자신의 삶 안에 계신 그리스도를 경험할 수 있었다고 대답해 주었습니다.

나는 우리 모두가 누군가와의 만남을 통해 이러한 경험을 한다고 생각합니다. 나는 정말 실제적이고 자유로우며 수용적이고 자기를 잘 알고 있는 분을 만난 적이 있습니다. 그분을 방문하는 동안 저는 전혀 스트레스도 없었고 그 어떤 염려도 느끼지 않았습니다. 그분과의 만남을 통해 나는 나 자신이 될 수 있었습니다. 그분과의 만남으로 모든 것이 충분했습니다. 방문을 마치고 돌아오는 길에 '그분과 함께 있는 동안 나는 나이를 잊고 있었구나!' 하는 이상한 감동을 경험하였습니다. 결국 내가 어떻게 나일 수 있을까요? 내가 그분과 함께 있을 때는 아무런 두려움이 없었습니다.

하나님의 형상과 모양으로 창조되었다는 하나님의 계시에 대한 완전한 믿음이 부족하기 때문에 우리 대부분은 비범하고자 합니다. 비범하고자 하는 생각 때문에 우리는 불안해하고 자아는 우리를 향한 하나님의 사랑 외에 다른 것을 의지하려는 유혹을 받습니다. 그 결과 우리는 다른 사람처럼 사랑받고 존경받고 효과적이고 선하려고 노력합니다.

이 점에 있어서 예수님은 우리의 모범이십니다. 다른 사람이 우리를 어떻게 생각하는지에 대해 염려하는 우리의 모습과는 반대로 예수님은 스스로를 다른 사람과 비교하지 않았습니다. 신약 성서에서 단 한 군데도 예수님께서 다른 사람과 비교했다는 대목을 찾아볼 수 없습니다. 그분은 하나님과 늘 하나였습니다. 예수님은 우리가 우리의 형상에 몰입하는 것처럼 그렇게 자신의 형상에 몰입하지 않았습니다. 대신에 예수님은 1) 부름받은 사람으로서의 삶에 관심하였고(복종), 2) 다른 사람들과의 연대에 관심하였으며(공동체), 3) 성령의 가르침(사랑)에 따라 모든 것을 행하고자 하였습니다. 우리도 1) 하나님의 사랑을 깊이 느끼고, 2) 소박하게 우리 자신(평범함)의 본질적인 가치와 도전을 직시함으로써 3) 스스로에 대한 거짓된 형상을 버리게 될 때 예수님처럼 될 수 있습니다. 우리의 염려와 이 세상의 가치들은, 바람직하고 그럴 듯하게 보이는 거짓 자아의 형상을 발전시키거나 그 형상에 집착하도록 합니다.

평범함의 영은 우리 내면의 동기와 재능이 무엇인지를 찾아내어 이를 주저함이나 자의식 없이 표현하게 함으로써 하나님의 뜻을 따르게 합니다. 이것이 바로 진정한 평범함입니다. 평범하도록 부르시는 부름이 단순한 것이라 할지라도 쉬운 일이 아닙니다. 우리 중에 평범한 영성의 미묘하면서도 심오한 차원을 분별하는 이가 많지 않습니다. '평범하게 되는 것'은 참으로 우리 삶에서 비범한 사건입니다.

자신이 되는 것과 마찬가지로 자아에 대한 깊은 경험을 통해 하나님께 귀를 기울이는 것은 영적 분별에 있어 기본입니다. 그러나 우리 대부분은 영적 분별을 하지 않습니다. 대신에 성공하고, 유일하고, 안전하고, 완전하며, 옳고자 하는 세속적 부름에 응답합니다. 우리는 다른 목표가 우리를 보호해 줄 것으로 생각하여 그 목표를 성취하고자 합니다. 그러나 이 목표를 추구하느라 하나님을 의지하지도 않고 자신의 한계와 통제를 넘어서는 신비로서의 삶을 경험하지도 못합니다. 아마도 이런 이유에서 우리를 향한 가장 본질적인 도전은 자신의 한계를 진정으로 받아들이는 것일 수 있습니다. 자신의 한계를 받아들이게 될 때, 인격적 성장과 발전의 기회가 무한히 열릴 것입니다. 예상하겠지만 자신의 한계를 받아들이는 것은 문화에 반하는 것으로 그렇게 쉬운 일이 아닙니다.

– 로버트 윅스[Robert J. Wicks]
「거룩함과의 만남」(*Touching the Holy*)

그는 생명력 넘치고 실제적인 분이었습니다

호프(Hoff) 목사님은 나의 부모님과 같은 연령대시지만 여전히 젊고 활력이 넘치는 분이었습니다. 나는 그분을 사랑했고 키가 큰 멋쟁이로 기억하고 있습니다. 그러나 사실 나는 그분의 외모를 기억해 본 적이 없습니다. 실제로 그분이 그렇게 키가 크고 멋있게 생긴 분이었는지는 잘 모르겠습니다. 그분은 저를 사랑해 주었습니다. 그것이 그분의 매력이었습니다.

총각이셨던 목사님을 허리 높이에서 올려다보면서 우리는 너무도 좋아했습니다. 목사님은 저의 부모님과도 친분이 있었지만, 나에게도 특별한 관계로 다가왔습니다. 우리가 이야기할 때 그분은 우리의 말에 귀를 기울여 주었습니다. 목사님께서 내게 준 첫 선물은 내가 온전한 인간이라는 확신을 심어 준 것이었습니다. 어린아이였음에도 목사님은 나를 아주 소중한 사람으로 대해 주었습니다.

내 기억에 남아 있는 사건은 대부분 저녁 식탁에서 일어났습니다. 목사님은 한 손으로 식탁 위를 비행 중인 파리를 잡곤 하셨습니다. 그런가 하면 머리를 뒤로 젖히면서 파안대소하셨습니다. 뭔가 중요한 논쟁이 생기면 그 이야기에 푹 빠져서 따뜻했던 음식이 차갑게 될 때까지 이야기를 계속 하셨습니다. 그는 생동감이 있었고 실제적이었습니다. 나는 당시 목사님은 저래야 한다고 생각했습니다. 이렇듯 목사님께서 제게 주신 두 번째 선물은 하나님의 사람이 되려면 생명력 넘치고 진정성이 있어야 한다는 신념을 심어 주신 것입니다. 후일 박하향이 나는 듣기 좋은 말로 치장한 설교자를 우연히 만났을 때, 이런 설교자는 위선자라고 금방 알아차리게 되었습니다.

특별히 기억에 남는 저녁 식사 대화가 있습니다. 교회를 방문하고 호프 목사님을 알게 된 몇 달 뒤, 부모님은 교인으로 등록하기를 원하셨습니다. 제도적 종교에 발을 들여놓지 않겠다고 다짐했던 부모님들로서는 엄청난 사건이었습니다. 아버지는 적응을 잘 하지 못하는 로마 가톨릭 교인이었고, 어머니는 불평 가득한 남감리교회 교인이었습니다. 그런데 생명력 넘치고 진정성으로 가득한 젊은 목회자는 제도적 교회에 문을 닫아버렸던 부모님으로 하여금 다시금 교회 문을 열고 찾아오게 하였습니다.

"우리는 목사님이 시무하는 교회에 등록하려고 합니다." 아버지께서는 어느 날 저녁 식사를 마치신 다음 일대 선언을 하였습니다. 마치 오랜 동안의 냉전을 끝내고 평화를 선포하는 것 같았습니다.

그러나 호프 목사님께서는 의외의 말씀을 하셨습니다. "그리하지 마십시오." 나는 입으로 넣으려던 포크를 멈추고 두 분의 대화에 주목하였습니다. "교회에 등록하시면 저와의 관계에 변화가 올 것입니다. 그럼 이제 더 이상 지금처럼 대화할 수 없습니다. 그것이 저에게는 큰 상실이 됩니다." 그래서 우리 가족은 교회에 공식적으로 등록하지 않았고, 목사님과의 관계는 변함없이 깊어갔습니다. 아버지께서 다른 도시로 출타 중이었을 때 외할머니께서 돌아가셨습니다. 호프 목사님은 가장 먼저 우리 집을 방문하셨습니다. 비공식적이었지만 호프 목사님은 우리 목사님이었고 우리는 그분의 교인이었습니다. 이것이 세 번째 선물이었습니다. 규정된 역할을 뛰어넘는 상호 돌봄을 경험하였던 것입니다.

호프 목사님께서 우리와 친밀하게 대화하는 것이 교회에서는 가능하지 않았습니다. 당시 오하이오 더블린은 배타적인 시골 지역으로, 우리가 이 지역에 이사를 왔을 때는 콜럼버스의 교외 지역으로 변해 가고 있었습니다. 우리처럼 도시에서 온 사람들은 시골 사람들에게 침략자로 비쳐졌습니다. 그래서 시골 사람들은 마치 집 지키는 개들이 이방인을 보면 짖어대듯이 우리를 대했습니다. 도시에서 온 이방인들이 시골 지역의 정치, 경제, 도덕적 가치 등을 언급하려고 하면 신경을 곤두세운 채 으르렁거리곤 했습니다. 그때 나는 문제가 시민의 권리에 대한 것인 줄 알았습니다. 그런데 알고 보니 문제가 그렇게 특별한 것이 아니었습니다. 교회가 세상과 이어지는 적교(吊橋)를 올려버리고 변화하는 바깥세상과 담을 쌓을 것인지, 아니면 새로 들어오는 사람들에게 교회의 문호를 개방할 것인지 하는 문제였습니다. 물론 교회 안의 세계도 변화해야 합니다. 호프 목사님은 모험을 감행하고자 하였습니다. 그러나 회중은 그를 지지하지 않았습니다.

비밀스런 모임들이 생기고, 익명의 편지들이 오고갔습니다. 주일 아침 교회 마당에 들어서자 그 풍경은 마치 어느 정당의 전당대회에 참여하는 것 같았습니다. 회중은 자기들 차 주변으로 조그만 집단을 구성하며 모였고 목소리를 낮추어 소곤대는가 하면 다른 사람들이 다가가면 이리 저리 눈을 굴리곤 하였습니다. 만일 새로 들어오는 차가 자기편일 때는 모임의 원이 넓어졌고, 그렇지 않은 경우에는 담배를 끄고 헛기침을 하면서 교회를 향해 들어가는 적하면서 흩어졌습니다.

이렇게 어려운 상황에서 호프 목사님께서 저녁 식사를 하러 오셨습니다. 식사 전 호프 목사님은 나에게 최근에 한 숙제를 보여 달라고 하였습니다. 나는 올챙이가 가득한 쟁반을 보여 주었습니다. 일종의 개구리 보육원인 셈이었습니다. 이것은 샛강에서 동네 꼬마들이 올챙이를 발로 밟아 죽이는 것을 목격하고 생각해 낸 것이었습니다. 올챙이를 다 구할 수는 없더라도 적어도 이 쟁반에 담긴 올챙이만큼은 개구리가 될 것이라고 생각했습니다. 나는 호프 목사님에게 보여 주며 뒷다리가 나온 올챙이와 네 다리가 다 나온 올챙이를 손으로 가리켰습니다. 그는 손을 물속으로 넣어 1센티 남짓한 조그만 개구리를 손가락 위에 보석처럼 올려놓았습니다. 손가락 위의 개구리와 우리는 서로 쳐다보면서 숨을 들이마셨다가 내쉬었다가 하였습니다.

이때 어머니께서 저녁이 다 준비되었다고 하시면서 식탁으로 불렀습니다. 그날 저녁 우리는 오랜 시간 동안 식사를 즐겼습니다. 긴 시간 동안 목사님과 부모님은 말씀을 나누셨고, 나와 누이 동생들은 잠을 자러 가기 위해 자리를 떴습니다. 그 주간이 다 지날 즈음 호프 목사님은 전화를 하여 돌아오는 주일에 교회에 올 수 있느냐고 물었습니다. 목사님은 내가 자신의 설교를 듣기 원한다고 말씀하셨습니다. 그래서 나는 주일날 맨 앞자리에 앉아, 하나님의 창조의 다양성이 만들어 내는 아름다움에 대한 설교를 경청하였습니다.

목사님은 창조의 다양성이 갖는 아름다움이 경이롭다고 설파하셨습니다. 그리고는 갑자기 자기가 알고 있는 어린 소녀의 이야기를 하였습니다. 올챙이를 쟁반에 담아 돌보았던 소녀의 사랑은 바로 전세계를 향한 하나님의 사랑과 통한다고 말씀을 이어 갔습니다. 그 순간 타인들의 이목을 받고 있는 내 자신을 발견하였습니다. 내가 교인들 앞에서 공개되었을 뿐 아니라 내 삶이 하나님의 삶의 일부라는 사실을 알게 되었습니다. 올챙이와 같이 평범한 어떤 것이 이 둘 사이를 연결시켜 주었습니다. 그때 나는 처음으로 높은 곳으로부터 거룩한 진리를 선포하는 것이 아니라 평범한 사람의 일상과 평범하지 않은 하나님의 임재를 연결하는 강단의 진정한 힘을 깨달았습니다. 여러 해가 지난 후 나도 올챙이 중 몇 마리에서 다리가 나올 것을 희망하면서 올챙이 설교를 하고 있습니다.

그 해가 끝나갈 무렵 호프 목사님은 다른 곳으로 목회지를 옮기셨습니다. 회중은 목사님의 형상을 만들고 화형을 시켰습니다. 목사님은 짐을 싸서 새로 페인트칠한 목사관을 걸어 나오시면서 내게 어떤 암시를 주셨습니다. 목사님이 떠나는 것이 마음 아팠지만, 그분이 떠나시는 것이 그분이 주시는 마지막 선물이었습니다. 그 후 나는 교회를 섬기게 되었습니다. 그러나 결코 교회와 하나님 나라를 혼돈하지 않았습니다. 또한 내 힘으로 교회 제도를 바꿀 수 있다고 스스로를 속이지도 않았습니다. 나는 타락한 제도권 속에 있는 타락한 종입니다. 그러나 그때나 지금이나 하나님은 작은 것을 구원하시기 위해 우리를 사용하십니다. 그 작은 것을 삶으로 사는 것, 그것으로 충분합니다.

– 바바라 브라운 테일러Barbara Brown Taylor
「설교하는 삶」(The Preaching Life)

자화상

오스카 코코슈카(Oskar Kokoschka)가 런던 박물관에 갔던 이야기를 들려준 적이 있습니다. 이 이야기는 나이 들어가면서 돌봄을 더 깊이 이해하게 합니다.

나는 1차 세계대전 동안 런던에 있었습니다. 돈이 없어 비참한 삶을 살 수밖에 없었습니다. 나보다 젊고 용기 있었던 아내는 "여보, 우리 쉼을 위해 박물관에 가요." 하며 말을 걸었습니다. 그때는 도시 전체가 폐허로 변해 있었습니다. 런던뿐 아니라 다른 도시들도 폭탄 세례를 받고 폐허로 되어가고 있었습니다. 세계는 점점 황폐함, 폐허, 무(無)로 변해 가고 있었고 가난과 슬픔에 찌든 사람들이 넘쳐나고 있었습니다. 세계의 모습이 참으로 비참하였습니다. 그날 나는 박물관에 가서 렘브란트가 마지막으로 그린 자화상을 보았습니다. 섬뜩하고 상처가 난 공포스럽고 절망적인, 그러나 놀랍도록 훌륭하게 그려진 그림이었습니다. 그 그림을 보고 있는 순간, 갑자기 깨달음이 왔습니다. 거울 속에서 꺼져 가는 자기를 보며 무와 대면하여 한 인간의 무상함을 그처럼 그려 내다니! 얼마나 놀랍고도 엄청난 형상인가! 나는 렘브란트의 자화상을 보면서 용기와 새로운 젊음을 발견하였습니다. 그 순간 "거룩한 렘브란트!"라고 외쳤습니다. 정말 내 생은 여러 예술가들에게 빛을 지고 있습니다.

두려움을 극복한 정직한 자화상으로 사람들에게 새로운 생명을 전해 주는 화가의 정신보다 돌봄의 형상을 잘 표현한 것을 찾아보기란 쉽지 않습니다. 렘브란트는 '표현을 연구하는 모델' 을 제시하기 위해서, 또한 '자신의 가장 깊은 인격의 통로를 봉해 영성' 을 추구하기 위해 자신의 모습을 담은 자화상을 63점이나 그렸습니다. 그는 인간이 자기 내면의 신비를 실제로 돌파하고자 한다면 자신의 밝은 방들뿐 아니라 어두운 지하 감방에 이르기까지 자기 자신의 세계로 들어가야 한다고 생각했습니다. 렘브란트는 가장 개인적인 것이 가장 보편적임을 깨달았던 것입니다. 나이가 들면서 그는 인간 경험의 중심을 그려 낼 수 있었습니다. 때문에 삶의 비극을 만난 사람들이 렘브란트의 그림 안에서 자기 모습을 발견하고 용기와 새로운 젊음을 찾았던 것입니다. 자신의 자화상을 계속해서 그려 내고자 하지 않는다면 우리는 결코 어두움 한가운데서 빛을 찾는 사람들을 섬길 수 없을 것입니다.

— 헨리 나우웬과 월터 가프니[Henri J. M. Nouwen and Walter J. Gaffney]

「나이 듦」(Aging)

나는 이 땅에서 이방인입니다

하나님의 말씀이 처음으로 다가왔을 때 나는 이 땅에서 이방인임을 깨닫게 되었습니다. 약속한 땅에서 이방인으로 살았던 신앙 선배들과 같이, 이방인으로 약속을 물려받은 삶을 살아가고 있습니다.(히 11:9) 아브라함은 하나님의 부르심을 따라 고향을 떠나 약속한 땅으로 나아갔습니다. 그러나 나이 들어 아브라함의 아내 사라가 죽었을 때, 나그네와 떠돌이로 살아온 아브라함이 약속한 땅에서 얻은 것은 죽은 아내를 묻을 수 있는 땅뿐이었습니다.(창 23:4) 야곱은 바로에게 전 생애가 자기의 조상 이삭과 아브라함의 생애보다 더 험악했던 순례의 길이었다고 고백합니다.(창 47:9) 이스라엘 자녀들이 가나안 땅을 소유하게 되었을 때 그들은 가나안 땅에서 자신들이 이방인 이었음을 결코 잊지 않았습니다. 이스라엘 사람들은 애굽에서 이방인이었습니다.(출 22:20) 그리 고 가나안 땅에 들어가서도 "이방인이요, 떠돌이"였습니다. 이들은 자기들이 사는 땅이 하나님께 속한 것이지 자기들에게 속한 것이 아니라고 생각하였습니다.(레 25:23) 영광스럽고 축하가 베풀 어지는 시간에 다윗은 자신의 삶을 조상들의 삶과 연결하여 다음과 같이 선포하였습니다. "주 앞 에서 우리는, 우리의 모든 조상처럼, 나그네와 임시 거주민에 불과하며, 우리가 세상에 사는 날이 마치 그림자와 같아서, 의지할 곳이 없습니다."(대상 29:15)

나는 이 땅에서 이방인입니다. 그러므로 여기에 머물러 있을 수 없고, 내 주어진 시간은 잠깐 뿐임을 고백합니다. 내가 살고 있는 집과 소유물들은 내 것들이 아닙니다. 내게 좋은 것들이 주어 질 때는 감사함으로 받지만, 나를 변호해 줄 사람이 없어 불의와 폭력이 임할 때는 이를 견뎌 내 야 합니다. 나는 의지할 사람도, 소유도 없습니다. 이방인으로서 나는 내가 머무는 곳의 법을 따 라야 합니다. 나의 일과 힘은 나를 품어 주는 이 땅입니다. 발 딛고 살아가는 이 땅을 경멸할 권리 가 내게는 없습니다. 나는 땅에 충성과 감사를 드려야 합니다. 나는 이방인이고 떠돌이입니다. 그 러나 이방인이고 떠돌이라고 해서 하나님 나라만 생각하며, 이 땅의 삶을 꿈만 꾸며 흘려보내서 는 안 되고, 하나님의 소명을 피해 가서도 안 됩니다. 그럴 이유가 없습니다.

저 세상에 대한 무익한 동경을 갖는 때가 있습니다. 이는 우리가 찾을 수 있는 고향이 아닙니 다. 나는 이 땅에서 손님처럼 행동해야 합니다. 오만하게 행동해서는 안 되며, 이 땅의 슬픔과 기 쁨 등 해야 할 일에 빠져서도 안 됩니다. 나는 인내를 갖고 하나님 약속의 구속을 기다리고 있습 니다. 약속을 기다려야 하지만 소망과 꿈 속에서 그것을 미리 훔쳐서는 안 됩니다. 이 땅의 어떤 것도 그 자체로 우리의 본향이라고 할 수 없습니다. 그러나 이 땅은 하나님의 것입니다. 그리고 나는 하나님의 손님으로서, 또 하나님의 단기 숙박객이요 나그네로 이 땅에 와 있습니다.(시 39:12) 그러나 어떤 권리도, 영원한 거주지도, 안전의 보장도 없이 이방인과 손님으로 이 땅에 온 이후로, 나를 이토록 약하고 무의미하게 만드신 바로 그 하나님께서 내 인생의 목적을 위해 하나 의 견고한 약속 곧 하나님의 말씀을 주셨습니다. 이 분명한 하나의 사실을 하나님께서는 내게서 빼앗지 않으실 것입니다. 하나님은 나를 위해 말씀을 지키시며 말씀의 힘을 느끼게 하십니다. 말씀이 나로 더불어 거하게 될 때 나는 이방 땅에서 나의 길을 찾을 수 있습니다. 불의한 곳에서 의를 찾게 하시고, 불확실한 세계에서 설 자리를 찾으며, 일할 수 있는 힘을 얻고, 슬픔 가운데서 인내하게 하십니다.

"내게서 주님의 계명을 감추지 마옵소서." 이것이 이방 땅에서 순례자가 드리는 기도입니다.

하나님의 뜻과 부르심에 따라 이 땅에서 이방인이 된 사람들은, 하나님의 뜻과 우리를 향한 하나님의 요구가 무엇인지 분별하지 못할 수도 있다는 사실을 두려워해야 합니다. 실로 하나님은 종종 우리 삶의 여정에 숨어 계시며 역사의 활동 속에서 숨어 계십니다. 그러나 하나님의 숨어 계심이 우리를 괴롭게 하지는 않습니다. 괴로운 것은 하나님의 계시된 말씀이 모호해져서 하나님의 말씀으로부터 우리가 더 이상 무엇을 해야 할지 알 수 없게 되는 것입니다. 하나님 말씀에 대한 확신 속에서 이 두려움이 우리에게 임합니다. 말하자면 하나님께서 언제가 우리에게 그분의 말씀을 숨기게 된다면 어떻게 될까 하는 두려움이 임하게 됩니다. 곧 나는 무에 빠지게 되고, 이방인의 땅에서 넘어지고 쓰러지게 될지도 모른다고 염려합니다.

그러나 이제 나는 내 원칙에 빠져 하나님의 살아 계신 말씀이 내게서 떠난 것을 깨닫지 못하고 있는 것은 아닌지 스스로에게 물어야 합니다. 내가 내 삶의 원칙을 따라 살아간다면 하나님의 말씀이 더 이상 나와 함께하지 않을 것입니다. 하나님의 말씀은 하루하루 이어지는 일상의 삶을 위해 내게 들리는 하나님의 개인적인 말씀이 아닙니다. 언제나 동일하신 하나님은 오늘 이렇게 말씀하시고 내일은 저렇게 말씀하시지 않습니다. 하나님께 순종하는 삶과 내 원칙에 따라 사는 삶은 큰 차이가 있습니다. 내 원칙을 따라 산다면 나는 시편 기자의 기도를 이해할 수 없을 것입니다. 그러나 나는 스스로 하나님께서 보여 주시는 은총을 따라갈 수도 있고 거절할 수도 있습니다. 이제 말씀과 하나님의 계속적인 은총을 기다리면서 하나님의 입에서 나오는 말씀을 받으며 두려워할 것입니다. 모든 방편과 결정에서 은총에 의존하렵니다. 진정 어떤 거짓된 안전도 살아 계신 하나님으로부터 나를 떼어놓을 수 없을 것입니다.

– 디트리히 본회퍼Dietrich Bonhoeffer
「말씀 묵상」(Meditating on the Word)

거룩한 광기

침묵은 신비 앞에서 취할 수 있는 최고의 태도입니다. 머튼은 "해처럼 빛나는 삶을 사는 사람을 특별히 구별할 방법은 없다."고 말합니다. 뉴욕 사람들은 거리에서 바보스럽기도 하고 광기에 빠진 것 같기도 한 사람들의 외침을 많이 듣습니다. 그러나 수도승의 광기는 정적의 삶에 빠진 광기입니다. 어떤 수도승의 말처럼 '위대한 사랑의 광기'는 수도원으로부터 세상으로 나아가든 세상으로부터 수도원으로 되돌아오든 흔들리지 않고 차분하게 "모든 것 속에서 하나님을 보게 합니다." 베네딕트 수도사인 바질 카디날 흄(Basil Cardinal Hume)이 말한 것처럼, 수도승은 사막에서 편안하기에 시장에서도 마음이 흔들리지 않습니다.

– 캐슬린 노리스^{Kathleen Norris}
「다코타: 영적 전기」(*Dakota: A Spiritual Biography*)

유혹

하버드에서 라쉬로 옮겨오면서 나는 새로운 사실을 깨달았습니다. 기독교 지도력에 대한 내 생각이 적절하고자 하고, 명성을 얻고자 하고, 힘을 얻고자 하는 욕망에 깊이 지배받았음을 깨닫게 되었습니다. 종종 나는 효과적인 목회(사목)인가를 점검하기 위해서 적절한가, 인기가 있는가, 능력이 있는가를 살펴보았습니다. 그러나 사실인즉 이들 욕망은 소명이 아니고 유혹이라는 점입니다. 예수님께서 물으셨습니다. "네가 나를 사랑하느냐?" 예수님은 우리를 목자 되라 불러내시고 남들이 내 팔을 벌리고 묶어서 내가 바라지도 않는 곳으로 끌고 갈 것이라고 말씀하십니다. 주님은 우리에게 적절함에 대한 관심으로부터 기도의 삶으로, 인기에 대한 관심으로부터 공동체적이며 상호적인 목회로, 힘에 기초한 지도력으로부터 하나님께서 우리와 우리 백성을 어느 곳으로 이끌고 있는지 분별하는 곳으로 나아오라고 요청하십니다.

라쉬의 식구들은 내게 새로운 방식들을 보여 주었습니다. 나는 배움이 아주 느린 사람입니다. 아주 효과적인 것으로 판명되었던 이전 방식들을 포기하기가 쉽지 않습니다. 그러나 다음 세기를 준비하는 기독교 지도자에 대해 생각하면서 나는 정말 기대하지 않았던 사람들로부터 돌파구를 찾았습니다. 여기서 배운 새로운 방식이 나에게만 좋은 것이 아니라 미래의 기독교 지도자상을 찾는 여러분에게도 도움이 되기를 바라고 기도합니다.

내가 말하는 것은 분명 새로운 것이 아닙니다. 그러나 가장 오래되고 가장 전통적인 기독교 지도력의 이상이 아직도 미래에 실현되어야 할 이상이라는 것을 볼 수 있기를 희망하고 기도합니다.

나는 아래로 향하는 삶을 선택한 팔이 남에 의해 벌려진 지도자의 형상을 여러분에게 소개합니다. 이 지도자는 기도하는 지도자, 상처 입을 수 있는 지도자, 신뢰를 주는 지도자입니다. 이 형상이 다음 세기를 준비하는 여러분의 마음에 희망과 용기와 담대함을 가득 채울 수 있기를 기도합니다.

— 헨리 나우웬^{Henri J. M. Nouwen}

「예수님의 이름으로」(In the Name of Jesus)

주님께서 내게 주신 이 씨앗으로
열매를 맺어야 함에도
황량한 사막에 내 삶을 던져버리고 있습니다.
주님께서 내게 주신 이 선물로
이웃을 풍성하게 해 주어야 함에도
오히려 내 삶을 망치고 있습니다.
주님께서 하라고 하신 명령을
준행해야 함에도 불구하고
내 삶이 늘 넘어지고 있음을 봅니다.
오! 주여, 나를 도우소서.
예수 그리스도의 이름으로 기도합니다.
아멘.

— 에드워드 타일러^{Edward Tyler}

「새해 축하 기도 모음」(Prayers in Celebration of the Turning Year)

영성수련 일과표

하나님의 인도를 위한 기도

신실하신 구원의 주님이시여! 내가 내 힘으로 주님을 따를 수 있고, 주님의 사랑으로 사랑할 수 있으며, 주님처럼 살 수 있다는 헛된 생각으로부터 구해 주옵소서. 오늘 주님의 현존의 빛에서 내 삶을 정직하게 돌이켜볼 수 있도록 도와주시옵소서. 이 시간 자기 성찰과 고백을 넘어 끝까지 목회와 삶이 새로워지도록 용서와 새로운 삶으로 인도하옵소서. 아멘.

조용히 듣기

성경 읽기

시 51:1~17; 눅 7:36~50; 엡 4:1~16; 롬 8:31~39; 호 14:1~9; 요 21:15~19; 빌 3:8~16; 마26:20~56

이 구절들이 오늘 우리에게 무엇을 말씀하고 있나요?

이 말씀 구절 하나하나가 우리에게 무슨 의미로 다가오고 있나요?

이 말씀 구절들이 우리의 삶 속에서 무엇이라 말씀하고 있나요?

영적 독서

묵상

식사 시간, 쉼, 여가 선용

일기 쓰기

기도

영적 독서, 묵상, 일기 계속 쓰기

성만찬

응답: 감사, 봉헌, 계약

세상을 향하여

부록에 제시한 제안들을 사용할 수도 있고, 영적 삶의 지속을 위해 스스로 계획을 만들어 사용할 수도 있습니다. 삶과 목회가 영적 성숙을 더해 가도록 하루 일과와 일주일의 계획을 세워 보십시오.

마침 기도

선한 모든 것과 온전한 선물을 주시는 분이시여! 다시 한 번 내 자신과 목회를 주님께 드리기를 원합니다. 내 헌신을 받으시고 나를 의와 선함과 진리의 길로 인도하여 주옵소서. 내 삶과 목회를 신실함과 열매 맺음의 길로 인도하옵소서. 아멘.

3

실수와 실패의 한가운데서

목회를 한다는 것은 실패를 경험하는 것입니다. 언뜻 듣기에 이 말은 다듬어지지 않은 과장된 표현처럼 들립니다. 그러나 잠깐 동안이라도 목회의 소명을 신실하게 완성하고자 했던 사람이라면 실패감과 실패의 실재를 경험했을 것입니다.

때로 우리는 실수를 상상하면서 그 속에서 실패감을 경험합니다. 이럴 때는 분별과 기도를 통해 실패감이 우리 의식에 자리하지 않도록 해야 합니다. 다른 사람들과 자신이 스스로에게 부과한 비합리적이고 지나친 기대감이 실패감, 심지어는 절망감을 가져다줄 수 있습니다. 그러므로 실패감을 직접 눈으로 보고 대면하여, 분별하고 평가할 수 있어야 합니다. 어디서부터 실패의 느낌을 갖게 되었는지 그 뿌리를 캐보아야 합니다. 실패의 감정이 언제 생겼고 어디서부터 왔으며 왜 생겼는지를 물어야 합니다. 때때로 기도를 통해 주님께 도움을 구하면서 실패의 감정을 살피는 일은, 이러한 비합리적인 느낌들을 하나님의 손에 맡김으로써 변화와 극복을 경험하게 합니다. 그러나 고백과 기도를 한 후에도 합리적인 근거가 없는 실패의 감정들이 여전히 마음을 지배한다면 훈련된 영성 지도자의 도움을 구하는 것이 좋습니다.

불행히도 실패의 감정들은 종종 여러 차원에서 밀려오는 실패를 순수하게 거울처럼 반영해 줍니다. 어떤 경우는 하나님과 자신만이 알고 있는 실패가 있고, 다른 경우에는 실패가 공개적으로 드러나서 숨기거나 간과할 수 없는 때가 있습니다. 때로 덤덤하게 멀리서 느끼는 아픔과 같은 실패가 있고, 또 다른 경우에는 뜨겁게 타올라 화상을 입히는 실패도 있습니다. 이처럼 격렬한 실패의 아픔은 아닐지 모르지만, 누구나 경미한 아픔을 겪고 있습니다.

실패의 경험을 피해갈 수 있는 유일한 방법은, 목회를 수행하는 과정에서 성취에 대한 기대감과 경쟁심을 낮추는 것입니다. 목회란 신실하신 구원자 주 예수님의 부름에 대한 응답입니다. 주님은 언제나 우리에게 그리스도 예수 안에서 하나님께서 위에서 부르신 그 부르심의 상을 목표로 해서 신실함과 성실함으로 달려가라고 도전하고 있습니다.(빌 3:12~16)

사도 바울과 같이 우리도 자신의 약함의 실재를 압니다. 우리는 종종 무엇을 계획해야 하는지 모르고, 하지 않기로 한 것을 행하는 때가 있습니다. 우리는 서로 서로 구원이 우리의 공로에 있는 것이 아니고 그리스도 안에 있음을 상기시켜 줄 필요가 있습니다. 구원은 고상하고 해박한 우리의 노력에 의해서가 아니라 신앙을 통한 은총에 의해 얻어집니다. 하나님과 함께 걷고자 한다면, 날마다 우리의 존재와 행함에서 그리스도의 현존을 묵상해야 합니다. 우리는 진정으로 복음대로 살지 못합니다. 그러나 복음 앞에 정직하게 선다면 복음이 우리의 실패를 고백하게 할 것입니다.

우리는 신실함과 성실함으로 다른 사람을 그리스도께 인도하는 경우에도 실패를 경험합니다. 회중 가운데 종의 지도자가 된다는 것은 쉽지 않은 역할이며, 누구도 그 역할을 수월하게 감당하지 않습니다. 우리는 종의 지도력을 완벽하게 수행하셨던 주님을 바라봅니다. 그러나 주님을 따르는 희생이 너무도 커 보이기에 우리는 주님의 부름에 철저하게 응답하지 않은 채 비겁한 삶을 살아가고 있습니다.

최근에 한 젊은 목회자가 찾아와 자기는 설교를 끝내고 나면 어김없이 깊은 절망감에 빠진다고 고백하였습니다. 그가 느끼는 절망감은 복음을 분명하게 전하지 못했기 때문에, 다른 사람들을 신실한 제자가 되도록 즐겁게 안내하지 못했기 때문에, 그가 본 하나님 나라의 이상을 전달하지 못했기 때문에 오는 절망감이었습니다.

젊은 목회자와 대화하면서 분명히 알게 된 것은, 이 젊은 목회자는 정말 열심히 일하였고 기도의 삶과 책임 있는 삶을 살고 있었다는 사실입니다. 문제는 그의 기대가 너무 높아 아무리 노력을 해도 자기가 복음을 위해 이렇게 살아야겠다고 정해 놓은 기대에 못 미친다는 것이었습니다. 신앙 공동체로 하여금 하나님께 집중하고 응답하게 하려는 그의 노력은 늘 기대가 높았기 때문에 어느 정도 실패의 감정을 가질 수밖에 없었습니다. 실패 감정의 일부는 교인들이 복음에 신실하게 반응하지 않았기 때문이었습니다. 또 실패 감정 중에 일부는 그 자신의 내면에서 비롯된 것으로, 인간이 지닌 불완전함 때문에 오는 피할 수 없는 것이었습니다. 그리스도와 복음의 빛에서 볼 때 우리는 생각하고 느끼는 대로 다 이룰 수 있는 존재가 아닙니다.

목회를 해 본 사람이라면 에스겔에게 하신 주님의 말씀과 목회의 경험 사이에 어떤 상관관계가 있음을 발견하게 됩니다. "마치 호기심 많은 사람들이 무슨 구경거리를 보러 너에게 올 것이다. … 그들은 너를 악기를 잘 다루고 듣기 좋은 목소리로 사랑의 노래나 부르는 가수쯤으로 생각한다. 그래서 그들은 네가 하는 말을 듣기만 할 뿐 그 말에 복종하지 않을 것이다."(겔 33:31~32) 우리는 종종 우리가 섬기고 지도하는 사람들의 실패 속에서 내 자신의 실패를 경험합니다.

목회에서 실패의 감정을 갖는 것은 기독교인의 삶과 목회에 대한 오해와 잘못 알고 있는 정보 때문이기도 합니다. 우리는 너무 많은 것을 급하게 기대합니다. 하나님이 온전하신 것처럼 우리는 온전한 존재로 부름받았습니다. 그러나 당장에 성숙한 기독교인이 되는 것은 아닙니다. 기독교인이 되는 때는 성숙하게 되는 과정의 시작에 불과한 것입니다. 우리의 성숙은 평생 걸리는 여정입니다. 하나님을 향해 돌아서서 하나님과 신실한 관계를 갖는 과정은 평생 걸리는 여정입니다.

성령의 열매는 하룻밤 사이에 익지 않습니다.(갈 5:22~26) 이 열매는 탐욕이 가득한 사회에서 쉽게 얻을 수 없습니다. 성령의 열매는 훈련과 집중된 노력을 필요로 합니다. 그러나 이 열매는 유용하고 그리스도 안에서 성숙해질 수 있습니다. 우리 각자는 "하나님의 충만함으로 충만하도록"(엡 3:19), "그리스도께서 우리를 사랑하셔서 우리를 위하여 하나님 앞에 향기로운 예물과 제물로 자기 몸을 내 주신 것같이 사랑 안에서 살아가도록"(엡 5:1~2) 지음 받았습니다.

실패를 예민하게 인식할수록 그 인식은 우리의 평화로운 마음을 갉아먹어 목회가 효과적이지 못하게 합니다. 그러나 치유가 있습니다. '죄로 병든 영혼을 위한 치유'가 있습니다. 계약이 불신앙과 불순종으로 부서지고 있을 때 이 진리를 마음에 간직하는 것이 좋습니다. 아직도 치유될 수 있나요? 대답은 분명코 "예."입니다. 온전한 치유가 보장되어 있습니다. 예수님께서 병자를 치유하시고, 눈먼 사람을 보게 하시며, 죽은 자를 일으키시고, 죄인을 용서하십니다.

치유를 의심할 수 없습니다. 그러나 먼저 자신을 돌아보고 고백한 후 회개해야 합니다. 리처드 포스터(Richard Foster)는 '성찰의 기도'(Prayer of Examen)에 대해 말합니다. 이 기도는 존재의 모든 차원을 면밀히 살피도록 하나님을 초청하는 기도입니다. 또한 우리의 가장 깊은 자아를 돌아보고, 그리스도의 현존의 빛, 치유의 빛, 거룩하게 하는 빛, 생명을 주는 빛으로 우리의 가장 깊은 실패와 상한 자아를 어루만져 달라고 주님께 간구하는 기도입니다. 그렇습니다. 상처가 치유되는 길이 있습니다. 온전한 치유가 보증되어 있습니다.

그러나 무너진 계약으로 인해 상처로 남은 흉터까지 제거될 수는 없습니다. 상처가 남긴 흉터들은 기도와 사랑의 행위와 시간을 두고 줄어들 수는 있지만 여전히 남아 있습니다. 그러나 우리가 상기해야 할 것은 불신의 상처들이 얼마나 깊든 치유될 수 있다는 점입니다. 주님을 부인했다는 무거운 짐을 가지고 살았던 베드로도 다시 주님의 부르심을 듣고 자기의 미래 목회가 나아갈 길을 깨닫기 전 주님을 사랑한다는 고백을 통해 주님의 부르심에 응답할 수 있었습니다.(요 21:15~19)

실패가 크고 엄청나서 그 실패가 자신과 목회를 무너뜨리고 있는 중일지라도 우리는 실패 한

가운데 치유가 있으며 언제나 치유가 가능함을 기억해야 합니다. 또한 사람들을 신앙으로 인도할 수 없다는 부담감이 있을 때에도 하나님과 동행하기를 원하는 사람들에게 치유와 구원과 갱생이 있음을 기억해야 합니다. 우리는 "하나님의 사랑하시는 아들 안에서, 하나님의 풍성한 은혜를 따라서, 그분의 피로 구속 곧 죄의 용서를 받게 되었습니다."(엡 1:7) 우리는 다양한 방법으로 이 은혜를 경험합니다. 뒤에 나오는 홈즈(Holmes)와 포스터(Foster)의 글은 이 다양한 방법 가운데 일부를 잘 소개해 주고 있습니다. 이번 영적 수련의 경험 또한 하나님의 치유를 받을 수 있는 기회입니다. 구원의 삶을 위해 묵상과 쉼을 통해 하나님께 주목하십시오. 이 수련의 시간이 당신에게 놀라운 치유의 시간이 될 것입니다.

거짓된 실패감에 사로잡혀 짐을 지고 살아가는 것은 복음서가 가르치는 삶과 상반된 것으로 어리석은 일입니다. 죄를 간과하고 용서와 치유를 받을 필요가 없다고 고집하는 것은 삶이 아닌 죽음을 선택하는 것입니다. 우리는 끊임없이 하나님만이 줄 수 있는 변화를 경험하도록 부름받았습니다. 우리는 고백과 회개의 문지방을 넘나들며 변화를 경험합니다. 회개의 문지방을 넘어서면 온전하고 완전히 신실하신 하나님이 거기 계십니다. 우리의 불신앙과 실패에도 불구하고 하나님은 한결같이 우리를 사랑하십니다.(시 59:17) 성경은 하나님의 한결같은 사랑을 노래하고 있습니다. 특별히 호세아 이야기에 예수님의 삶에 나타난 하나님의 사랑이 가장 아름답게 소개되고 있습니다.

하나님 안에 거하게 될 때 우리의 거짓되고 상상 속에서 만들어 낸 실패를 치유할 수 있습니다. 세계가 존재하기도 전에 우리를 만드시고 선택하신 하나님께서 우리를 치유하셔서(엡 1장) 제자 삼으시고 목회를 감당하도록 하십니다. 우리는 특별히 교회를 위해 일하도록 따로 세움을 받았습니다. 우리는 모두 죄인으로서 구원의 주님을 필요로 합니다. 성도들에게 전하는 복음의 소식은 우리에게도 복음의 소식입니다. 그리스도께서 죄인들을 구하기 위해서 죽으셨기에 우리는 수련의 시간을 지나는 동안 하나님께서 주시는 치유와 구속과 구원의 선물을 받을 수 있습니다. 수련의 시간을 통해 정결케 되고 용서를 경험하며 온전케 되어 한결같은 신앙을 회복할 수 있습니다.

우리는 지금보다 더 좋은 모습이고자 하지만 좋은 모습으로 옮겨갈 수 없는 것처럼 보일 때가 있습니다. 이처럼 믿음이 비틀거릴 때에도 하나님은 여전히 우리를 사랑하십니다. 주님의 한결같은 사랑은 성도와 함께 우리가 누려야 할 복음입니다. 우리는 우리에게 새로운 마음을 주시며 우리 속에 새로운 영을 불어 넣어주시는 하나님 안에서 희망을 봅니다.(겔 36:26) 새 영과 새 마음을 주시는 하나님께서는 평생 동안 믿음과 신실함으로 주님의 길을 갈 수 있도록 힘을 주십니다. 로버트 슈네이즈(Robert Schnase)는 「목회의 꿈」(Ambition in Ministry)이란 책에서 이렇게 표현한 바 있습니다.

하나님의 은총의 신비는 우리가 생각하는 것보다 더 깊습니다. 은총의 신비에 거하게 되면 이루지 못한 실패의 과거가 모두 씻겨 나갑니다. 하나님의 피조물 중에서 유독 인간만이 돌아 갈 수도 없는 과거를 현실인양 짊어지고 살아갑니다. 동시에 인간만이 자신의 삶이나 일뿐 아 니라 삶 자체의 궁극적 목적을 묵상하며 살아갑니다. 잠깐 있다가 사라질 우리의 삶과 일들은 하나님의 영원한 현존과 영원한 목적 안에서 그 의미를 발견할 수 있습니다. 우리는 은총으로 구원받은 사람들입니다.

삶과 목회에서 실패를 경험할 때, 당신의 신실하신 구원자 예수 그리스도를 기억하십시오. 그 리스도께서 여러분과 내게 구원을 베풀어 주셨습니다. 당신의 삶을 그리스도의 빛에 내어 놓고 성찰하기를 꺼려하지 마십시오. 계시와 치유의 빛이 생명과 희망을 가져다줄 것입니다. 자신과 함께 드러난 실패와 실수도 주님께 드리십시오. 그리하면 우리를 만드시고 사랑하시는 하나님의 손길로부터 용납과 회복을 발견할 것입니다. 불신앙과 신실하지 않은 길을 떠나 이제 당신의 상 담자요 돕는 이에게 돌아와 생명과 훈련의 삶을 살기로 계획하십시오.

성령께서 힘과 능력과 지혜와 사랑을 주셔서 신실함과 기쁨으로 당신의 소명을 이루어 가시 기를 기원합니다.

영적 독서

한결같은 사랑

내 삶을 돌아보며 묵상하던 날
잘 익은 포도주 향기처럼
내 삶에 배어난
넉넉함을 느꼈습니다.

그때 나는 생각에 잠겨
부드러운 팔로 나를 안으시고
당신의 손바닥에 내 이름을 새겨 넣으시는
이사야의 하나님을 묵상했습니다.

하루가 길게 느껴지던 어느 날
반죽하다 버려져서
썩고 말라비틀어진 부스러기 맛으로
가슴에 남겨진 아픈 기억을 되새겨 보았습니다.

하나님의 한결같은 사랑
생각하기가 얼마나 힘들던지

하나님의 품으시는 사랑
얼마나 멀게만 느껴지던지

어느새 저만치 거리를 두고
내 삶을 다시금 바라보았습니다.
과거를 재료 삼아
신실하게 깊은 신앙의 옷을 엮어 가고 있었습니다.

그제야 비로소 깨닫습니다.
신앙은 좋은 감정 이상이라는 것을
기쁘게 나를 안으시고 내가 슬플 때에 결코 홀로 버려두지 않으시는
그분을 깊이 신뢰하는 것이라는 사실을

− 조이스 럽[Joyce Rupp]

「이 춤을 출 수 있을까요?」(May I Have This Dance?)

하나님의 용서하시는 사랑을 믿으십시오

우리에게 종종 나타나는, 특별히 죽음이 임박한 순간에 경험하는 유혹 가운데 하나는 "진정 하나님께서 우리가 평생에 지은 죄를 다 용서해 주셨는가?"라는 의심입니다. 우리는 "어떻게 하나님의 용서를 분명하게 확신할 수 있지?"라고 묻습니다. 그리고 "내가 죄를 제대로 고백하기는 한 것일까? 부끄러워서 죄를 다 고백하지 못하고 남겨 놓지는 않았을까?"라고 의심합니다. 또 "어쩌면 어떤 죄는 그 죄로 인해 영원한 지옥에 빠지게 될 것이라는 평생의 생각만으로도 충분히 고통을 받았다고 합리화함으로써 스스로 정당하다고 변명을 한 것은 아닐까?"라고 생각합니다.

독일의 개신교 종교 개혁의 선구자요, 루터교 창시자인 루터는 양심을 향한 질문들로 고통을 받았습니다. 그는 아우구스티누스수도회의 수도승으로서 자신의 칭의와 궁극적인 구원을 끊임없이 의심하였습니다. 루터가 쓴 '종탑 경험'(tower experience)에 보면 비텐베르크사원의 종탑에

머물면서 하나님으로부터 예수 그리스도의 피를 믿음으로 구원을 얻었고 자신의 죄가 진정 용서받았다는 확신을 얻기까지 내려가지 않겠노라고 고백하고 있습니다.

대부분의 그리스도인들은 자신의 죄가 하나님께 용서받았다는 믿음을 필요로 합니다. 몸과 마음과 영이 온전하고 건강하기 위해서는 먼저 우리의 과거를 용납해야 합니다. 하나님으로부터 내면의 평화와 치유를 받기 위해서는 과거를 겸손히 하나님께 내어놓아야 합니다.

우리는 여러 통로를 통해 자신의 죄를 추적해 볼 수 있습니다. 어떤 그리스도인들은 양심이 해이해져서 죄책감을 갖거나 회개할 필요가 있음에도 스스로를 쉽게 합리화합니다. 이런 사람들은 하나님의 자비를 어디에나 적용합니다. 그리고 하나님과 이웃을 향해 이기적으로 살아온 삶을 회개하지 않고 이를 쉽게 잃어버립니다.

죄인인 나에게 자비를 베푸소서!

온전함을 회복하고 하나님과 이웃과 사랑 가운데 연합을 이루는 진정한 회개는 먼저 정직과 용기로 상처를 대면하고, 하나님과 자신과 이웃을 대할 때 거짓과 위선과 불성실함으로 대했던 것에 대하여 책임을 받아들이는 것입니다. 우리는 "새로운 삶으로 부르시는 하나님의 부름을 피하지 않고 하나님께서 진정으로 나의 하나님이시도록 내 안에서 하나님을 계속 추구하는가?"라는 물음을 한 번만이 아니라 일생을 통해 끊임없이 물어야 합니다.

위대한 프랑스 철학자 가브리엘 마셀(Gabriel Marcel)은 우리가 죄, 죄책, 공포와 만나는 끔찍한 상황을 피하기 위해 주의를 다른 곳으로 돌리려 한다고 주장합니다.

> 우리는 쉼을 누릴 때 어쩔 수 없이 내적 공허감에 빠진 자신을 발견한다. 우리는 이 공허감을 견딜 수 없어 한다. 그런데 더 심각한 것은 이 공허감을 통해 어쩔 수 없이 우리의 상황이 정말 처절하도록 비참하다는 사실을 인식하게 된다. 파스칼이 말한 대로 "이 공허에 빠지게 되면 어떤 것도 우리를 위로할 수 없다." 그러므로 이 공허의 늪으로부터 피해야 할 필요가 있다.(Problematic Man, 100)

공포는 과거 혼돈의 안개로부터 유령처럼 일어납니다. 얼떨결에 당한 당혹스런 경험들이 분노와 증오를 불러일으키고 용서할 수 없는 이야기가 되어 자리잡습니다. 인생에서 없었으면 좋았을 순간들이 수면에 떠오르며 우울, 침울함, 외로움이 엄습해 옵니다. 우리는 깊은 내면에 죄의 성향과 언제라도 범할 수 있는 가증스런 악행들이 자리하고 있음을 봅니다. 과거의 습관들이 우리를 점령하여 노예로 만들고 있음을 봅니다. 하나님께서는 우리의 부서진 어둠에 새로운 가능성의 빛으로 부드럽게 다가오십니다. 주님의 빛이 비추면 비로소 태만했던 죄, 아직 하지 않은 선한 일들, 귀담아듣지 않았던 하나님의 세미한 음성들이 다가오기 시작합니다.

이때 바울이 하나님을 향해 고백한 기도가 우리의 기도가 됩니다.

> 나는 속사람으로는 하나님의 법을 즐거워하나, 내 지체 속에는 다른 법이 있어서 내 마음의 법과 맞서서 싸우고, 내 지체 속에 있는 죄의 법에다 나를 사로잡는 것을 봅니다. 아, 나는 비참한 사람입니다. 누가 이 죽음의 몸에서 나를 건져 주겠습니까? 우리 주 예수 그리스도를 통하여 나를 건져 주신 하나님께 감사를 드립니다. 그런데 내가 마음으로는 하나님의 법에 복종하고, 육신으로는 죄의 법에 복종하고 있습니다.(롬 7:22~25)

"돼지가 먹는 쥐엄 열매로라도"(눅 15:26) 배를 채우고 싶은 마음의 간절함을 갖게 되면 비로소 홀로 우리의 죄를 없앨 수 있는 구원자 예수 그리스도께 믿음으로 응답하게 됩니다. 진심으로 주님의 품으로 돌아오라는 하나님의 초청을 믿고 용서하시는 사랑을 받아들이기 시작합니다.

> 지금이라도 너희는 진심으로 회개하여라. 나 주가 말한다. 금식하고 통곡하고 슬퍼하면서, 나에게로 돌아오너라. 옷을 찢지 말고, 마음을 찢어라. 주 너희의 하나님께로 돌아오너라. 주께서는 은혜롭고 자비로우시며, 오래 참으시며, 한결같은 사랑을 늘 베푸시고, 불쌍히 여기는 마음이 많으셔서, 뜻을 돌이켜 재앙을 거두기도 하신다.(요엘 2:12~13)

우리는 스스로를 구원할 수 없습니다

마르다처럼 해야 할 일을 늘 고민하는 우리에게 구원은 어려운 일입니다. 주님의 발 아래 앉아 주님의 말씀을 주목하며 들었던 마리아의 역할에 익숙하지 않습니다. 우리는 행함과 성취로 우리의 가치를 증명해 보이려 합니다. 그러나 우리의 '본성'이 하나님의 후히 주시는 은총 없이는 살아갈 수 없음을 망각합니다. 모든 은사와 재능과 능력은 하나님께로부터 옵니다. "우리는 하나님 안에서 살고 움직이고 존재하고 있습니다."(행 17:28) 야고보 사도는 하나님께서 모든 선의 근원이 되심을 깨달아 알라고 우리에게 권고합니다. "온갖 좋은 선물과 모든 완전한 은사는

위로부터 내려오는 것인데, 곧 빛들을 지으신 아버지께로부터 내려오는 것입니다."(약 1:17)

뭔가를 행함으로 구원을 이룰 수는 없습니다. 스스로를 치유할 수 없고 행위에 의한 공로로 하나님의 사랑의 은총을 대신할 수 없음을 깨닫게 될 때, 비로소 구원의 치유 과정에 들어갈 수 있습니다. 회복을 기대하는 알코올 중독자는 자기 자신의 문제와 스스로 치유할 수 없음을 깨닫게 될 때 새로운 삶이 열리게 됩니다. 새로운 삶이란 무한한 사랑의 능력을 가진 하나님께서 상처를 받아주시고 알코올 대신 사랑의 공동체의 빛에서 새로운 가치관을 주심으로 새 사람이 될 수 있다는 믿음이 있을 때 시작됩니다.

우리 모두는 거짓된 자아를 통해 무너집니다. 우리는 모든 것이 괜찮은데 우리를 둘러싼 사람들이 문제라는 잘못된 자아가 무너질 때, 비로소 하나님의 새롭고 영원한 생명을 받을 수 있습니다. 하나님의 사랑과 성령의 능력 안에서만 하나님과 이웃을 떠나 살아가는 거짓된 위선의 삶을 멈출 수 있습니다.

하나님의 무제약적인 사랑

이제 진지하게 자신을 열고 하나님의 무제약적인 사랑을 누려 보십시오. 하나님의 한없으신 사랑은 하나님 편에서 보면 언제나 타당하고 활동적입니다. 하나님은 우리에게 오실 필요가 없습니다. 그분의 사랑과 치유의 현존으로 나아가는 것은 바로 우리입니다. 우리는 하나님의 자비와 은총을 받아, 두려움으로 가득한 자아의 어두움을 몰아내고 양심에 따라 진정한 자아로 살아갑니다. 바울이 말한 것처럼, 이제 사는 것은 내 안의 그리스도이며 나 자신이 아닙니다.

우리의 어리석고 거짓된 교만이 흔들리고 심령이 가난하게 되어 진정으로 겸손하게 될 때, 하나님의 끝없는 용서와 자비와 영원한 사랑의 세계로 들어가게 됩니다. 이때 예수 그리스도께서 우리의 유일한 힘이 되십니다. 우리의 약함은 더 이상 방해물이 되지 않고, 전지전능하고 무소부재하신 하나님이 우리와 만나시는 자리가 됩니다. 바울은 하나님의 용서하시는 사랑의 힘 앞에서 진실한 회심의 본질을 다음과 같이 고백하였습니다.

그러므로 그리스도의 능력이 내게 머무르게 하려고, 나는 더욱더 기쁜 마음으로 내 약점들을 자랑하려고 합니다. 그러므로 나는 그리스도를 위하여 병약함과 모욕과 궁핍과 박해와 곤란을 겪는 것을 기뻐합니다. 그것은 내가 약할 그때에, 오히려 내가 강하기 때문입니다.(고후 12:9~10)

용서의 기도

하늘의 아버지시여, 두려움과 경외감으로 주님 앞에 엎드려 크고 거룩하며 아름답고 선하신 주님을 찬양합니다. 주님은 영양과 어린 사슴이 즐겁게 뛰어노는 눈 덮인 산, 나는 어떤 아름다움도 없는 어두운 사막 계곡입니다. 주님은 광휘의 빛으로 나의 허무 속에 찾아오십니다.

오! 아버지시여! 아버지의 자녀가 슬퍼 눈물을 흘립니다. 어둠과 절망의 깊이에 웅크려 두려워 떨고 있습니다. 음침한 동굴을 휙휙 날아다니는 박쥐들처럼 공포와 염려가 내 영혼을 강타합니다. 내 마음에 자란 악이 목을 졸라옵니다. 내 죄가 죽음의 옷이 되어 나를 뒤덮을 때 주님의 생명을 숨쉬기 위해 헐떡거립니다.

주님이시여! 주님께 외치는 것 말고는 갈 곳이 없습니다. 절망 중에 주님을 향해 얼굴을 듭니다. 바짝 말라버린 땅처럼 내 영이 주님을 향해 울부짖습니다. 하늘에 계신 아버지시여! 치유의 자비와 용서의 사랑을 내려주옵소서.

주님이시여! 용서의 음성을 들려주소서. 말씀이 되어 우리 가운데 거하신 주 예수 나의 구원자시여! 태양이 이글거리고 바람 한 점 없는 여름날 들판이나 별이 쏟아지는 고요한 밤에 깊은 침묵으로 말씀하시는 주님. 주님의 말씀은 제게 천둥소리처럼 크게 들립니다. 주님의 성령이시여! 치유의 사랑으로 내게 임하셔서 나로 하여금 주님의 용서를 받게 하옵소서.

주 예수 그리스도시여! 무덤에 갇힌 나사로를 향해 "나사로야, 나오너라!"라고 말씀하셨듯이 저로 하여금 나오라고 명령하시는 주님의 명령을 듣게 하옵소서. 진정으로 기도합니다. 주님의 용서의 사랑으로 내 결박을 푸시고 자유하게 하옵소서. 나는 주님께서 죽으신 것을 믿습니다. 십자가 위의 피로 얼룩진 주님의 얼굴을 바라봅니다. 주님의 용서를 기다리며 흐느껴 웁니다. 부드러운 아침 햇살이 어둠을 몰아 낼 때 이 땅의 만물이 충만한 햇살에 알몸을 드러내듯이, 아버지의 사랑의 빛을 내 상한 영혼에 비춰 주셔서 절망과 버림받은 어둠이 물러가게 하옵소서.

상한 영혼에 갇힌 나는 죄로 인해 주님의 용서를 받을 수 없는 죄인임을 고백합니다. 주님은 본질상 사랑이시며, 언제나 따뜻한 사랑으로 함께하시며 여름 햇살과 같이 나를 비추사 모든 찬 기운을 사라지게 하십니다.

이제 차갑고 어두운 세계를 떠나 주님의 임재 안에 거하며 새로운 생명을 얻고 싶습니다. 주님의 능력의 손을 벌려 내 과거의 모든 죄를 품으시고, 들의 마른 지푸라기를 불로 태우듯이 죄를 태우시며, 주님의 용서하시는 사랑으로 나를 정결하게 하소서.

주 예수님이시여! 주님은 내 비참함 위에 내리는 아버지의 자비이십니다. 나는 주님 안에서 모든 죄가 용서받았음을 믿습니다. 이제 새로운 삶을 시작할 수 있으며 더 이상 정죄가 없음을 믿습니다. 주님의 사랑이 나를 자유하게 하셨습니다.

사랑의 아버지시여! 용서를 구하던 탕자에게 말씀하셨던 주님의 음성을 듣습니다. 예수님께서는 복음서에서 아름답고 위로가 넘치는 말씀을 주셨지요. "어서 좋은 옷을 꺼내서 그에게 입히고, 손에 반지를 끼우고, 발에 신을 신겨라. 그리고 살진 송아지를 끌어내다가 잡아라. 우리가 먹고 즐기자. 나의 이 아들은 죽었다가 살아났고, 내가 잃었다가 되찾았다."(눅 15:23~24)

예수님! 아버지! 나를 진정으로 사랑하시니 나도 주님을 진정으로 사랑합니다.

– 조지 말로니^{George A. Malony}
「우리는 예수님을 믿습니다」(In Jesus We Trust)

실패를 두려워하지 마십시오

우리가 진정으로 믿음의 사람들이라면 실패를 두려워해서는 안 됩니다. 실패를 두려워하다 보면 담대하게 사랑하지도 못하고 시간을 충분히 투자하지도 못합니다. 실패를 두려워하는 사람은 과거의 성공의 벽 뒤에 숨어 현재의 과제를 놓고 모험하고자 하지 않습니다. 그래서 가능성을 현실화하지 못합니다. 실패가 두려워 시도조차 하지 않으려 한다면, 하나님께서도 우리에게 진정한 역사를 하실 수 없습니다. 우리가 거침없이 어떤 일을 시도할 때 성령께서는 우리의 노력으로부터 아름다운 예술 작품을 만드실 수 있습니다.

그러니 두려워 마십시오. 더 실패하기를 꾀하십시오.

– 호프 더글러스 할레–몰드^{Hope Douglas J. Harle–Mould}
「교회 예배」(Church Worship)

목회의 정직한 영성

성경에 의하면 성공한 교회란 없습니다. 전 세계 마을과 도시에 흩어져 있는 교회는 하나님 앞에 나아온 죄인들의 공동체일 뿐입니다. 성령께서 사람들을 불러 모으시고 이들 속에서 자신의 역사를 이루어 가십니다. 죄인들의 공동체 속에서 죄인 중의 한 사람이 목사로 부름을 받아 지도자로 책임을 위임받았습니다. 목사의 책임은 공동체로 하여금 하나님께 나아가도록 하는 것입니다. 이 책임이 지금 속절없이 무너져 내리고 있습니다.

"악인들이 주의 율법을 무시하는 것을 볼 때마다, 내 마음 속에서 분노가 끓어오릅니다."(시 119:53) 나는 얼마나 많은 사람들과 내 분노를 나누었는지 모릅니다. 다만 몇 사람의 이름만을 알고 있습니다. 그런데 주님이 말씀하십니다. "바알에게 무릎을 꿇지 않은 사람이 칠천 명이나 되지 않느냐?" 이들의 수가 소수에 불과합니까? 나는 그렇다고 생각합니다. 우리는 때로 서로를 인식합니다. 그리고 대부분의 경우 스스로 소수에 불과하다고 생각합니다. 아직도 맛없는 팥죽 한 그릇에 목사 안수의 소중한 직임을 팔고 있는 구멍가게 주인들이 많습니다. 그리고 마음으로만 소명의 회복을 소원하고 있습니다. 타다 남은 장작과 같은 이 소원에 불이 붙어 이들의 입술에 하나님 말씀의 불이 불타오르게 할 수는 없을까요? 석탄불에 풀무 부채질로 불을 지필 수는 없을까요?

목회의 모든 것을 결정짓는 기본적이면서도 중요한 세 가지 활동이 있습니다. 먼저는 기도하는 일이고, 다음은 성경 읽는 일이며, 마지막으로는 영성 지도를 하는 일입니다. 이 세 가지 활동이 기본적이고 중요하면서도 요란하지 않게 조용하게 이뤄집니다. 이들은 스스로 요란하지 않을 뿐더러 주목을 끌지도 않습니다. 바쁜 목회 현장에서 누구도 우리에게 기도하고 성경 읽고 영성 지도를 하라고 소리지르지 않습니다. 이 일에 성실하지 않음에도 사람들은 우리를 실력 있는 목사로 여겨 사례비를 지급합니다. 대부분의 사람들은 우리가 기도하고 성경 읽고 영성 지도하는 일에 관심하지 않고 몇몇 분들만 가끔씩 잘 하고 있는지 묻는 정도이기 때문에, 목회에서 꼭 있어야 할 이 세 가지가 간과된 채 지나치는 경우가 많습니다.

목회의 세 가지 기본은 주목을 요합니다. '기도'는 하나님의 눈으로 자신을 주목하는 행위입니다. '성경 읽기'란 2000년 넘도록 이스라엘과 그리스도 안에서 나타난 하나님 말씀과 활동에 비추어 자신을 주목하는 행위입니다. '영성 지도'란 매순간 내가 만나는 사람 안에서 하나님이 무엇을 행하고 계신지를 주목하는 행위입니다.

언제나 우리가 주목할 분은 하나님이십니다. 상황이 변한다 할지라도 기도에서 상황은 내 자신이 되고, 성경에서 상황은 역사 안에 거하는 신앙 공동체가 되며, 영성 지도에서 상황은 내가 만나는 사람입니다. 하나님은 이러한 변화된 상황에서 근본적으로 주목해야 하는 분입니다. 그러나 우리가 주목하는 분은 하나님 자신(God-in-himself)이 아니고, 나와 하나님의 백성과 인격적으로 관계하시는 하나님(God-in-relationship)이십니다.

이러한 행위들은 공적인 행위가 아닙니다. 때문에 우리가 이 행위들을 하는지 그렇지 않은지 누구나 알 수 없습니다. 사람들은 공중 예배에서 우리가 기도하는 것을 듣고, 설교하고 성경을 가르치는 것을 듣습니다. 그리고 저들과 대화할 때 우리가 <u>주의를</u> 기울여 듣는지 주목합니다. 그러나 이런 과정에서 우리가 하나님께 주목하고 있는지는 저들이 알 수 없습니다. 가끔은 하나님께 주목하지 않고도 목회를 잘 이끌어 갑니다. 사람들이 우리가 하나님께 주목하는지 알 수 없기 때문에, 또 하나님께 주목하며 사는 것은 많은 열정을 필요로 하기 때문에 우리는 쉽게 간과하고 지나쳐 버립니다.

물론 이것이 모두 우리의 잘못만은 아닙니다. 하나님의 사람들은 대부분 기도와 성경과 영성 지도를 생략하며 살아갑니다. 이들은 주로 우리의 외모와 지위에 관심하고 교회 건물과 출석률, 사회적 영향과 경제 지표에 관심합니다. 때문에 회의와 약속으로 스케줄이 차 있어서, 하나님과 대면하여 기도하며 성경을 묵상하고 다른 사람과 더불어 여유로운 영적 시간을 가질 수가 없습니다.

하나님을 주목하지 않는 목회를 하면서도 교회와 공동체의 지원을 받기 때문에 기도와 성경 읽기와 영성 지도의 목회를 하지 않아도 별 문제가 되지 않습니다. 소명자는 사람들의 요구나 기호에 의해 변경될 수 없는 온전함을 위해 헌신한 사람입니다. 오늘날 의학, 법률, 정치, 목회의 영역에서 소명이 점차 무너지고 있습니다. 그러나 여전히 소명을 따라 사는 사람들은 쉬운 길을 택하지 않고 고집스럽게 자기들이 마땅히 해야 할 일들을 찾아 어렵더라도 부름의 삶을 살아갑니다.

우리는 진정성을 지닌 목회자보다는 사람들의 기대에 부응하는 목회자가 되어 비인격적으로 변할 수 있습니다. 그러나 남에게 잘 보이려는 목회는 사람들로부터 박수갈채를 받을 수 있을지 모르나 스스로에게는 만족하지 못합니다. 위선적인 목회는 불안하고 안절부절 못하게 합니다. 이때 느끼는 불안은 마땅히 지불해야 할 것을 다 지불해 주지 못했다는 청교도적인 죄책감에서 오는 것이 아닙니다. 우리에게 봉급을 주고 있는 사람들은 돈을 낸 만큼 얻어갑니다. 우리는 영감 있는 설교, 효과적으로 운영되는 회의, 의욕에 찬 분위기를 제공하고 있습니다. 그런데 이것으로는 영적 갈증이 풀리지 않습니다. 우리는 진정한 소명, 영적 풍요로움, 온전한 헌신을 목말라합니다. 좋은 회중과 만족하며 지내는 상황에서 회중을 만족시키는 목사가 되는 것은 겉으로 보기에 가장 쉬운 일 가운데 하나입니다. 좋은 세월을 보내며 봉급도 적절하고 사회적인 특권도 있습니다. 그런데 왜 이런 것들이 쉽게 느껴지지 않고 만족할 수 없는 것이 되었을까요?

이유는 우리가 새로운 일을 시작했기 때문입니다. 신앙의 모험을 시작했기 때문입니다. 거룩한 삶에 헌신하기로 했기 때문입니다. 어느 순간 우리는 하나님의 광대하심과 보이지 않는 위대한 세계를 보았습니다. 그 세계가 우리 삶에 의미, 미래, 가치, 기쁨, 아름다움, 구원을 가져다주었습니다. 우리는 말씀과 성만찬을 통해 이 소명에 응답하고, 공동체에 속한 남자와 여자, 어린이와 젊은이에게 하나님의 자비와 은총을 연결해 줍니다. 이 과정에서 소명과 일 사이의 차이를 배워갑니다.

처음 목회를 시작할 때 우리는 분명한 분별력을 갖고서 출발했습니다. 처음 목회지에 들어섰을 때 해결해야 할 일이 있습니다. 이때 우리 대부분은 하나님의 눈으로 일을 보지 않고 자신의 눈으로 봅니다. 그리고 만나는 사람들의 자아에 관심하면서 지도, 상담, 가르침, 격려를 통해 목사로서의 일을 잘 수행합니다. 이 경우 하나님의 일은 크게 관심거리가 되지 않습니다. 플래너리 오코너(Flannery O'Connor)는 이런 상황에 빠진 목사를 '1/4은 목사로, 3/4은 안마사로 일하고 있는 목사'라고 묘사합니다.

회중의 요구가 우리의 생각과 전혀 다를 때 헌신에 기초한 목회가 쉽지 않습니다. 특히 회중이 신사적이고 지성적이며 존경심을 가지고 좋은 대우를 해 줄 때 헌신에 기초한 목회는 더욱 어렵게 됩니다. 아침 기상과 더불어 전화가 울립니다. 종종 당황스러울 정도의 속도로 사람들을 만나고 편지가 오고갑니다. 전화, 만남, 편지를 통해 사람들은 하나님을 믿는 일과는 무관한 자신들의 요구를 합니다. 예컨대 하나님을 찾기 위해 우리를 찾아오는 것이 아니라 추천, 좋은 충고, 기회를 얻으려고 찾아옵니다. 이들은 모호하게나마 우리가 이런 일에 자격이 있다고 생각합니다.

헌신하는 일과 사람들이 내게 요구하는 일 사이를 분명히 구분하고 있습니까? 먼저 창조와 계약 속에 나타난 하나님의 은총과 자비와 활동을 묵상하고 있습니까? 그래서 사람들이 하나님의 일을 거스르는 일을 요구할 때 거부할 수 있을 만큼 헌신적인 삶을 살아가고 있습니까? 우리는 심방과 상담을 하고 결혼식을 집례하고 회의를 주재하며 기도회 등을 인도합니다. 어떤 한 친구는 이런 일련의 일을 가리켜 마치 양배추 인형에 성수를 뿌리는 것과 같다고 했습니다. 내가 아는 어떤 목사님은 교인들이 요청하는 일은 무엇이든 했습니다. 그런데 이런 목회 스타일이 목회 과정에서 그에게 큰 아픔으로 다가왔습니다. 결국 그가 이렇게 고백하는 것을 들었습니다. "적어도 내 신학은 복음적이고 정통이었는데!"

어떻게 해야 선을 그을 수 있을까요? 어떻게 하면 종교적인 일에 종사하도록 몰아가는 회중의 요구에 맞서 목사로서의 소명에 응답하는 삶을 살 수 있을까요? 어떻게 하면 물건을 고르기 위해 이곳저곳 찾아다니며 쇼핑을 즐기듯 교회 프로그램의 입맛을 비교하는 회중의 요구에 맞서 목회자의 소명에 기초한 진정성을 견지할 수 있을까요?

이 물음들에 대해 이전부터 내려오는 대답이 있습니다. 그것은 일방적인 충고가 아닌, 목사와 사제가 되는 교육 과정에서 핵심을 이루었던 것으로 '금욕 신학'에 빠지는 것입니다. 적절한 '금욕적 삶'이 없다면 우리의 재능과 의도는 비인격적인 삶에 빠지게 됩니다.

"하나님에 대해 어떻게 생각하십니까?" "목사로서 무엇을 이루기를 원하십니까?"라는 물음에 대해 목사님들은 대체로 만족할 만한 대답을 주십니다. 그러나 "어떻게 목회를 하고 계십니까?"라고 물으면 다양한 대답이 나옵니다. 어떤 목사님들은 지루하고 어처구니없다고까지 대답합니다. 대체로 목사님들은 하나님에 대해 바르게 생각하고 기독교인의 삶의 목표도 잘 알고 있습니다. 그러나 목회의 세 지표, 곧 기도와 성경 읽기와 영성 지도를 목회 현장에 적절히 연결하는 방법을 잘 알지 못합니다. 이는 마치 작동할 수 있는 기계를 구입하지 않은 채 게임, 새로운 장치, 프로그램을 사들이는 것과 같습니다.

실제로 적절한 목회 신학도 있고 목회에 대한 좋은 생각도 있습니다. 그런데 목회를 수행하는 데 전문 기술이 빈약합니다. 마틴 쏜튼(Martin Thornton)은 목회와 관련된 책을 읽을 때 여백에 "그래, 그런데 어떻게?"를 의미하는 머리글자 YBH(Yes, but how?)를 표시해 놓았다고 합니다. "와, 기막힌 생각이네!" "훌륭한 생각이야!" "최고의 통찰이네!" "멋진 목표군!" "그래, 그런데 어떻게?"

"어떻게 그 일을 해낼 수 있지? 이 소명을 수행할 수 있는 현실적인 방법은 무엇일까? 안수받은 목사로서 개인적으로 하나님의 말씀과 은총에 철저하게 헌신하는 길은 무엇일까? 또한 설교와 성만찬을 통해 예수 그리스도의 이름으로 살도록 가르침을 받고 있는 회중이 하나님 말씀과 은총에 따라 사는 길은 무엇일까? 무엇으로 하나님과 구원의 실재를 지금 이곳 교인들에게 연결시켜 줄 수 있을까?" 이 물음들에 대한 대답은 한결같습니다. 기도와 성경 읽기와 영성 지도를 통해 하나님께 주목하는 일입니다. 영성훈련은 언제나 새로운 역사를 만들어 냅니다. 그러나 이 일을 지속적으로 수행하기가 쉽지 않습니다. 바쁜 목회자들은 영성훈련보다는 매력적인 일에 쉽게 빠집니다.

우리는 종종 목사님들이 "나는 영적인 일보다는 다른 영역에 은사가 있다."고 하면서 이 일을 간과하는 것을 봅니다. 사실인즉 아무도 영적인 성향을 좋아하지 않습니다. 영성훈련은 어렵고 화려하지 않습니다. 나는 많은 시간을 육상 경기장에서 보냈습니다. 이때 나는 왕복달리기와 팔굽혀펴기를 좋아하는 사람을 보지 못했습니다. 그러나 경기에서 우승을 하고 기록 갱신을 목표로 하는 사람 몇을 만나게 되었습니다. 이들은 감독이 시키는 것이라면 무엇이든 하였고, 그 결과 최상의 몸을 만들어 훌륭한 기록을 세우는 것을 보았습니다. 목사의 감독은 영적·금욕적 신학자들입니다. 이들은 문화적인 조건과 적성과 기질을 뛰어넘어 훈련시킵니다. 범주화를 거부하고 형식이나 이전 방식을 넘어 계속해서 타협을 거부하도록 훈련시킵니다. 영적 안내자들은 목회자이든 평신도이든 "영혼의 복제란 없다."고 잘라 말합니다. 여전히 우리의 환경이 자발성을 존중하는 분위기여서 훈련을 통해 하나님을 주목하기가 쉽지 않습니다. 그렇지만 기도와 성경 읽기와 영성 지도는 우리의 영혼과 공동체와 이웃이 언제나 하나님께 주목하도록 돕는 진정한 영성훈련의 지표입니다.

– 유진 피터슨^{Eugene H. Peterson}

「천사의 삶을 사십시오」(Working the Angels)

우리가 처한 역설

파우어스(J. F. Powers)의 창작 소설 「어반의 죽음」(Morte D'Urban)에 보면, 소설 속의 교단인 클래맨스회 소속의 재능과 수완이 뛰어난 어반(Urban Roche) 신부의 이야기가 소개되고 있습니다. 어반 신부는 영감이 없는 이전의 지도자들을 비판합니다. 그는 클래맨스회를 어떻게 성공적으로 운영할 것인지 그 방법을 알고 있습니다. 마침내 위기에 처한 수양관을 맡아 일할 수 있는 절호의 기회가 그에게 찾아왔습니다. 인접한 골프장을 사들여 수양관으로 향하는 도로를 만들 생각을 하였습니다.

어반의 생각은 너무 허공에 뜬 것이었습니다. 그러나 어느 순간 나도 어반과 동일한 유혹에 쉽게 빠져든다는 것을 깨닫게 되었습니다. 나는 교회의 관료 제도에 속해 일하면서 매일 동일한 문제로 씨름합니다. "어떻게 하면 우리가 선포하고 있는 복음을 위반하지 않으면서 우리가 속한 관료 제도를 잘 운영해 갈 수 있을까?" 지역 교회에서 사역하는 목회자들도 동일한 문제에 직면합니다. "어떻게 하면 신실한 신앙을 견지하면서 교회를 성공적으로 이끌어 갈 수 있을까?" 파우어스는 배타적인 태도는 아니지만 우리의 상황이 처한 역설을 잘 보여 주고 있습니다. 우리가 처한 역설을 불편해하지 않는다면 우리의 영혼은 진정성을 상실한 것입니다.

— 잭 켈러 Jack A. Keller, Jr.
「쿼털리 리뷰」(*Quarterly Review*)

내면을 향하십시오

앞서 나는 자기 성찰의 기도가 양면적인 성격을 갖는다고 피력한 바 있습니다. 이는 정확한 분석이긴 합니다만, 실행에 옮겨졌을 때 잘못 인도될 수도 있습니다. 실제로 경험이란 두 동심원이 계속해서 교차해 가며 밀고 당기듯 움직이는 컴퓨터 그림과 같습니다. 예를 들면 우리는 삶 속에서 하나님의 활동을 지켜보다가 하나님께서 우리가 보지 못한 세계에 계신 것을 발견합니다. 의식과 양심을 성찰하는 일은, 마치 대양의 파도를 보는 것과 같습니다. 예컨대 의식과 양심은 서로 구분되어 있지만 서로 교차하면서 하나는 위로 향하고 다른 하나는 아래로 향하는 가운데 결코 분리되지 않은 채 움직여 갑니다. 이러한 이해의 빛에서 이제 어떻게 성찰의 기도를 수행하는지 살펴보도록 합시다.

성찰의 기도는 우리의 내면을 살펴보는 수행입니다. 밖이나 위로 향하는 것이 아니라 내면을 향하는 수행입니다. 안토니 블룸(Anthony Bloom)은 말합니다. "우리의 기도는 하늘에 계신 하나님이나 저 멀리 떨어진 하나님이 아니고 우리가 인식하는 것보다 더 가까이에 계신 내면의 하나님을 향해야 합니다."

다른 어떤 기도 형식보다도 성찰의 기도를 통해 우리는 점점 지구 밑바닥을 향합니다. 끊임없이 아주 특별한 방식으로 내면을 향합니다. 내면을 향한다는 말은 내향적으로 된다거나, 우리를 구원할 내적 구원자나 자신 안에서 특별한 내적 힘을 발견할 것을 희망하는 것을 의미하지 않습니다. 만일 내면을 향한다는 의미가 이런 것이라면 헛된 수고입니다. 우리의 여정은 자신 속으로의 여정이 아니라 자신을 관통하는 여정으로 자아의 가장 깊은 차원으로부터 하나님께로 나아가는 여정입니다. 요한 크리소스톰(Saint John Chrysostom)이 말했듯이, "마음의 문에 이르게 되면, 이 문이 곧 하나님 나라에 이르는 문임을 발견하게 될 것입니다."

마담 귀용(Madame Guyon)은 내면으로 향하는 특별한 여정을 '중심을 향하는 법칙'이라고 불렀습니다. "당신의 영혼이 내면 깊은 곳에 이르게 되면 하나님께서 자석처럼 우리의 영혼을 끌어당기고 있음을 발견할 것입니다. 당신의 하나님은 자석과 같습니다. 자연히 주님은 점점 우리를 주님 자신에게로 끌어당기십니다." 우리는 우리 자신의 노력보다는 하나님의 은총을 통해서 하나님 중심으로 끌어당겨집니다. 귀용은 다음과 같이 결론합니다. "당신의 영혼이 일단 내면으로 움직이기 시작하면 '중심을 향하는 법칙'을 향해 내려가다가 점차 가장 중심의 자리 곧 하나님의 자리로 향하게 됩니다. 영혼이 움직이기 위해서 사랑 외에는 다른 힘이 필요 없습니다."

— 리처드 포스터[Richard Foster]
「기도」(*Prayer*)

성직자가 범하는 죄들

사람들은 초대 교회 교부들이 문명화가 몰고 온 악을 피해 사막으로 나갔다고 생각합니다. 그러나 이렇게 생각하는 것은 지나친 단순화입니다. 사실인즉 이들은 스스로 악과 싸우기 위해 사막으로 나간다고 생각했습니다. 이들은 천사들과 악마들이 광야에 살고 있다고 생각했고, 이곳에서 아주 끔찍스럽고도 파괴적인 방법으로 악마와 대면했습니다.

사막 교부들을 괴롭혔던 죄는 '정오 태양의 악마'라고 재미있게 표현되는 게으름(*accidie*)이었습니다. 게으름은 영적 지루함으로서, 영적인 문제에 대한 무관심 혹은 이유 없는 나태함입니다. 신 신학자 시메온(Symeon the New Theologian)은 자기에게 나아온 수도승들에게 다음과 같이 말했습니다. "여러분의 특별한 과제와 섬김을 놔두고 목적 없이 배회하거나 삶을 낭비하지 마십시오. 이는 여러분을 게으름의 악마에게 내주는 것입니다." 시메온의 가르침은 "게으른 손은 악마의 손이다."라는 금언을 다시 되새기게 합니다.

고대로부터 전해 오는 게으름의 죄는 영적인 성숙을 추구하지 않았던 목회자나 사제의 게으름에 뿌리를 두고 있습니다. 1977년 탁월한 침례교 목회자 중의 목회자인 칼라일 만니(Carlyle Marney)는 내가 섬겼던 신학교에서 연설을 한 적이 있습니다. 이 연설에서 만니는 회중으로 모인 학생들에게 다음과 같은 물음을 던졌습니다. "10년 후에도 여러분은 지금처럼 주 예수 그리스도를 사랑할까요? 아니면 명문에 길들여진 귀족으로 변모해 있을까요?" 물론 학생 중에 두 번째 물음에 예라고 답한 학생이 있었다면 만니 자신도 놀라워했을 것입니다. 그럼에도 목회자들이 안수를 받은 다음에는 영적 감동을 쉽게 잃어버리고 게으름에 빠져듭니다.

성직자의 죄를 생각할 때 우리는 대체로 테네시 윌리엄스(Tennessee Williams)의 희극 「이구아나의 밤」(The Night of the Iguana)에 나오는 샤논(T. Lawrence Shannon) 목사처럼 문학 작품에 나오는 '타락한 사제'를 떠올립니다. 샤논은 술주정뱅이에 난봉꾼으로 신앙을 팔아먹은 사람입니다. 그러나 이런 사람도 죄인이라기보다는 어쩔 수 없이 그렇게 된 사람입니다. 현대의 종교는 불법 성매매와 폭음폭식 같은 '방탕한 죄'(warm sins)에 빠져 있습니다. 현대인 중에 많은 사람들은 오래 전 이단으로 판명된 도나티스트주의에 빠져 있습니다. 이들은 성만찬의 효능이 집례자의 도덕성과 관계된다고 보기 때문에 안수받은 성직자들이 성적 문란에 빠지게 되면 왜 그랬는지 묻지도 않고 내쳐버립니다. 우리는 목회자나 사제가 욕정의 죄에 빠지기 쉬운 죄인이란 사실을 망각합니다. 목회자들도 타락한 병사처럼 똑같이 타락할 수 있습니다. 악마는 혼돈에 빠져 방황하는 영혼을 위협합니다. 그리고 이 위협에 많은 사람들이 노예가 됩니다.

우리가 정말로 관심해야 하는 죄는, 안수받은 목회자들이 영적인 부르심에 응답하지 못하게 하는 죄입니다. 이 '무관심의 죄'(cold sins)는 목회자로 하여금 하나의 상징, 상징의 담지자, 상징의 해석가가 되어야 하는 사명을 감당하지 못하게 합니다. 무관심의 죄는 욕정이 지나쳐서 생기는 것이 아니고 욕정에 대한 두려움 때문에 생기는 것입니다. 무관심의 죄는 죽어가는 영혼의 타다 남은 불씨가 누적되어 생긴 무감각입니다.

게으름은 영성 지도를 해야 할 목회자에게 근본적인 죄입니다. 게으름은 하나님과 이웃을 사랑하지 못하도록 우리의 사랑을 암처럼 갉아 먹습니다. 게으름은 어느 시대든 여러 형태를 띠고 나타납니다.

힘을 갖고 싶어하는 욕망

누구나 힘이 있어야 합니다. 힘은 상황과 환경을 바꿀 수 있는 능력입니다. 문제는 힘 그 자체에 있는 것이 아니라 그 힘의 성격과 근거입니다.

힘이란 의미의 그리스어 듀나미스(dunamis)는 신약성서에 통용되는 용어입니다. 마찬가지로 권세란 말로 번역되는 엑소시아(exousia)도 신약성서에서는 권위란 의미로 통용되고 있습니다. 여기서 말하는 권위는 창조가 완성되도록 하나님께서 교회에 주신 것입니다. 예수님께서 승천하시기 전 사도들에게 말씀하셨습니다. "오직 성령이 너희에게 임하시면 너희가 권능을 받고 예루살렘과 온 유대와 사마리아와 땅 끝까지 이르러 내 증인이 되리라."(행 1:8) 또한 바울은 복음이 "모든 믿는 자에게 구원을 주시는 하나님의 능력이 됨이라."(롬 1:16)고 선포합니다. 아울러 "그리스도는 하나님의 능력이요 하나님의 지혜"(고전 1:24)입니다. 여기서 능력과 지혜를 나란히 놓는 것은 우연이 아닙니다. 지혜는 여성 명사이고, 권위라는 의미를 지닌 엑소시아 역시 여성적 의미입니다.

평신도 중에는 금욕적인 삶을 영적인 삶과 동일시하면서 자기들의 담임자가 영적이기를 기대합니다. 언젠가 한번은 사제가 내게 찾아와 어째서 평신도 자신들은 금욕적인 삶을 살지 않으면서 목회자들에게는 금욕적인 삶을 요구하느냐고 물었습니다. 이어서 그는 자기 경험에 비추어 말한다고 하면서 "금욕적인 것만을 영적이라고 이해하는 한 감독은 영적일 수 없다."고 말했습니다.

교회 안에는 권력에 이르는 여러 방식이 있고 많은 사람이 권력을 추구하기도 합니다. 한번은 조용하면서도 학자적인 로마 가톨릭 사제를 면담한 적이 있습니다. 이분은 슬프고도 단호하게 주교와 주교구 상서관이 있는 곳에는 가지 않겠다고 말하였습니다. 그러면서 성직자의 야부가 성직자를 병들게 하고 그로 인해 고통을 받기에는 인생이 너무 아깝다고 하였습니다. 나는 성공회, 감리교, 침례교 성직자들의 모임에도 간 적이 있습니다만 교단과 상관없이 같은 내용이 산재해 있었습니다. 어떤 로마 가톨릭 사제는 주교가 자기 교구에 취임하면서 "지금 여기가 내 인생의 여정에서 가장 적절한 자리"라고 한 말을 들었습니다. 이 말에 크게 충격을 받은 사제는 그 주교에게 물었답니다. "그 말이 무슨 뜻입니까? 말하자면 주교님께서 이렇게 보잘 것 없는 교구에 오셔서 일을 잘 처리하고 자기 이미지를 품위 있게 관리하면 더 높은 곳으로 영전될 수 있다는 말씀인가요? 주교님 생각하시는 '더 높은 곳'이란 무엇을 뜻하나요? 지금 이곳을 높은 곳으로 향하는 여정에서 하나의 정거장으로 생각하신다면 진정한 의미의 소명은 무엇인가요?" 사제의 물음은 계속되었습니다.

직위에는 사회적 역할과 지위가 주어집니다. 자기 종을 고쳐 달라고 예수님께 와서 요청하였던 백부장의 이야기에서 우리는 내면으로부터 오는 힘과 사회적 신분의 지위에서 오는 힘의 흥미로운 관계를 만납니다.(마 8:5~10) 백부장은 자기가 가진 권력에 빗대어 예수님께서 거리가 멀리 떨어져 있음에도 불구하고 예수님의 능력으로 자기의 종을 고칠 수 있음을 암시합니다. 물론 백부장의 권력과 예수님의 힘에는 질적인 차이가 있습니다. 예수님의 힘은 자신의 존재로부터 나오는 권위(exousia)고, 백부장의 권세는 직위가 준 외형적인 권위입니다.

나는 대부분의 목회자들이 교회 안에서 지위를 높이기 위해 안수를 받는다고는 생각하지 않습니다. 물론 지위가 높아질수록 거기에 따른 보상도 더 커집니다. 내가 이력서들을 살펴보면서 깨달은 한 가지 분명한 사실은 소명에 응답하는 많은 사람들이 정치가, 기업가, 수완가가 되기보다는 꿈과 이상과 사상에 심취한 사람이 되고자 한다는 점입니다. 그러나 자녀를 교육하고, 보다 편안한 삶을 누리며, 차를 소유하고, 부를 조금이라도 누리려 하다 보면 "춤을 추는 자는 피리를 부는 자에게 돈을 지불해야 한다."는 속담을 배우게 됩니다. 이렇게 해서 겉으로 주어지는 힘에 대한 욕구가 늘어나게 됩니다. 힘에 대한 욕구는 우리에게 새로운 열망이 되어 일상을 지배하게 됩니다.

이런 생각은 우리로 하여금 사람들을 만나는 일에 착념하게 하고 '메시아 망상'을 키우는 권력 획득 경쟁에 몰입하게 합니다. 이렇게 진행되는 삶에서는 예수 그리스도의 복음에 합당한 모습을 찾기가 쉽지 않습니다. 다만 그런 삶에 익숙해질 뿐입니다.

21세기에 십자가는 성공의 상징이 아닙니다. 그러나 누군가를 지배하는 것은 의미 있는 사람이 되었다는 암시를 담고 있습니다. 그래서 고통과 실패와 자신의 무가치함에 대한 진정한 대면을 요구하는 지혜의 힘 대신, 다른 사람을 지배하는 힘을 행사하는 것에 만족감을 느낍니다. 전문적인 목회 모델은 이처럼 겉으로 주어진 지배력이 곧 목회인양 생각하게 합니다. 우리가 살고 있는 이 사회는 목회자나 사제를 사회화시키고 전문 경력과 자격증으로 무장시켜 만나는 사람들을 지배하게 합니다. 이런 상황에서 우리도 백부장이 독백하였듯이, "이더러 가라 하면 가고 저더러 오라 하면 오고 내 종더러 이것을 하라 하면 하나이다."라고 말합니다. 백부장의 고백은 전문가의 고백이지 소명을 가진 자의 고백과는 상관이 없습니다.

복음은 교회 안에서 정치적인 성공을 이루고자 하는 사람들과 대면합니다. 바울이 전하는 말을 눈여겨보십시오. "우리는 십자가에 못 박힌 그리스도를 전하니 유대인에게는 거리끼는 것이요 이방인에게는 미련한 것이로되"(고전 1:23) 복음의 거리끼는 것이 우리의 전제를 뒤집어 우리로 하여금 하나님의 세계에 마음을 열게 합니다. 이 거리낌 때문에 기독교 신앙은 감동적인 것이 되고 게으름과 구별됩니다. 만일 사도 요한이 오늘 살아 있다면 라오디게아 교회에 그랬던 것처럼, 위협도 느끼지 않고 맥이 빠진 목회자나 사제를 보면서 이렇게 외칠 것입니다. "네가 이같이 미지근하여 뜨겁지도 아니하고 차지도 아니하니 내 입에서 너를 토하여 버리리라."(계 3:16)

오늘날 목회 연구에 있어서 목회자의 탈진은 중요한 문제가 되고 있습니다. 탈진이란 목회자의 소명과 책임을 다할 수 있는 자원이 고갈되었다는 의미입니다. 목회자의 탈진은 정직하게 대면되고 치유되어야 합니다. 그렇지 않으면 숨겨진 암처럼 안수받은 목회자를 괴롭힐 수 있습니다. 탈진이 드러나면 탈진을 극복할 수 있는 영적 싸움이 가능합니다. 그러나 탈진이 숨어 있으면 고립과 회피라는 게으름의 형식으로 나타나게 됩니다.

목회자를 탈진으로 몰아가는 죄는 두 날을 가진 검과 같아 양날에 벨 수 있습니다. 목회자로 하여금 점점 더 문제에 빠져들게 하는 것은, 자신의 영적인 공허를 피하기 위해 가능한 한 자신을 더욱 바쁘게 만든다는 것입니다.

실패에 대한 두려움

게으름과 열정이 사라진 성직자의 죄의 뿌리에는 실패에 대한 두려움이 자리잡고 있습니다.

성공회는 교구 감독으로 지명되기 원하는 후보자들을 뽑아 따로 훈련 과정을 거칩니다. 한번은 이 과정에서 "당신은 실패를 어떻게 다루십니까?"라는 물음이 후보자들에게 주어졌습니다. 이때 많은 업적을 이루고 추기경을 성공적으로 지낸 한 교구 사제가 "나는 실패한 것을 생각하지 않을 것입니다."라고 대답하였습니다. 이 후보자는 결국 감독이 되지 못했는데 그 이유는 아마도 이 물음에 대한 그의 대답 때문이었을 것입니다.

제단과 교회 지붕 위에, 우리가 머무는 곳에, 그리고 우리 목에 달린 십자가는 주님의 실패의 상징입니다. 이 실패의 상징을 늘 품고 있는 우리가 실패와 상관없다고 한다면 어떻게 주님을 섬길 수 있겠습니까? 조금만 깊이 생각한다면 그리스도의 수난이 갖는 힘을 분별할 수 있습니다. 우리가 아무리 좋은 생각과 위대한 희망을 갖고 있다 하더라도 우리는 매일 자신의 십자가를 지고 살아갑니다. 인수받은 목회자에게도 자신의 십자가가 있습니다. 우리는 '또 다른' 목회자가 되도록 부름받았고, 세상이 배척하고 뒤집어버린 가치 곧 십자가의 삶을 살도록 부름받았습니다.

이 책을 준비하면서 나는 면담자들과 만나 '영적 삶에서 실패했다고 생각하는 영역이 있다면 무엇인지?' 또 자신의 '성의 윤리를 어떻게 평가하는지?'를 물었습니다. 나는 이 두 물음에 자신

있게 답할 수 없었습니다. 안수받은 사제로서 지난 27년의 삶을 돌이켜봤을 때 영적 삶과 성의 윤리에 온전하지 못했던 부끄러운 자신을 발견하였습니다. 이때 나는 스스로에게 물었습니다. 이제 실패를 멈추고 새로운 도약을 해야 한다면 무엇을 할 수 있을까? 나는 지금까지의 실패를 인정하고 다시는 실패로 돌아가지 않겠노라고 결단하였습니다.

우리는 실패를 인정하려 하지 않습니다. 어떤 사제는 "영적 성장은 실패로부터의 탁월한 탈출이다"라고 웅변적으로 말한바 있습니다만 현대 사회는 실패를 금기시합니다. 그래서 우리는 죽은 사람의 관을 포함해 모든 것을 덮습니다. 죽은 사람의 관을 덮는 이유는 죽음이 최고의 실패라고 생각하기 때문입니다. 죽음은 실패의 궁극이고 실패는 어떤 값을 치르고서라도 극복되어야 합니다. 그러나 역설적이게도 영적 삶이란 자기가 죽은 행위입니다.

"안수받은 이는 성공하도록 부름받은 것이 아니라 신실하도록 부름받았다"고 하는 말은 이제 거의 상투적인 표현이 되고 말았습니다. 신실함은 우리의 상처를 노출시키는 것입니다. 상처받지 않으려는 노력이 소명을 거부하게 합니다. 결국 우리는 내 안에 세상의 실패를 짊어지고 가도록 부름받았고, 하나님의 아들의 죽음을 뜻하는 십자가의 아픔을 스스로 안고 가도록 부름받았습니다.

자기 친구가 죽은 날 한 신실한 사제가 내게 찾아와 말했습니다. "이 친구는 내게 누구보다도 가까웠던 친구였습니다. 그런데 42살의 나이에 아무 예고도 없이 부인과 십대의 두 자녀를 남기고 건물에서 떨어져 죽었습니다." 그 사제는 급히 병원으로 가서 장례 절차를 도왔습니다. 이때 사제는 친구의 부인을 안고 어린아이처럼 목 놓아 울었습니다. "내 친구의 인생은 실패한 것인가요?" 그 사제가 내게 물었습니다. 그는 실패한 인생이 아니었습니다. 그 사제는 슬픔과 희망 속에서 인생의 실패인 죽음에 대해 사제만이 할 수 있는 축하를 해 주었던 것입니다.

우리 자신의 실패뿐 아니라 세상의 실패를 축하하기를 두려워하기 때문에 성직자들이 무관심의 죄에 빠지게 됩니다. 사실 우리는 장렬하게 실패하도록 부름받았습니다. 이 때문에 죽어가는 사람들이 우리에게 감사할 것입니다.

— 어반 홈즈 Urban T. Holmes III

「목회의 영성」(*Spirituality for Ministry*)

부드러운 어루만짐

인간학적이며 신학적인 자기 학대의 분위기를 피해서 아주 소박한 것을 제시해 보고자 합니다. 우리는 부드러움이 무엇인지를 압니다. 우리 모두는 부드러움과 친절함을 경험합니다. 여러분에게 부드러움과 친절함을 느끼게 하는 것을 한번 생각해 보십시오. 고통 중에 있을 때 사랑하는 사람과 함께 있다든지, 아이가 잠들어 있는 것을 보는 경험은 따뜻하게 돌봄을 받고 있다는 부드러운 감정을 일게 합니다. 이처럼 따뜻하고 부드러운 느낌을 느껴보십시오. 노력을 기울이지 않고도 느낄 수 있습니다. 그리고 잠시 동안 그 따뜻하고 부드러운 감정이 여러분 자신을 감싸게 하십시오.

내가 말씀드리는 것은 자기 사랑의 상태를 계속 유지하라는 것이 아닙니다. 단순히 자기 자신에게 친절하게 대하라는 것입니다. 잠시 내면의 부드러운 어루만짐에 머물러 있으라는 말씀이지요. 이것이 부드러움이 의미하는 바입니다. 이러한 부드러움의 분위기에서 우리는 온전하게 됩니다. 내가 느끼는 친절은 순간적으로 사라지고 이제껏 그래 왔던 것처럼 거친 엄격함이 밀려옵니다. 그것이 잘못된 것은 아닙니다. 부드러운 분위기를 생각하면 친절을 다시 떠올릴 수 있습니다. 그러니 하나님을 위해서 친절을 느껴야 한다는 부담을 가질 필요가 없습니다. 그냥 깃털이 날아가듯이 부드러움과 친절의 순간과 찰나를 경험하고 잠깐 동안 부드러움을 어루만지는 것으로 족합니다.

– 제럴드 메이^{Gerald G. May}

「온전해지기」(*Simply Sane*)

하나님의 사랑

우리 모두는 기독교인이 된 날부터 이웃 사랑하기와 하나님 사랑하기를 기대합니다. 그러나 불행하게도 우리의 기대와 일어나는 일과는 거리가 있습니다. 우리 중 많은 사람들은 전혀 하나님을 인식하지 못하고, 또 하나님을 인식한다 해도 하나님을 향한 의무감이나 두려움으로 인식합니다. 이런 상황에서 하나님을 사랑해야 한다고 생각하기 때문에 우리는 스스로를 종교적인 실패자로 규정합니다.

　신앙의 선조들은 기독교인의 사랑을 의무로 생각하지 않았습니다. 예를 들면, 니싸의 그레고리우스는 수도승의 삶을 세 단계로 특징지어 설명하였습니다. 첫째는 노예처럼 하나님을 두려워해서 섬기는 단계이고, 둘째는 고용된 일꾼처럼 보상을 바라며 하나님을 섬기는 단계이며, 마지막으로는 하나님의 진정한 자녀로서 순수한 사랑으로 하나님과 교제하는 단계입니다. 여기서 우리가 주목할 것은 사람들이 하나님의 사랑을 오랫동안의 학습 과정을 통해 도달하는 어려운 것으로 인식한다는 점입니다. 이런 이유에서 사람들은 금욕적인 훈련을 기획하고 실시합니다. 금욕적인 훈련을 통해 하나님이 원하시는 삶을 훈련하여 하나님의 사랑의 마음을 갖게 되면 진정으로 하나님과 이웃을 사랑할 수 있다고 생각합니다.

　이처럼 하나님의 사랑과 인간의 사랑 그리고 사랑의 실천을 위한 훈련이 서로 관계있다는 생각은 수도원주의 이전으로 거슬러 올라갑니다. 이 전통은 아직도 큰 가르침으로 전해옵니다. 우리가 하나님의 사랑이 무엇인지 이해할 수 있다면, 기독교 신앙은 훨씬 더 현실적이 될 것이고 자기정죄와 위선의 짐을 내려놓게 될 것입니다.

－ 로버타 본디[Roberta C. Bondi]

「하나님이 사랑하셨듯이」(*To Love as God Loves*)

기도는 영혼의 집

　만물은 가정이 있습니다. 새는 둥지가 있고 여우는 굴이 있으며 꿀벌은 벌집이 있습니다. 기도가 없는 영혼은 가정이 없는 영혼과 같습니다. 목적도 없고 허위와 어처구니없는 일들로 가득한 세상을 배회하고 방황한 후 지쳐 흐느껴 울고 있는 우리의 영혼은 위선과 위장으로 부서진 삶의 조각들을 넘어 겁 없이 도움을 청할 수 있는 아늑한 가정을 추구합니다. 이 가정이 바로 기도입니다. 지속, 영속, 친밀, 진정성, 진지함이 바로 기도의 속성입니다. 기도가 있는 곳이 바로 영혼이 있는 가정입니다.

　누구나 자신의 가정을 세워야 합니다. 누구나 자신의 기도에 독립적인 영역과 비밀스런 영역이 있어야 합니다. 기도는 온전한 양심을 지키는 자리고, 영원에 이르는 길입니다.

가정에는 나를 판단하고 돌보시며, 실패하여 방황할 때 관심을 갖고 기다리시는 아버지가 있습니다. 나는 결코 내 가정을 떠날 수 없을 것입니다.

기도가 없는 영혼을 어디에 비유할 수 있을까요? 기도가 없는 영혼은 가정을 떠났거나 가정에서 쫓겨난 것과 같습니다.

기도의 가정이 있다는 것은 얼마나 큰 은총인가요? 기도의 집에 들어갈 때 우리는 탄원하며 들어가지만, 그 집을 나올 때는 증인이 되어 나옵니다. 이방인이 되어 들어가지만, 나올 때는 서로가 가족의 일원이 되어 나옵니다. 영적으로나 내적으로 모양도 없이 들어가지만, 나올 때는 전혀 새로운 사람으로 변화되어 나옵니다. 기도의 순간 나의 형상이 새롭게 형성되고 새로운 열정이 일어납니다.

세상을 이해하기 위해서 먼저 가정을 사랑해야 합니다. 내 가정에 빛이 없다면 다른 곳에서 빛을 인식할 수 없습니다. 기도의 광채로 인해 나는 어둠 한가운데서 내 길을 발견합니다. 기도가 내 길을 밝혀 줍니다.

– 아브라함 헤셸[Abraham J. Heschel]

「템포」(Tempo)

용기를 가지십시오

스스로 용기를 내십시오. 야훼 하나님께서는 당신이 가진 슬픔을 아십니다. 하나님께서는 당신의 모든 죄를 속량하셨습니다. 실패할 때 실패를 인정하십시오. 그리하면 하나님께서 궁극적 승리의 깃발을 휘날리실 것입니다. 영적으로 패잔병이 된 우리를 향해 거룩하신 이가 부릅니다. "구원의 합창을 위해 쓰인 나의 완전하고도 불완전한 악보를 누르십시오."

– 마틴 벨[Martin Bell]
「옥외 찬양과 설교」(Street Singing and Preaching)

재기의 기회를 주시고 새로운 시작으로 이끄시는 하나님! 당신의 나라를 위해 언제나 나를 사용하시는 주님! 그 은총에 늘 감격합니다. 불완전하고 흠이 있는 이 모습 이대로 받아주심을 감사드립니다. 때로는 최선을 다하지 못하고, 실수가 많아 쓰러지고 넘어지는 저를 그대로 받아주심을 감사드립니다.

실수와 비틀거림이 있음에도 주님은 저를 늘 새롭게 하십니다. 오! 하나님, 내 모습 이대로 사용하여 주심을 감사드립니다.

신실하신 하나님, 주님 보시기에 실수가 결코 궁극적일 수 없음을 깨닫게 해 주시니 감사합니다. 주님의 은총으로 나의 실수를 전화위복으로 삼을 수 있게 하시고, 다른 사람들의 실수를 인내로 받아들이게 하옵소서. 그리하옵소서. 아멘.

– 트루디 아참뷰 Trudy Archambeau

하나님의 인도를 위한 기도

사랑이 많으신 하나님! 이번 수련 시간을 통해 존재와 행함 사이에 건강한 균형을 찾을 수 있
도록 도와주옵소서. 비현실적인 기대감의 올무로부터 자유하게 하시고, 오늘 우리를 주님의 능력
으로 채워 주시옵소서. 언제나 존재와 행함의 균형을 이루시는 예수 그리스도의 이름으로 기도합
니다. 아멘.

조용히 듣기

성경 읽기

눅 10:38~42; 요 6:22~40; 마 22:34~40; 시 121; 마 25:1~13, 14~30, 31~46

이 구절들은 우리가 존재와 행함 사이에서 느끼는 긴장에 대해 어떻게 조명하고 있나요?
이 하나하나의 말씀 구절들은 우리에게 어떤 삶의 방식을 제시하고 있나요?

영적 독서

묵상

식사 시간, 쉼, 여가 선용

일기 쓰기

기도

영적 독서, 묵상, 일기 계속 쓰기

성만찬

응답: 감사, 봉헌, 계약

세상을 향하여
부록에 제시한 제안들을 사용할 수도 있고, 영적 삶의 지속을 위해 스스로 계획을 만들어 사용할 수도 있습니다. 삶과 목회가 영적 성숙을 더해 가도록 하루 일과와 일주일의 계획을 세워 보십시오.

마침 기도
오! 주님이시여, 내 삶과 목회를 주님의 돌보심과 보호하심에 맡깁니다. 나의 구원자 주님이시여, 나를 인도하고 보호하시며 동행하여 주옵소서. 내 삶에 주님이 간섭하셔서 주님의 신실한 제자가 되게 하옵소서. 아멘.

4

행함과 존재의 혼돈

행함과 존재 사이의 긴장을 느끼게 될 때 이를 은총으로 여기십시오. 긴장을 느끼는다는 것은 하나님의 부르심을 인식하고 있다는 긍정적인 신호이자 그리스도 안에서 성숙해 가고 있다는 신호이고, 기독교 목회자들이 의미 있는 성장과 갱신을 경험하고 있다는 신호이기도 합니다.

　　존재와 행함의 긴장은 예민하고도 신실한 목회자의 가슴에 아픔과 고통을 느끼게 하는 압점(壓點)일 수 있습니다. 우리는 종종 왜 기도하고 행동할 충분한 시간과 힘이 없는지 의아해합니다. 이 긴장은 종종 간과되고 지나쳐 버리거나 무시되고 묻혀버립니다. 그러나 성장을 가져오는 옥토가 되기 위해서는 긴장을 인식하고 주목할 뿐 아니라 긴장을 존중해 주는 것이 좋습니다. 이웃 사랑은 우리로 하여금 행동하게 합니다. 반면 하나님과의 친밀한 관계 추구는 창조적인 고독에 빠져들게 합니다.

　　행함과 존재가 건강한 균형을 이루는 것은, 신실하고 열매 맺는 목회의 열쇠입니다. 우리에게는 긴장을 피해 가고픈 유혹이 있습니다. 그래서 두 영역 가운데 한 곳에 집중하고픈 유혹을 받습니다. 주님의 삶은 친밀감과 행동, 기도와 연민이 조화를 이룬 삶이었습니다. 주님의 삶은 한 곳에 집중하려는 유혹을 극복할 수 있게 합니다.

　　교인 수가 적은 교회를 섬기든, 큰 교회를 섬기든 혹은 다섯 교회를 맡아 섬기든 목회자들은 언제나 이 두 영역에서 긴장을 경험합니다. 모든 교구와 공동체는 목회자가 제공할 수 있는 것보다 더 많은 시간과 에너지를 요구합니다. 이렇게 벅찬 요구 때문에 목회자들은 무릎을 꿇고 하나님의 도우심을 구합니다. 또한 하나님께서 바라시는 세상의 구원 사역을 위해 하나님의 힘을 구하느라 무릎을 꿇습니다. 기독교 목회는 외로운 여정이고, 요구가 넘쳐나는 여정이며, 심지어는 우리를 지치게 하는 여정임을 인정해야 합니다.

　　행함과 존재의 건강한 균형을 찾는 것은 평생을 계속해야 할 여정입니다. 이 길은 결코 쉽거나 단순한 길이 아닙니다. 그러나 우리를 앞서 간 사람들은 이 길을 걸으면서 위대한 발자취를 남겼습니다. 행함과 존재의 긴장을 느끼는 것은 우리가 처음이 아닙니다.

예수님의 제자들이 1차 전도여행에서 돌아왔을 때 다음과 같은 예수님의 초청을 받았습니다. "너희는 따로 한적한 곳에 가서 잠깐 쉬어라 하시니 이는 오고 가는 사람이 많아 음식 먹을 겨를도 없음이라."(막 6:31) 저들은 예수님을 따라 한적한 곳으로 가서 쉬며 새로움을 얻고 기도하였습니다. 그러나 잠깐 쉰 다음에는 다른 사람들의 요구가 극적인 방법으로 다가왔습니다. 예수님께서는 무리들에게 깊은 연민이 있었으므로 이내 행함 속으로 빠져들었습니다.(막 6:34~44) 오늘날 우리의 모습과 얼마나 닮았는지! 예수님을 따르는 사람들은 언제나 하나님 안에서 쉬고 새로워지도록 초청받습니다. 마찬가지로 예수님을 따르는 사람들은 이 세상을 선교하고 섬기도록 늘 초청을 받습니다.

지난 몇 년 동안 커티스(Curtis) 목사님은 중간 정도 크기의 교회를 섬기면서 행함과 존재의 긴장을 어떻게 유지하는지를 배웠습니다. 교회는 목회자에게 많은 요구를 하고 있었습니다. 커티스는 목회자의 도움이 필요한 회중도 있지만 목회자의 영혼을 돌보는 것이 중요함을 인식하는 성숙한 회중도 있다는 것을 알게 되었습니다. 몇 년이 지난 후 새로운 회중이 늘어나면서 커티스는 모든 요구가 목회자에게 밀려오는 것 같은 느낌을 받았습니다. 짐을 함께 나눠 질 직원도 없었고, 또 새로 들어온 신자 대부분은 신앙에 입문하여 교회에 새로이 적응해야 했습니다. 따라서 회중은 목회자가 어떤 영역에서 힘들어하는지, 어떤 문제로 고민하고 있는지 헤아릴 수 없었습니다. 목회자는 묵상과 기도의 시간이 필요하였고, 회중은 목회자의 돌봄이 필요한 상황이었습니다. 다행스럽게도 커티스는 신실한 목회를 위해 꼭 견지해야 할 두 영역을 분명하게 분별하고 있었습니다.

우리는 목회의 두 영역 가운데 하나를 쉽게 간과합니다. 종종 행함에 너무 집착한 나머지 우리의 행함이 결국 그리스도와의 교제임을 망각하는 경우가 있습니다. 혹은 존재와 내면의 세계에 너무 깊이 빠진 나머지 위로와 소망과 치유와 생명을 바라는 이웃의 외침을 외면하기도 합니다. 존재와 행함이 가져다준 긴장의 상처를 보고 느끼며 인식하는 것은 하나님이 우리에게 주신 선물입니다. 상처는 종종 우리로 하여금 하나님께 더욱 가까이 다가가게 합니다. 그리고 이 세상에서 좀 더 적극적으로 하나님의 선교를 감당하도록 합니다.

앞서 소개한 커티스 목사는 먼저 행함과 존재 사이의 긴장을 인식하고 분별하였습니다. 다음 단계로 그는 긴장을 창조적이며 신실하게 다루고자 마음을 먹었습니다. 그러고는 이내 영성 지도자와 정기적인 모임을 갖고 자신의 스케줄을 조정하면서 매일의 삶에서 기도와 활동과 묵상의 균형을 맞추었습니다. 그러면 긴장이 사라진 것일까요? 그렇지 않습니다. 그러나 이렇게 시간을 조정함으로써 긴장이 하나님과의 만남의 자리가 되었습니다. 긴장을 분별함으로써 목회자는 관상과 활동을 병행하는 보다 통전적인 목회를 견지할 수 있었던 것입니다. 존재와 행함의 교차점은, 이제 목회자 자신의 삶과 목회에 열매를 맺는 자리가 되었습니다.

헬렌(Helen) 목사님을 소개하고 싶습니다. 아주 활동적인 헬렌은 지금 큰 교회의 담임목회자로 첫 해를 맞았습니다. 헬렌의 이야기를 소개하기 위해 목록을 만들면서 나는 헬렌이 회중, 남편, 공동체, 가족으로부터 받고 있을 부담을 생각해 보았습니다. 저들의 요구를 충족시키면서 자신의 삶과 목회를 감당하는 것이 얼마나 부담되고 힘든 일일까? 나는 헬렌과 대화하면서 그녀가 진정한 자신이기 위해 어떤 남성 목회자보다도 모험적임을 알게 되었습니다. 헬렌은 "나는 누구인가?"라는 물음에 대해 우리와 마찬가지로 구원자 예수 그리스도 안에서 그 답을 찾았습니다. 헬렌은 하나님이 누구신지를 기억하는 중에 자신이 기독교 목회자임을 새삼 깨달았습니다. 이 깨달음을 통해 헬렌은 목회자요 어머니요 아내로서 또한 공동체의 지도자로서 자신의 자아를 표현할 수 있었습니다.

이러한 헬렌의 노력은 치유의 계기가 되었습니다. 자신의 상처 입은 아픔을 묵상하면서 일상경험을 통해 말씀하시는 하나님의 말씀에 귀 기울이고 분별하며 응답하게 되었습니다. 내 동료들은 행함과 존재의 긴장이 가져다준 아픔을 통해, 삶에서 새로운 치유와 온전함의 통로를 발견하였고 목회에서 새로운 활력과 기쁨을 발견하였습니다.

영적 삶은 선물입니다. 우리는 하나님과 친밀한 교제를 하도록 창조되었습니다. 마음의 진정한 고향을 부정할 수는 있지만, 하나님의 자녀인 것을 바꿀 수는 없습니다. 세상이 지닌 상처를 사랑하는 것 또한 온 인류를 창조하신 하나님의 은총입니다. 그러나 영성은 주어진 것이면서 또한 학습하는 것입니다. 마찬가지로 연민과 활동도 주어진 것이면서 또한 학습하는 것입니다. 우리는 공부, 기도, 수행을 통해 영성의 흐름을 학습합니다. 또한 기도, 공부, 수행을 통해 사랑과 활동의 흐름을 학습합니다. 그러므로 행함과 존재의 긴장 혹은 상처를 치유할 수 있는 효과적인 방법 가운데 하나는 밖으로의 여정인 행함과 안으로의 여정인 존재를 함께 주목하며 삶의 수행을 시작하는 것입니다.

구스타프 래스(Gustav Rath)와 노만 샤우척(Norman Shawchuck)은 「성숙한 교회 벤치마킹하기」(Benchmarks of Quality in the Church)라는 책에서 "목회자와 하나님과의 관계가 목회자의 비전과 목회의 내용을 결정한다."고 주장합니다. 카를로 카레토(Carlo Caretto)는 언젠가 다음과 같은 하나님의 음성을 들었다고 증언하였습니다. "카레토야! 내가 원하는 것은 네가 한 일이 아니고 바로 너 자신이란다." 온전히 우리 자신을 원하시는 하나님은 또한 우리가 한 일도 원하신다는 것을 깨닫는 데 그리 오래 걸리지 않습니다. 따라서 우리의 기도와 행위는 삶의 건강한 흐름이 되어 우리의 목회가 온전하고도 풍성한 열매를 맺도록 합니다.

하나님을 사랑하고 이웃을 사랑하는 것은 같은 것입니다. 하나님 사랑과 이웃 사랑은 영성이란 옷을 만드는 두 실입니다. 첫째는 하나님 사랑이요 둘째는 첫째와 같으니 곧 이웃 사랑입니다.(마 22:37~40) 하나님 사랑과 이웃 사랑은 기독교인의 삶의 본질로서 기쁨과 신실함이 넘쳐나는 삶을 가져옵니다. 하나님 사랑과 이웃 사랑은 이 세상에서 구원받은 자가 하나님의 은총에 감사해서 살아가는 삶의 방식입니다.

헨리 시몬(Henry Simmon)은 「신비가들의 발자취」(*In the Footsteps of the Mystics*)라는 책에서 우리를 앞서 살았던 많은 신앙 선조들이 하나님 사랑과 이웃 사랑을 가르쳤다고 주장합니다. 선조들의 경험으로부터 우리는 무엇을 배울 수 있을까요?

1. 존재와 행위 사이에는 당연히 긴장이 있습니다. 그리고 이 긴장이 바로 하나님께서 우리를 만나는 자리입니다.
2. 우리는 존재와 행위의 긴장으로 인해 생긴 상처를 안고 삽니다. 이 상처를 갖고도 우리는 여전히 신실하고 열매 맺는 삶을 살 수 있습니다.
3. 많은 사람들이 기도, 행위, 묵상의 건강한 흐름을 회복하여 효과적이고도 기쁨이 넘치는 신실한 목회를 감당하였습니다.
4. 우리의 행위는 그리스도 안에서 살아가는 삶의 한 계기일 수 있습니다. 왜냐하면 그리스도 안에서 창조 목적을 보다 완전하게 이루어 갈 수 있기 때문입니다.
5. 기독교인으로서 우리의 존재는 우리로 하여금 세계 안에서 기독교인으로서 행동하게 합니다.

우리를 앞서 갔던 선조들은 성숙한 기독교인이 되는 과정에서 존재와 행위를 함께 양육하는 것이 얼마나 중요한지를 깨달았습니다. 이분들은 특별한 계기를 계획하고 방법과 원리를 만들어 내는 데 특별한 재주가 있었습니다. 이 방법과 원리는 하나님의 초청에 주목하고 응답하게 해서 인간의 본래성을 회복하는 데 도움을 주었습니다.

오늘날 기독교인이요 목사로서 예수님을 따르기 위해서는 따로 시간과 공간을 만들어 기도와 묵상과 깨어남을 경험해야 합니다. 또한 이 세상에서 하나님의 사랑인 구속을 경험해야 합니다. 이 세상의 요청에 응답해야 하는 것과 하나님을 갈급해 하는 영혼 사이에는 언제나 '긴장의 상처'가 남게 될 것입니다. 이 상처를 볼 수 있게 될 때 활력 있고 새로워진 목회가 열리고 성숙한 기독교인의 여정이 시작될 것입니다.

많은 목회자들은 단순한 삶의 방식이 목회에서 균형 있는 영성을 견지하도록 한다는 사실을 발견하였습니다. 기도와 묵상으로 하루를 시작하는 일은, 삶의 모든 활동을 하나님께서 초청하시는 부름에 신실히 답하는 예배로 여기게 합니다. 하나님과 하나님께서 우리에게 주신 과제에 주목하며 하루를 시작할 때, 쉼과 묵상으로 또한 사랑의 수고로 우리를 부르시는 하나님의 음성을 듣게 됩니다.

우리는 독특하게 창조되었고, 선물을 받았습니다. 때문에 각자 자신의 방식을 따라 살아가면서 기독교인의 삶과 목회를 구성하는 존재와 행위의 두 실타래를 인정하는 것이 중요합니다. 오늘이 끝나기 전 하나님께서 당신을 부르시는 부름을 들을 수 있는 시간을 만드십시오. 삶의 여정에서 지금 당신은 어디에 서 있는지 하나님께 묻고, 그 물음에 응답하시는 하나님의 음성에 귀를 기울이십시오. 목회 여정에서 지금 무엇을 경험하고 있는지, 그 경험을 어떻게 느끼고 있는지, 지금 무엇이 필요한지를 주님께 아뢰십시오. 정직한 기도와 주의를 기울여 들음을 통해 하나님은 우리에게 길을 보여 주실 것입니다.

이 자리를 떠나기 전, 존재와 행위에 신실하지 못했던 부분이 있다면 무엇이었는지 삶의 방식을 정리해 보십시오. 정리하는 과정을 통해 당신의 삶과 목회가 바람직한 균형을 이루고 있는지 알 수 있게 될 것입니다. 이 과정에서 부록을 참조하여 필요한 자료를 사용할 수도 있습니다.

목회를 수행하는 데 요구되는 시간과 하나님과의 깊은 영적 관계를 위해 요구되는 시간 사이에는 긴장이 존재합니다. 이 긴장을 경험할 때 놀라지 마십시오. 베드로전서를 썼던 기자는 "무슨 이상한 일이나 생긴 것처럼 놀라지 마십시오."(벧전 4:12~19)라고 일러 주고 있습니다. 또한 내가 목회자 한분 한분에게 권고하는 바는 당신이 하나님의 음성을 신실히 듣고 응답할 수 있도록 도움을 줄 수 있는 영적 친구, 집단, 혹은 지혜로운 부모님을 만나라는 것입니다. 그리고 관상과 행동의 영역에서 새롭고도 과감한 여정을 시작하라는 것입니다. 그리하면 공부와 묵상을 통해서뿐 아니라 구체적인 행동을 통해서도 놀라운 깨달음을 얻게 될 것입니다. 영혼의 진정한 목자이신 주님을 초청하여, 그리스도 안에서 온전히 자라가도록 주님께서 당신을 인도하고 양육하게 하십시오.

영적 독서

기도

평화의 하나님,

주님은 우리에게 염려하지 말라고 가르치십니다.

헌신과 결단을 의무감으로 하지 않게 하십니다.

모든 염려로부터 우리를 자유케 하소서.

그리함으로 주님의 지혜로운 돌봄을 온전히 신뢰하게 하시고

주님의 사랑에 확신 가운데 거하게 하소서.

주님을 향한 열망을 주님께 드리오니 저희의 믿음을 새롭게 하소서.

살아 계신 주 예수 그리스도의 이름으로 기도합니다. 아멘.

– 마조리 톰슨^{Marjorie J. Thompson}

일상의 소리들

내게 일터에서의 시간은 기도의 시간과 다르지 않습니다. 부엌의 분주한 움직임 소리가 들리는 가운데서도 나는 하나님과 대화 시간을 갖습니다. 많은 사람들이 다양한 일 속에서 소명을 듣습니다. 나는 바쁜 일상에서 마치 성만찬을 받기 위해 무릎을 꿇을 때 느끼는 평온함으로 하나님

을 내 마음에 모셔들입니다. ··· 정해진 기도 시간뿐 아니라 일터에서도 온종일 주님을 모시고 살아갑니다. 때를 얻든지 못 얻든지, 모든 시간, 모든 분 초에서 심지어 내게 주어진 업무로 한창 바쁜 시간에도 하나님께 내 마음을 드립니다. ··· 나는 즉시 내 자신과 영혼이 변화됨을 경험합니다. 고민했던 일들이 사라지고, 깊은 내적 평화를 느끼며, 쉼의 한가운데 초대를 받습니다.

─ 브라더 로렌스^{Brother Lawrence}
「하나님과 더불어 살아가기」(*The Practice of the Presence of God*)

삶으로 하는 기도

맥심(Maxim)이라 불리는 그리스의 젊은 성자가 있었습니다. 어느 날 맥심이 교회에 들렀을 때 누군가가 쉬지 말고 기도하라는 서신의 말씀을 읽고 있었습니다. 맥심은 쉬지 말고 기도하라는 주님의 명령을 수행하는 것 외에는 다른 것을 할 수 없을 것 같은 심정으로 이 말씀을 받아들였습니다. 그는 교회를 나와 바로 인근 산 속으로 들어가 쉬지 않고 기도하기 시작했습니다. 4세기 그리스 농부였던 그는 주님의 기도와 몇몇 기도들을 알고 있었습니다. 그래서 이 기도들을 반복해서 주님께 드리기 시작했습니다. 마음이 너무도 평온해짐을 느꼈습니다. 그는 기도를 계속했습니다. 기도에 깊이 빠져들수록 하나님이 함께 계심을 느꼈고, 영성이 고양되고 모든 것이 온전해짐을 경험하였습니다. 맥심이 기도에 빠져 있는 동안 태양이 점차 서산으로 내려갔습니다. 그리고 이내 기온이 떨어지고 어둠이 깔렸습니다. 맹수들이 나뭇가지를 부러뜨리는 소리, 큰 동물들에게 먹히는 작은 동물들의 공포 가득한 눈빛과 외마디 소리 등 두려움에 질린 소리들이 사방에서부터 그의 귓가로 들려왔습니다. 이때 맥심은 정말 홀로임을 알게 되었습니다. 위험과 죽음과 살상이 난무하는 상황에서 정말 하찮고 아무런 보호도 받을 수 없는 자신의 현실을 깨닫게 되었습니다. 이 상황에서 하나님의 도우심 외에는 아무런 도움도 청할 수 없었습니다. 더 이상 주기도문과 사도신경을 반복할 수 없었습니다. 맥심은 소경 바디매오가 그랬던 것처럼 "주 예수 그리스도 하나님의 아들이시여, 내게 자비를 베푸소서."라고 외치기 시작했습니다. 그는 짐승들과 이들의 눈빛에 둘러싸여 잠을 잘 수 없었기 때문에 밤새 바디매오의 기도를 외칠 수밖에 없었습니다.

그러다가 아침을 맞았습니다. 맥심은 이제 동물들도 잠자리에 들 터이니 멈추었던 기도를 계속 하자고 생각했습니다. 그런데 이때 갑자기 허기가 찾아왔습니다. 허기를 해결하기 위해 나무 열 매를 따기로 맘먹고는 숲 속으로 들어갔습니다. 그 순간 맥심은 이글거리는 맹수들의 눈빛과 날 카로운 발톱이 숲 속 어딘가에 숨어 있을 것이라는 생각이 들었습니다. 그래서 한 발자국 한 발자 국 내디딜 때마다 기도를 되풀이했습니다. "주 예수 그리스도시여, 나를 구원하소서. 나를 도우 소서. 나를 도우소서. 나를 구원하소서. 나를 보호하소서." 열매를 따는 동안 여러 차례 이 기도 를 드렸습니다.

여러 해가 지난 후, 맥심은 연륜이 많은 금욕주의 수도승을 만났습니다. 그는 어떻게 쉬지 않 고 기도하는 법을 배웠는지, 맥심에게 물었습니다. 맥심은 "내게 쉬지 않고 기도하는 방법을 가르 쳐 준 것은 악마였습니다."라고 대답하였습니다. 그러자 노 수도승이 "내 자네를 이해한 듯하지 만 좀 더 잘 이해하도록 설명을 부탁하네."라고 하였습니다.

맥심은 시간이 지날수록 맹수 소리와 밤낮으로 도사리고 있는 위험에 익숙해졌습니다. 그런 데 이때 유혹이 다가왔습니다. 육체의 유혹, 생각의 유혹, 감정의 유혹이 밀려왔고, 후에는 좀 더 폭력적인 공격이 악마로부터 밀려왔습니다. 이때부터 맥심은 하나님을 향해 "자비를 허락하소 서. 자비를 허락하소서. 도우소서. 도우소서. 도우소서."를 계속해서 외칠 수밖에 없었습니다. 그 후 14년이 지난 어느 날 오후, 주님이 그에게 나타나셨습니다. 주님이 나타난 순간, 고요함과 평 화와 평정심이 그에게 임했습니다. 어둠이나 숲의 두려움이 사라지고 악마에 대한 공포도 다 거 두어 주셨습니다. 맥심은 이렇게 고백했습니다. "나는 이제서야 주님이 없이는 무력하고 어쩔 수 없는 존재임을 깨달았습니다. 그래서 고요하고 평화롭고 행복한 상황에서도 '주 예수 그리스도 하나님의 아들이시여, 내게 자비를 베푸소서.' 라고 계속 기도합니다." 맥심은 오직 하나님의 자 비 안에서만 마음과 생각의 평화, 몸의 휴식, 바른 의지가 가능함을 깨달았던 것입니다.

맥심은 분요가 있는 상황에서 기도하기를 포기한 것이 아니라 분요가 있기 때문에, 그리고 그 분요가 진정 위험하기 때문에 오히려 기도하였습니다. 우리가 큰 분요 가운데 있고 그 가운데 악 마가 우리를 잡아 삼키려고 숨어 있음을 깨닫는다면, 모든 인간과의 만남이 심판이고 위기며 그 리스도를 전할 상황임을 깨닫는다면, 우리의 삶 전체가 이러한 강력한 의미를 갖고 있음을 깨닫 는다면, 우리는 계속해서 울부짖으며 기도할 수 있을 것이고, 분요는 우리로 하여금 기도하게 하 는 조건이 될 것입니다.

우리가 기도에 대해 아무것도 알지 못하고, 삶 속에서 전혀 기도하지 않을 때, 어떻게 삶의 정황에서 기도하기를 배울 수 있겠습니까? 나는 다양한 상황에서 기도하기를 훈련하였습니다. 의학을 공부하던 때, 전쟁에 나가 있던 5년 동안, 사제직을 감당하는 동안 기도하기를 계속 훈련하였습니다. 당신이 기도할 만큼 단순하다면, 그렇게 기도가 됩니다.

아침에 일어나서 가장 먼저 당신이 할 일은, 특별히 기쁨을 느끼지 않더라도 하나님께 감사를 드리는 것입니다. "이날은 주님이 만드신 날입니다. 기뻐하고 즐거워합니다." 이렇게 기도하고 나서 스스로 기도한 내용이 무엇인지 그 의미가 무엇인지 과장하지 말고 깊은 확신의 차원에서 깨달아 알도록 하십시오. 그리고 일어나 몸을 깨끗이 하고 해야 할 일을 한 후 두 가지 확신을 갖고 다시금 하나님께 나아오십시오. 첫째는 당신이 하나님의 것이라는 확신이고, 둘째는 오늘이 하나님의 날이라는 확신입니다. 오늘은 이전에 결코 존재한 적이 없는 새롭고 신선한 하나님의 날입니다. 아직까지 누구도 가 본 적이 없는 신천지고 순수한 날입니다. 확신을 가졌으면 다음은 무엇을 해야 할까요? 다음으로 당신이 해야 할 일은 하나님께 오늘을 축복해 달라고 기도하는 것입니다. 오늘 이루어지는 모든 일은 하나님의 축복을 받아야 하고 하나님의 통치를 받아야 합니다. "오! 하나님, 나를 축복하소서." 탕자가 돌아와 받았던 축복을 받은 우리는 폭동이 난무한 세상에 나아가 이 축복을 나누어야 합니다.

오늘은 하나님의 축복을 받은 날입니다. 하나님이 세우신 날입니다. 하나님이 세우신 날 속으로 들어가 사십시오. 하나님의 복음을 맡은 자로 오늘을 살아가십시오. 만나는 사람마다 하나님의 방식으로 만나십시오. 주 하나님 아버지, 아들, 성령, 복음의 현존 안에 머무십시오. 이것이 오늘처럼 특별한 날 당신이 해야 할 목회 과제입니다. … 하나님의 아들 그리스도께서 겸손과 겸비함으로, 진리 가운데 박해를 받으면서 하나님의 이름으로 걸었던 그 길을 걸으십시오. 보통 우리는 하나님의 계명을 수행하면서 계명을 지켰을 때 어떤 놀라운 결과가 나타나는지 보고 싶어합니다. 종종 성인들의 생애를 읽으면 이런 기대감이 충족되곤 합니다. 예를 들면 누군가가 오른쪽 뺨을 때린다면 왼쪽 뺨까지 돌려대라는 이야기를 우리 자신에게 적용하기는 쉽지 않아도, 다른 사람이 이토록 놀라운 겸손을 통해 만들어 낸 신앙의 이야기는 듣고 싶어합니다. 그리고 그 이야기를 듣는 것만으로도 상을 받을 것이라 기대합니다. 그러나 그렇지 않습니다. 신앙에는 수행이 뒤따라야 합니다. 문제는 우리가 그럴 준비가 되어 있는가입니다. 오늘이 바로 하나님이 축복하신 날이고 하나님께서 선택하신 날임을 받아들인다면, 부드러운 사람이든 까다로운 사람이든 혹은 좋아하는 사람이든 싫어하는 사람이든 만나는 모든 사람이 바로 하나님의 선물입니다. 만나는 사람이 곧 우리에게 허락하신 하나님의 선물이라고 생각한다면… 매순간이 기도이고 하나님의 축복이 될 것입니다.

　쉼을 갖는 동안 나무와 건물 등 하나님의 세계를 바라보십시오. 그리고 하나님께 돌아가십시오. 계속해서 기도하려고 노력한다면 이내 지쳐버리고 말 것입니다. 그러나 순간순간 하나님의 시간에 참여한다면 쉬지 않고 기도할 수 있습니다.

– 안토니오 블룸^{Anthony Bloom}

「기도를 시작하라」(Beginning to Pray)

우리의 계획을 뛰어넘는 목회

　모든 목회자들은 월요일 아침이면 캘빈의 후예가 됩니다. 목회자들은 종종 주일의 목회가 준비한 대로 이루어지지 않음을 보면서 가장 효과적인 목회는 계획되지 않고, 의도적이지 않은 곳에서, 심지어는 아주 우연히 이루어진다는 진리를 경험합니다. 우리의 계획을 뛰어 넘는 목회가 있음을 예상하지 않는다면, 많은 사람들은 절망을 경험하게 될 것입니다.

　1737년 조나단 에드워즈는 노샘프턴(Northampton)에서 있었던 하나님의 놀라운 사역을 소개하고 있습니다. 이는 인간의 계획을 뛰어넘는 목회를 말할 때 늘 고전처럼 소개되는 이야기입니다. 예컨대 목회자 대부분은 꼼꼼하게 계획하고 정성스럽게 준비한 목회에 정진하다가 탈진한다는 것입니다. 탈진 상황에서 우리는 예기치 않은 은총 속으로 초대되는 경우가 있습니다. 기대하지 않은 순간 은총 가운데 거룩함과 고요와 자유와 평화의 순간을 경험합니다. 뭔가를 이루려는 자아의 욕망에서 벗어나 자연스럽게 흐르는 자유와 평화의 세계를 경험합니다. 거기에 다다르려는 노력 없이 어떻게 자연스럽게 거기에 이를 수 있을까요?

　나는 지난 봄 개선문에서 열렸던 제 5회 성 루이스 이야기대회 축제에서 그 대답을 찾았습니다. 대회 이야기꾼의 한 사람으로 초대받았던 나는 학교에서 가르치는 일을 하고 있었기 때문에 이야기를 많이 하는 편이었습니다. 그러나 이야기대회에 나가 이야기를 하는 일은 아주 드문 일이었습니다. 그래서 이야기대회 장소에 도착했을 때 흥분되기도 했지만, 한편으로는 두렵기도 했습니다. 제 옆자리에는 천부적 이야기꾼인 로라 심스(Laura Simms)가 뉴욕시를 대표하여 참가하고 있었습니다. 이때 "나는 진짜 이야기꾼은 아닌가 봐!"라고 말하면서 내가 경험하고 있는 두려움을 심스에게 털어놓았습니다. 그러자 심스는 내가 평생 잊지 못할 말을 던졌습니다. "너 그거 알아. 난 말이야 진짜 이야기꾼은 아무도 없다고 생각해. 그저 이야기만 있을 뿐이고, 우리 각자는 잠깐 동안 그 이야기들 중 하나를 옮겨주는 것이라고 생각해." 이 말에 나는 두려움이 사라지는 놀라운 경험과 함께 목회가 지닌 신비도 깨닫게 되었습니다. 결국 아무도 전문적으로 말을 장식하여 조작해 낼 수 없습니다. 존재하는 것이 있다면 말하는 그 순간 청중과 말하는 사람을 잇는 이야기만이 있을 뿐입니다. 누가 말씀의 담지자인지는 아무도 모릅니다. 심스는 내게 말을 지배하고 있는 척하는 대신 우리가 어떻게 말의 선물을 담은 그릇일 수 있는지를 보여 주었던 것입니다. 그리고 심스의 이야기는 바로 이어서 내가 말하고자 했던 이야기의 온전한 결론이 되었습니다.

이야기대회에서 나는 제롬 민츠(Jerome Mintz)가 쓴 「하시딤의 유산」(*Legends of the Hasidim*, University of Chicago Press, 1968)에 나오는 한 이야기를 기본 골격으로 이야기하였습니다. 이야기가 이야기 자체를 뛰어넘어 구체화된 사건을 만들어 내는 것을 보면 신비할 따름입니다. 제가 했던 이야기가 그런 이야기입니다. 이야기의 배경은 18세기 말 동유럽 보보브라는 마을입니다. 이 마을은 카르파티아 산맥의 북쪽 비옥한 땅으로 이루어진 갈리시아에 위치해 있었습니다. 하씨딕 공동체로 형성된 이 조그만 마을에서 한 유대인 랍비가 기도의 경건한 삶을 살고 있었습니다. 그러던 어느 날 한 부부가 랍비를 찾아와 몇 년을 기다려도 아기를 가질 수 없었노라고 하면서 아기를 가질 수 있게 기도해 달라고 하였습니다. 부부는 랍비의 기도는 하늘 문을 열 수 있다고 믿었습니다. 기도 요청을 받은 랍비는 그들을 위해 기도는 물론 이야기도 하나 들려주겠다고 하였습니다. 부부는 뛸 듯이 기뻤습니다.

랍비는 루블린의 위대한 랍비며 거룩한 예언자였던 야코프-이츠하크(Reb Yaakov-Ytzhak)와 함께 거룩한 절기를 보내고자 열망했던 세 유대인에 대한 이야기를 들려주었습니다. 야코프-이츠하크는 한쪽 눈이 보이지 않았지만 탈무드와 카발라의 지혜에 정통하여 '지구 한 쪽 끝에서 다른 쪽 끝에 이르기까지' 모든 세계를 볼 수 있었습니다. 사람들은 이 위대한 예언자 밑에서 공부하고 묵상하며 훈련받기 위해 루블린으로 몰려들었습니다. 야코프-이츠하크의 문하생이 되기를 원했던 세 유대인은 어느 가을날 아침 서둘러 여행을 시작했습니다. 음식도, 돈도 없이 이들은 걸어서 폴란드 국경을 넘었습니다. 그러나 몇 날 며칠 아무 음식을 먹지 못했고 배가 고파 더 이상 걸을 수가 없었습니다. 이때 한 친구가 말했습니다. "이봐. 루블린의 위대한 예언자를 만나러 가다가 유대인이 죽었다고 하면 덕이 될 수 없으니 우리가 먼저 살아야 하지 않겠어? 토라는 생명을 구하는 일을 위해서라면 어떤 일이라도 허용된다고 가르치고 있지." 이때 다른 친구가 우리 중 누군가 한 사람이 랍비인 척 변장을 하자고 제안했습니다. 누군가 랍비로 변장한 후 마을을 방문하면 마을 사람들은 랍비의 방문을 명예롭게 생각하면서 우리를 따뜻하게 맞아줄 것이 아니냐? 그렇게 되면 양식 문제는 해결될 수 있을 것이 아니냐? 이 제안에 모두 좋은 방법이라고 생각했습니다. 그런데 세 친구 가운데 그 누구도 스스로 속이는 일을 하고 싶어 하지 않았습니다. 그러나 누군가 어쩔 수 없이 랍비의 역할을 해야만 하는 상황이었습니다. 이들은 제비를 뽑아 제일 먼저 뽑힌 사람이 랍비 역할을 하고, 두 번째 사람은 랍비를 돕는 유사 역할을 하며, 마지막 사람은 그냥 소박한 마을 사람 역할을 하기로 하였습니다.

다음날 세 젊은이는 걸어서 한 마을에 이르렀습니다. 마을에 들어서자 마을 사람들은 동네 어귀까지 나와 기쁨의 환호성을 지르며 이들을 반갑게 맞았습니다. "랍비께서 오십니다. 랍비께서 오신다고요!" 마을 사람들은 이들을 여관으로 안내하였고, 여관 주인은 이들에게 필요한 것을 챙겨 주며 자기의 소원을 간절하게 쏟아냈습니다. "랍비여, 제 아들을 위해 기도해 주십시오. 지금 침상에 누워 죽기를 기다리고 있습니다. 의사들의 말로는 희망이 없다고 합니다만, 거룩하신 하나님께서 이 종의 기도를 들으시고 랍비를 보내 주셨나이다." 이 난감한 상황에서 랍비로 가장한 친구는 다른 친구들에게 신호를 보내어 지금 자신이 어떻게 해야 하는지 물었습니다. 친구들은 아무런 얘기를 하지 말고 그냥 소년의 아버지를 따라 가라고 눈짓을 주었습니다. 달리 할 수 있는 일이 아무것도 없었습니다. 랍비로 가장한 이상 끝까지 랍비처럼 행동하는 수밖에 없었습니다.

그날 저녁 세 사람은 잠을 잘 수가 없었습니다. 기도가 이루어지기를 소원한 여관 주인은 다음날 아침 랍비와 동행자들을 배웅하면서 남은 여행 기간 동안 사용하라고 마차와 마차를 끌 흑마 한 필을 내주었습니다. 그 길로 세 사람은 곧장 루블린으로 갔습니다. 이곳에서 이들은 루블린의 랍비에 매료되어 말씀을 공부하고 기도하는 데 몰두하며 신년제(Rosh Hashana)가 끝나고도 며칠을 더 지냈습니다. 랍비의 말씀과 해석은 이들의 생각과 골수를 관통하였습니다. 어느새 속죄일(Yom Kippur)이 끝나고 집으로 돌아갈 시간이 돌아왔습니다. 왔던 길을 되돌아 이전에 머물렀던 작은 마을에 들러 빌렸던 마차와 흑마 한 필을 되돌려 주기로 하였습니다. 마을이 가까워오자 랍비인 척했던 유대인은 두려움이 턱 밑까지 차오는 것을 느꼈습니다. 마을 어귀에 이르자, 여관 주인이 이들을 향해 힘차게 팔을 흔들며 달려오는 것이 보였습니다. 그새 달려온 여관 주인은 랍비 역을 맡았던 유대인을 꽉 껴안고는 눈물 흘리며 말했습니다. "랍비님! 제 아들을 위해 기도해 주셔서 감사드립니다. 랍비께서 저희 집을 떠나고 한 시간 후 제 아들이 침상을 털고 일어났습니다. 의사들 말로는 있을 수 없는 일이라고 합니다. 아들이 살아났습니다." 두 유대인은 이상하다는 듯이 랍비 역을 맡았던 젊은이를 물끄러미 쳐다보았습니다. 그럼 이 친구가 자기들에게 알리지 않은 진짜 랍비란 말인가?

후에 그 유대인은 두 친구에게 당시에 있었던 일을 설명해 주었습니다. 그날 랍비 역을 맡은 유대인은 친구들이 시키는 대로 여관 아들의 침상으로 가서 아무 말도 하지 않고 서 있었습니다. 그리고 마음으로 기도하기 시작했습니다. "만유의 대 주재시여! 여관 주인과 아들에게 내가 랍비인 척한 죄를 돌리지 마옵소서. 나는 무엇입니까? 나는 아무것도 아닙니다. 나는 랍비를 가장하고 있는 죄인입니다. 내가 떠난 후 만일 이 아이가 죽는다면 아이 아버지는 랍비가 아무것도 할 수 없었다고 생각하지 않겠습니까? 그러니 만유의 대 주재시여! 나를 보지 마시고 여기 여관 주인과 아들을 생각하셔서 이 아이를 치유하여 주옵소서." 그 유대인은 정말 이것 말고는 아무것도 한 일이 없다고 얘기해 주었습니다. 놀라운 것은 이처럼 꾸밈도 없고 우리의 생각을 뛰어넘는 기도가 응답되었다는 것입니다.

이 이야기를 마친 후 랍비는 자기를 찾아온 부부에게 약속했던 대로 이들을 위해 기도하겠다고 하였습니다. 피곤한 눈빛으로 하늘을 우러러보면서 자녀가 없는 부부의 고뇌를 안고 기도하기 시작했습니다. "만유의 대 주재시여! 여기 부부에게 내가 랍비라고 생각한 죄의 벌을 돌리지 마옵소서. 나는 무엇입니까? 나는 아무것도 아닙니다. 그저 랍비인 척하고 있는 죄인일 뿐입니다. 우리 모두가 척하는 죄인들입니다. 그러하오니 나를 보지 마시고 이 부부의 참을성 있는 신앙을 보시고 자녀를 허락하여 주옵소서." 보보브(Bobov) 마을 사람들의 증언에 의하면 1년 뒤 부부가 8일된 아들을 랍비에게 데리고 와서 할례를 받았다고 합니다. 그리고 이들은 들었던 이야기와 랍비인 척했던 유대인의 기도의 응답으로 아들을 얻었다고 고백합니다.

나는 그날 주일 아침, 랍비인 척했던 두 사람의 이야기에서 보듯 목회가 우리의 계산을 뛰어넘는 것이란 사실에 감명을 받고 개선문 아래에서 이 이야기를 감동적으로 들려주었습니다. 이야기를 마치면서 나는 모든 이야기꾼과 목회자들에게 이렇게 기도할 것을 제안했습니다. "만유의 주재시여! 여기 모인 사람들에게 내가 이야기꾼이라고 생각한 죄의 벌을 돌리지 마옵소서. 나는 무엇입니까? 나는 아무것도 아닙니다. 나는 그저 척하는 죄인입니다. 우리 모두가 척하는 죄인들입니다. 그러하오니 나를 보지 마시고 오늘 들은 이야기와 당신에 대한 이들의 믿음을 보시고 이들에게 치유의 은총을 내려 주옵소서." 나는 주님이 이 기도를 뿌리치실 수 없을 것이라 생각합니다.

내 학생이면서도 선생이기도 한 친구가, 자기는 남 섬기는 일은 잘하는 반면 손님이 되기를 배우는 것은 참 어렵다고 말해 주었습니다. 친구는 사람들에게 길을 안내한다거나 인도하면서 그들을 편안하게 해 주고 또 그밖에 다른 일들도 쉽게 처리할 수 있었습니다. 그러나 우아하고 겸손한 자세로 사람들의 섬김을 받고 누리는 것은 생각보다 어렵다는 것을 깨달았습니다. 종종 우리의 계획된 목회가 난국에 빠지는 것은, 우리의 생각을 뛰어넘는 목회를 허용하지 않았기 때문입니다. 오늘날 잘 훈련된 목회는 손님에게 효과적인 접대를 제공할 수 있습니다. 그러나 정말 목회가 우리 자신을 기쁨이 넘치는 손님이 되게 하는지는 의문입니다.

우리의 생각을 뛰어넘는 목회의 손님이 되어보십시오. 아마도 우리가 발견할 수 있는 최고의 즐거운 은총의 사건이 될 것입니다. 이 은총의 사건이 월요일에 자주 일어나게 하십시오. 의도한 목회가 힘을 다했을 때 루블린으로 향하던 노정을 되돌려 마을로 돌아오십시오. 그리고 주님이 제공하는 은총의 손님이 되어보십시오.

— 밸덴 레인[Belden C. Lane]

「크리스천 센트리」(*The Christian Century*)

하나님의 춤을 배우십시오

50여 년 전쯤 시드니 카터(Sydney Carter)는 '춤추는 주님'(The Lord of the Dance)이라는 제목의 고전 퀘이커교 찬송을 현대적으로 각색하여 새로 썼습니다. 이 찬송시의 독특한 점은 하나님을 우주적인 창조의 춤으로 그린 것입니다. 달과 별들과 태양으로 춤추는 하나님께서 이 땅에서도 춤을 추려고 베들레헴에 태어나셨습니다. 자비하심으로 우리를 자신의 춤판에 초청하시는 하나님은 어디로 가든지 우리를 인도하실 것입니다.

춤추는 하나님의 형상은 진정한 그리스도인의 삶이 무엇인지 완벽하게 그리고 있습니다. 진정한 그리스도인의 삶이란, 하나님의 운율에 맞춰 춤추기를 배우는 삶입니다. 그리스도인의 삶은 자신의 일을 하거나 자신의 춤을 추는 것이 아닙니다. 우리가 추는 춤은 혼자 추는 춤이 아닙니다. 가장 먼저 하나님과 함께 완벽하게 춤을 추신 분은 예수님이십니다. 예수님은 하나님과 하나가 되셨고, 모든 피조물과 조화를 이루셨습니다. 예수님이 밟은 춤의 스텝들은 성경에 잘 나와 있습니다. 더 좋은 것은 하나님과 추는 춤이 매주일 예배를 통해 계속된다는 사실입니다. 성만찬은 주님이 십자가에 달리고 태양이 빛을 잃었던 금요일에 춤추신 분의 운율입니다. 주님은 결코 죽지 않는 생명이십니다. 주님의 가장 큰 소원은 우리 안에 다시 사셔서 우리와 함께 계속해서 춤을 추는 것입니다.

그동안 우리는 성례전을 그냥 의례적인 일로 생각하려 했습니다. 세례와 성만찬을 특별한 은총으로 생각했습니다. 바티칸 제 2공의회는 성례전은 일이 아니라 예배행위라고 상기시켜 주었습니다. 예컨대 성만찬은 목회자가 집례한 어떤 일이 아니고 함께 모인 교회의 활동입니다. 우리가 성만찬을 이전에도 교회의 활동으로 생각했다면 그것은 교회에서 분배되었기 때문입니다. 그러나 1963년 바티칸 제 2공의회가 제정한 새로운 성례법(the Constitution on the Sacred Liturgy)에 따르면, "(성례에) 무엇보다도 먼저 고려해야 할 것은 모든 사람이 완전하고도 적극적으로 참여하는 것입니다."(14번)

성례를 행위로 생각한다면, 예전은 하나님이 초청한 춤으로 생각할 수 있습니다. 우리는 우리가 행하는 것에 영향을 받습니다. 예전이 춤이 되면 하나님은 장단을 맞추어 기본적인 추임새를 넣는 분이 됩니다. 사람에 따라 춤은 다른 모양으로 나타납니다. 몸이 다르고 삶이 다르고 관계가 다르듯이 춤도 다르게 나타납니다. 다양성은 춤추는 사람들이 일관된 유형과 통일된 방향으로 움직여야 한다고 생각하는 사람에게는 두려움이 됩니다.

그러나 하나님과 춤을 출 때 우리가 준수해야 할 고정된 형식이란 존재하지 않습니다. 춤추면서 예수님의 음악에 감동받아야 하지만 그렇다고 스텝까지 흉내 낼 필요는 없습니다. 춤의 이야기를 자신에게 적용해 보십시오. 예수님께서 성령이 충만하여 그러셨던 것처럼, 여러분도 성령이 충만한 춤을 즐겨보십시오. 오늘날 예수님께서 살아 계셨다면 춤을 추셨을까요? 우리는 그 대답을 알 길이 없습니다. 그러나 질문을 바꾸어 보십시오. 예수님께서 사람들을 사랑하였듯이 오늘 우리도 우리의 이웃을 사랑하고 있나요? 주님의 사랑으로 살아가는 것이 예수님의 장단, 곧 하나님이 주신 장단에 맞추어 춤을 추는 것입니다. 기본적인 장단은 같습니다. 그러나 그 스텝은 시간과 공간의 차이에 따라 다양하게 나타날 것입니다.

– 폴 버니어[Paul Bernier]

「성만찬: 삶 속에서 성만찬의 리듬을 만끽하며」(Eucharist: Celebrating Its Rhythms in Our Lives)

눈 속에 조용히 앉아

내면의 기도를 매일 수행하다 보면 기도의 깊은 맛을 경험하게 됩니다. 처음에는 아무것도 존재하지 않습니다. 그러나 염려가 사라지고 침묵이 깊어지면서 내면에 깊이 빠져들게 되면 주님께서 베드로를 부르셨던 바다 위에 내 자신이 서 있음을 발견하게 됩니다. 십자가의 성 요한(Saint John of the Cross)의 은유를 빌려 표현해 본다면, 그 길은 '내 마음의 빛 외에는 아무런 빛도 비추지 않는' 길입니다. 우리는 무(無)로부터 그분과 연합함으로써 우리를 부르시는 주님을 찾아 나섭니다. 비로소 하나님을 찾아야 함을 깨닫기 시작한 것입니다. 그러나 첫 번째 여정은 우리를 혼돈 가운데 던져 버립니다. 내면의 지혜는 "당신이 알지 못하는 분에게 이르기 위해서는 알지 못하는 길로 가야 한다."고 우리에게 일러 줍니다.

여러분이 지금 삶의 피상적인 영역에 머물러 있거나 기도를 해야 할 여러 가지 일 가운데 하나로 생각한다면 지금 여기서 내가 말하는 기도에 초대될 수 없습니다. 진정한 기도는 기도가 '오직 유일한 과제'가 될 때 시작됩니다. 기도의 오묘한 신비 속에 빠져들 때 비로소 온전한 차원에서 기도가 이루어집니다. 기도의 자리가 거룩한 자리가 되고 우리의 마음이 야곱의 사다리와 맞닿는 땅이 될 때 기도가 시작됩니다.

작은 녹색 사과가 하룻밤 사이에 근육을 긴장시키고 옆 사과를 곁눈질하면서 이를 악물었다고 해서 다음날 아침 튼실하고 크고 붉게 잘 익은 사과가 될 수는 없습니다. 아기가 탄생하기까지 충분한 시간이 필요하듯이, 장미가 피기까지 기다려야 하듯이, 진정한 자기가 탄생하기 위해서는 하나님의 때를 기다려야 합니다. 하나님을 기다리며 깨어 있어야 합니다. 우리 안에 감추어진 그분의 활동을 신뢰해야 합니다.

매섭게 춥고 별 하나 반짝이지 않는 어둔 밤을 걷고 있던 어떤 사람이 예상치 않은 곳에서 크고 따뜻해 보이는 집 한 채를 만났습니다. 그 집에 이르자마자 창 안을 들여다보았습니다. 집 안에는 따뜻한 벽난로 불 앞에서 자신이 평온하게 잠들어 있었습니다. 갑자기 그는 자기가 집 밖에 있다는 사실을 깨달았습니다. 자기의 삶은 풍요로운데 지금 밖에서 초라하게 떨고 있음을 깨닫습니다. 안전한 삶을 살아가고 있는데 지금 죽음의 문턱에 서 있습니다. 모든 것이 다 갖춰져 있는데 지금 메마르고 텅 빈 곳에 서 있습니다.

이 사람은 있는 힘을 다해 들어가게 해 달라고 소리치며 창문을 두드리기 시작합니다. 그러나 집 안에 있는 자신은 듣지 않습니다. 창문을 두드리면 두드릴수록 자기와 자신의 삶을 가르고 있는 유리 장벽은 두꺼워지고, 주먹은 고통으로 감각을 잃어갑니다.

오랜 시간이 흘러 그는 모든 노력이 허사임을 깨닫고는 눈 속에 조용히 앉았습니다. 침묵 가운데 자기 자신과 하나 되고 싶어 합니다. 무능력해 보이지만 이 욕망이 내면의 자기를 깨우고, 이 깨우침과 동시에 유리 장벽이 무너져 내립니다. 집이 사라지고 그제야 자기 자신은 줄곧 집에 있었는데 그 사실을 몰랐던 것임을 깨닫습니다. 밤은 실상은 빛이었고, 매서운 추위는 실상은 온전한 기쁨과 온전함으로 불타는 불이었다는 사실을 발견합니다.

이는 관상의 방법을 통해 얻은 깨달음입니다. 관상은 우리의 이해를 넘어 세례 요한의 신앙으로 깨어나게 합니다. 요한은 감옥에 있는 동안 "누구든지 나로 말미암아 실족하지 아니하는 자는 복이 있도다."(마 11:6)라는 예수님의 말씀을 받았습니다. 실제로 요한은 자신의 머리를 잃었다고 해서 모든 것을 다 잃은 것이 아님을 깨달았습니다. 요한이 잃은 것은 그저 그의 머리였습니다. 신앙을 지키다 보면 모든 것을 잃을 수도 있습니다. 그런데 우리는 자신을 버림으로써 왕보다 풍요로워진 자신을 발견합니다.

－ 제임스 핀리James Finley
「모든 곳이 머튼의 왕궁」(Merton's Palace of Nowhere)

그리스도를 품은 목회자

'그리스도를 품은 자, 하나님의 형상, 거룩의 상징' 톰은 자동차를 주차시키고 병원 엘리베이터에 오르면서 이 개념들을 마음에 되뇌었습니다. 그는 설교, 교육, 상담, 세례, 장례식, 성만찬과 같은 목회의 모든 과제를 생각하면서 스스로에게 물었습니다. "이 모든 목회 기능을 감당하면서 여전히 그리스도를 품은 목회자가 될 수 있을까?" 특히 어제 수술이 불가능한 악성 종양이 발견되어 803호 병실에 입원중인 존스(Juanita Jones)에게 자신이 그리스도를 품은 목회자가 될 수 있을지를 생각하자 마음이 더욱 무거워졌습니다.

톰은 삶과 목회에서 예수 그리스도를 대변해야 하는 문제에 직면해 있었습니다. 그리스도를 품는 자가 되어야 하는 과제는 복음서의 핵심을 이루고 있습니다. 하나님의 형상으로 창조된 우리는 그리스도로 말미암아 새롭게 되어 교회 안에서 종의 삶을 살아야 합니다. 이러한 목회적 영성의 뿌리는 목회의 열매로 익어 가야 합니다.

그리스도를 품은 목회자의 상징은 목회자의 존재로부터 행위로 옮겨 가게 합니다. 영성은 인식을 포함하지만, 인식을 넘어 삶의 스타일과 특정한 목회 형식으로 확장되어 갑니다. 여기서 우리는 "목회자의 영성이 어떻게 목회를 수행하는 가운데 표현되는가?"라는 물음을 묻게 됩니다. 목회자가 하나님의 부름을 받고 그리스도 안에서 하나님의 뜻을 대변하는 구별된 사람이 되었다고 주장하게 될 때, 이러한 목회자의 자의식이 목회 수행에 어떤 영향을 미치는가 하는 것입니다.

그리스도의 형상으로서의 목회자가 거룩한 형상을 갖게 될 때 존재가 행위가 되기 때문에 존재로부터 행위로 적절하게 전환하게 됩니다. 하나님의 형상으로서의 목사의 존재가 곧 목회의 수행이 됩니다. 이러한 존재 형식은 목사의 노력에 의해 창조되거나 강화되지 않습니다. 존재 형식은 은사이며 부름입니다. 성만찬과 같이 의미는 행동 속에서 경험됩니다.

목사를 그리스도 현존의 구현으로 볼 때, 목사는 더 이상 분위기 창출자, 심리 치료사, 혹은 경영인이 아니라 구체적인 행위 안에서 하나님의 뜻을 실현하는 영적 안내자 혹은 지도자가 됩니다. 이러한 이해의 빛에서 목사는 하나님의 부르심을 받은 소명자로서 예수 그리스도를 품은 목사가 됩니다. 그렇다고 목사가 마땅히 해야 할 설교, 경영, 상담, 사회 참여를 소홀히 하지는 않습니다. 오히려 그리스도를 품은 목사는 그리스도의 대변자로서 목회의 다양한 과제들을 수행합니다.

— 벤 캠벨 존슨Ben Campbell Johnson

「목회의 영성」(Pastoral Spirituality)

목사들은 관상적 삶에 누구보다도 철저해야 합니다. 이 말은 하나님께서 우리에게 주신 신뢰의 삶을 살아야 한다는 뜻입니다. 이것이 바로 기도의 본질적인 삶입니다.

— 헨리 나우웬Henri J. M. Nouwen

「크리스천 센트리」(Christian Century)

먼저 우리는 하나님께서 선의 시작이고 중간이며 마지막인 것을 알아야 합니다. 우리가 예수 그리스도와 성령 안에 거하지 않고서는 선에 대한 믿음을 가질 수도 없고 선을 행할 수도 없습니다.

「성 니코디모스」(St. Nikodimos)

퀘이커 영성
(Quaker Spirituality)

20세기 미국에 가장 깊은 인상을 준 신비주의자 가운데 한 사람인 토마스 켈리(Thomas R. Kelly, 1893~1941)는 퀘이커 전통을 소개하면서 다음과 같이 서술한 바 있습니다.

우리가 인식하든 인식하지 못하든 거룩하신 하나님께서는 침묵 중에 우리를 지켜보고 계십니다. 우리의 기획과 주님을 향한 은사와 의무는 영원한 하나님께 거하는 우리의 존재 근저, 정중앙, 거룩한 심연 속에서 계속해서 새로워집니다. 우리가 하고 있는 것 중에 많은 것이 우리에게 중요하게 보입니다. 이 일들이 너무 중요하기 때문에 우리는 이 일들을 거절할 수 없습니다. 그러나 중심을 내려놓고 삶보다 더 소중한 거룩한 침묵 가운데 거하면, 예컨대 마음을 온전히 열어 주님의 인도하심 따라 버릴 것을 버리고 나면 우리를 위해 했던 많은 일들이 더 이상 의미가 없어지게 됩니다. 우리가 하고자 했던 일과 애써 왔던 일들에 대한 재평가가 이루어집니다. 그리고 나서 우리가 무엇을 해야 할지 무엇을 버려야 할지를 알게 됩니다.

거룩하신 하나님께서 침묵 중에 우리를 지켜보고 계신다는 켈리의 확신은 켈리에게만 해당되거나 퀘이커 교도들에게만 해당되는 것이 아닙니다. 하나님의 인도하심을 받은 사람은 누구나 진정으로 하나님에 대해 말하는 순간 하나님 앞에 서게 되고 어떤 생각이나 욕망도 하나님을 인식하는 것이라는 사실을 깨닫게 됩니다. 물론 켈리는 자신의 영적 중심에 하나님이 항구적으로 현존하심을 누구보다도 직접적으로 표현하고 있습니다. 이를 두고 켈리는 '거룩한 심연'이라고 부릅니다. 우리의 중심은 우리 것이 아닙니다. 경이로운 것이 우리의 깊이에서 일어납니다. 영원한 하나님의 신비 그 자체가 우리 존재의 기반에 거하시며 또한 우리 존재의 기반입니다.

다시 한 번 말하지만 이러한 통찰은 새로운 것이 아닙니다. 다만 사용하는 용어가 새로울 뿐입니다. 그 이유는 개인적 경험에 기초한 용어를 사용하기 때문입니다. 켈리의 글은 논문이 아니고 증언입니다. 그는 자신의 존재 기반을 경험하였습니다. 영원하신 분이 스스로를 계시하신 것입니다. 하나님의 심연이 그 자신의 깊은 중심이 됩니다. 따라서 자신의 삶 안에 있는 모든 것이 변했습니다. 이제 일상의 것들이 중요하지 않습니다. 동시에 일상의 모든 것이 중요합니다. 모든 것이 다양합니다. 그러나 많은 것들은 처음 존재하는 것처럼 존재합니다. 켈리는 이 놀라운 역설에 주목합니다.

위 구절에서 켈리가 정말 관심한 것은 설교자와 개인의 삶이었습니다. 하나님의 현존이 우리의 일상이 될 때 하나님을 위해 무엇을 하며 하나님께 무엇을 드릴 것인가와 같은 거룩한 직무는 새로운 형태로 변할 것입니다. 우리가 해야 할 거룩한 의무는 사라지지 않습니다. 그리고 이러한 의무가 잘못되거나 부적절한 것이 아닙니다. 다만 이들 의무가 목적이 아니고 수단임을 깨닫게 됩니다. 스스로를 수단에 입각해 생각했던 것을 분별해 냅니다. 분별을 통해서 구제 활동이나 심지어 중보 기도까지도 꼭 해야 하는 당위가 아님을 보게 됩니다. 이러한 행위는 본래적인 것이 아닙니다. 본래적인 것은 이러한 일을 하게 하신 분이 하나님이라는 사실입니다.

바로 이것이 켈리가 영성의 깊이에서 재정립하고자 고민했던 영역입니다. 켈리는 앉아서 이 일을 설명하기 위해 글을 쓴 것이 아니고, 도덕적 개혁에 필요한 교훈을 정리한 것도 아닙니다. 다만 놀라움으로부터 어떻게 자신의 정신세계와 자아가 재정리되는지를 보고하고 있는 것입니다. 하나님께서 그에게 나타나셨습니다. 하나님은 이제 추상이 아니고 실제가 되셨습니다. 따라서 철학 교수요 남편이며 아버지이자 1930년대 펜실베이니아 퀘이커 교도들을 이끌고 있던 등불로서의 그의 삶이 적어도 내면에 있어서는 극적인 변화를 경험하였던 것입니다.

겉으로 보면 켈리는 단지 이전보다 더 기뻐하고, 친구들과 더 많은 유머를 즐기는 정도였습니다. 그러나 켈리와 깊은 우정을 나누었던 친한 친구들은 엄청난 일이 그의 내면에서 일어났음을 감지하였습니다. 이제 그는 완전히 하나님께 복종하여 빛의 인도를 받고 있음을 경험하였던 것입니다.

다른 사람들에게 자신의 경험을 서술하고자 했을 때, 그는 하나님께 사로잡혔던 경험이 이완되는 것을 느꼈습니다. 그는 더 이상 미국 행동주의의 희생자가 될 수 없다고 생각했습니다. 최선을 다할 수는 있지만 자신을 극복할 수는 없습니다. 최선을 다한다고 해도 자신의 힘을 넘어 선한 일을 할 수는 없습니다. 우리가 기획한 일들이 궁극적인 것이 아닙니다. 우리가 하는 일들이 중요하긴 하지만 꼭 해야 하는 당위가 되지 못합니다. 이제 켈리의 삶에서 궁극적인 것은 행함이 아니라 존재입니다. 새 보물은 말이 아니라 침묵입니다.

켈리의 이야기를 정리하자면, 그의 증언은 행함에서 경험된 것이 아니고 존재에서 경험된 것입니다. 그가 이전에 궁극적이라고 생각했던 것이 이제는 생명력을 잃었습니다. 더 이상 죽느냐 사느냐의 문제가 되지 못한다는 것입니다. 왜냐하면 하나님의 활동이 그의 의식 속으로 들어오셨기 때문입니다. 이제 그는 무엇을 해야 할지 그리고 무엇을 포기해야 할지를 압니다. 그로 하여금 분별하게 하는 원리는 자신의 지성이나 의지가 아니고 하나님의 현존이기 때문입니다. 이제 그의 영혼 속에 새롭고도 바른 질서가 생겨나기 시작합니다. 그는 개념으로뿐 아니라 실제로 하나님이 모든 것이며 자기는 아무것도 아니라는 사실을 깨닫습니다. 음식을 씹어 맛을 느끼듯이 하나님께서는 죽은 돌을 가지고도 아브라함의 자녀를 일으키실 수 있음을 경험합니다. 소크라테스처럼 그는 종종 무질서로 안내하였던 행위의 경로, 심지어는 사유의 경로를 벗어나라는 내면의 목소리를 듣습니다. 그러나 소크라테스와는 달리 강한 끌림을 경험합니다. 그리고 자신의 내면의 목소리나 빛을 만군의 주 우리의 창조자의 현존으로 생각합니다.

여기서 우리는 퀘이커의 두 정언명령이 영적으로 통합된다고 말할 수 있습니다. 전체적으로 말한다면, 사랑이신 하나님과 하나가 되는 것입니다. 좀 더 적극적으로 표현한다면 우리 자신을 하나님의 통합하시는 은총에 내어주는 것입니다. 진정한 신비가들과 마찬가지로 켈리도 하나님과의 연합의 절정은 능동적이기보다는 수동적인 데 있음을 보고하고 있습니다. 하나님은 하나가 될 것을 명하심으로 사회적 관심을 분명하게 하시는 분이십니다. 하나님의 행하심을 통해 하나님과 하나 됨으로, 무엇이 진정 중요하고 무엇이 인간의 욕망인지를 분별하게 됩니다. 하나님과 하나 됨으로, 우리는 생각과 마음의 변화를 받아 세상적인 추론을 넘어 마땅히 해야 할 기독교인의 삶을 살게 됩니다. 그리스도의 마음을 실제로 경험하면 자신이 새로운 피조물이 되었음을 깨닫게 됩니다.

하나님과 하나 되어 하나님을 사랑하는 것은 값비싼 진주와 같습니다. 철저하게 관상하게 하고 철저하게 행동하게 합니다. 존재의 뿌리에서 우리의 '그저 그러함'과 '그래야 하는 것'이 전혀 새롭게 구성되는 것처럼 보입니다. 우리의 말이 하나님의 성령에 사로잡혀 마음으로 전달되지 않는다면 우리는 아무것도 만들어 낼 수 없습니다. 하나님만이 사람들에게 복음을 이해시킬 수 있습니다. 하나님만이 하나님을 살아 있게 하고, 우리 자신보다도 더 가깝게 실재 그 자체이신 하나님을 경험할 수 있게 합니다.

우리의 할 일은 이러한 은혜와 변화를 열망하는 것입니다. 우리는 변화를 만들어 낼 수 없습니다. 다만 그 변화를 열망할 뿐입니다. 좁은 시각에서 보면 이러한 열망은 자신의 뜻이 아니고 아버지의 뜻이 이루어지기를 기도했던 예수님의 기도와 모순이 되는 것처럼 보입니다. 그러나 실제로는 모순되지 않습니다. 열심히 하나님을 바라게 될 때, 우리는 하나님의 이름이 거룩해지고 하나님의 나라가 임하며 하나님의 뜻이 이루어지기를 열망하게 됩니다. 성숙해 갈수록 하나님께서 흥하고 우리는 망하기를 열망합니다. 하나님만이 거룩하고 능력이 있으시며 영원하십니다. 우리는 하루를 사는 피조물이요, 풀일 뿐입니다. 풀은 시들고 꽃은 사라지지만, 주님의 말씀은 영원합니다.

하나님과 하나임을 아는 지혜와 하나님의 말씀은 하나님이 사랑이시며 무한히 창조적임을 가르쳐 줍니다. 하나님 안에는 막다른 골목이 없습니다. 때문에 하나님과 연합함은 정치적인 희망을 가져다줍니다. 이스라엘과 아랍인들이 마드리드에서 중동의 평화 협상을 위해 함께 앉았습니다. 그동안 서로 으르렁거렸던 원수들이 대화의 테이블에 앉은 것은 바람직한 일입니다. 그러나 이들 회담의 결과에 대해서는 아무도 낙관하지 않습니다. 그러나 미국의 우호봉사위원회는 비관하지 않습니다. 우리는 지난 10여 년이 넘도록 대화와 화해를 촉구해 왔고 하나님께서 함께하시면 불가능한 일이 없다고 생각합니다. 특별히 영적 세계는 하나님의 창조성과 자유가 넘실대는 세계입니다. 누가 동유럽과 소련에서 비인간적인 공산주의 시대가 끝나고 영적으로 승리하는 시대가 오리라고 예견이나 했겠습니까? 그러나 영적으로 깨어 있으면서 침묵 가운데 인간의 냉소주의를 불식하고 역사에서 하나님의 뜻을 가장 중요하게 생각했던 사람들은 새로운 시대를 예견할 수 있었습니다.

– 존 카모디[John Carmody]
「영적 삶」(*Spiritual Life*)

적절한 물음

내 사위되는 존슨이 한번은 경건한 삶으로 명성 높은 한 하시디즘 랍비에 대한 이야기를 들려주었습니다. 어느 날 그는 헌신적인 젊은 제자로부터 예상치 않은 상황에 직면하게 되었습니다. 감정에 복받쳐서 그 젊은 제자는 소리쳤습니다. "선생님, 사랑합니다." 그러자 랍비는 책에서 눈을 떼면서 물끄러미 열정 가득한 제자를 올려다보았습니다. "내 아들아! 네가 나에게 얼마나 상처를 준 줄 아느냐?"

젊은 제자는 몹시 당황스러웠습니다. 자신을 겨우 진정시킨 후 더듬으면서 말을 이어갔습니다. "선생님! 선생님의 질문을 이–해–못–하–겠–는–데–요? 저는 다만 선생님이 제게 얼마나 소중한 분인지 말씀드리려 했던 것입니다. 선생님의 부적절한 질문이 나를 혼동시키고 있습니다."

"내 질문은 혼동을 주는 질문도 아니고 부적절한 질문도 아니니라."라고 랍비가 받았습니다. "그 이유는 네가 나에게 상처를 준 것을 이해하지 못했다면 나를 진정으로 사랑한 것이 아니기 때문이니라."

– 매들린 엥겔^{Madeleine L'Engle}
「물 위를 걸으며」(Walking on Water)

먼저 해야 할 일들

너무도 오랫동안 우리는 기독교인의 삶을 이것이냐 저것이냐 식의 양분된 것으로 생각해 왔습니다. 한편에서는 정치, 경제, 사회에 관심 갖는 것을 기독교인의 우선적 과제로 여기다 결국 지치고 절망에 빠지고만 경우가 있었습니다. 그런가 하면 교회를 사회로부터 분리시키고 교리를 순수하게 지키는 활동을 기독교인의 삶으로 생각한 경우도 있었습니다. 우리의 근본적인 지향점은 어떤 제도에 맞춰질 수 없고, 심지어는 다른 사람들에게 맞춰질 수도 없습니다. 우리가 바라보아야 할 분은 하나님이십니다. 우리가 누구인지 그 대답을 하나님 안에서 찾지 않는다면, 우리는 결코 우리가 누구인지 또 무엇을 해야 하는지 알 수 없을 것입니다. 우리의 처음 행위는 기도여야 합니다. 인간이 된다는 것은 기도하고 밤낮으로 하나님의 사랑과 활동에 대해 묵상하는 것입니다. 우리는 끊임없이 우리 안에 계신 하나님으로 인해 구성되고 변형되도록 부름받았습니다. 기도는 집중해서 드리는 훈련된 헌신입니다. 단순한 마음으로 집중하여 드리는 기도가 아니라면, 가치 있는 목소리를 들을 수도 없고 비전도 볼 수 없을 것입니다.

오늘날 우리는 세계가 생각하는 방식으로 생각하며 살아갑니다. 왜냐하면 우리의 생각을 하나님의 기준에서 생각하지 않기 때문입니다. 하나님께 집중함으로써만 우리는 지혜에 이르는 황홀을 경험할 수 있습니다. 기도는 일이고 집중하는 훈련입니다. 또한 기도는 자신을 담대하게 버림으로써 인간의 일상을 영적인 삶으로 인도하시는 하나님을 향한 개방입니다. 우리는 일하고 기도하도록 부름받았습니다. 그러나 기도하지 않고 하나님을 주목하지 않는다면 우리의 일은 소명이 되기보다는 단조롭고 고된 일이 되고, 의미 있는 삶이 아니라 의미 없는 활동이 되며, 심지어는 사회 정의를 위한 일까지도 진정한 인간 삶을 위한 것이기보다는 자기 의와 자기 섬김의 수단이 될 것입니다.

기도는 기독교인의 삶의 중심입니다. 기도는 하나님과의 연합이며, 하나님의 현존에 대한 인격적 응답입니다.

– 존 웨스터호프 3세와 유스든John H. Westerhoff III and John D. Eusden

「영적 삶: 동방과 서방으로부터 배우는 교훈」(The Spiritual Life: Learning East and West)

하나님 사랑과 이웃 사랑

"하나님 사랑과 이웃 사랑은 어떤 관계입니까?" 정확하게 어떤 방식으로 하나님 사랑과 이웃 사랑이 함께 묶여 있을까요? 이 둘이 서로 뗄 수 없는 관계로 묶여 있을까요? 아니면 분리될 수 있을까요? 어느 한 사랑이 다른 사랑보다 더 중요할까요? 어느 한 사랑이 다른 사랑보다 더 우선이 될까요? 다른 사랑이 없이도 이 사랑이 가능할까요? 이 두 사랑은 서로 다른 질서에 속하는 사랑일까요? 예컨대 우리가 이웃은 직접적으로 사랑하면서 하나님은 간접적으로만 사랑하는 것일까요?

이 물음들은 이웃을 향한 우리의 사랑뿐 아니라 이웃을 향한 하나님의 사랑에 대한 물음으로 이해될 수 있습니다. 여러분은 하나님이 사랑하는 이웃이 누구인지를 물음으로써 여러분의 이웃이 누구인지를 발견합니까? 우리의 이웃을 향한 하나님의 사랑은 여러분에게 요구하는 바가 있습니까? 우리의 이웃이 누구입니까? 멀리 있는 사람보다는 가족이나 친구가 우리의 이웃입니까?

다른 물음들처럼, 우리의 대답뿐 아니라 물음에 대한 해석 또한 매우 중요합니다. 삶에서 우리는 행위와 말로 대답을 분류하였습니다. 대답은 물음에 대한 이해와 그 이해가 갖는 영적 삶의 중요성을 반영하고 있습니다. 지금 가능한 한 다음의 물음에 대해 답해 보십시오. "하나님의 사랑과 이웃 사랑의 관계는 무엇입니까?" 당신의 삶을 돌이켜볼 때 당신의 대답은 어제나 오늘이나 언제든지 똑같았습니까? 이 물음에 대한 당신의 이해에 있어서 어떤 부분이 가장 결정적인 영역입니까? 하나님 사랑과 이웃 사랑의 결과가 가족과 친구, 나그네와 적들에게 어떻게 다가가게 합니까? 충분한 시간을 갖고 이 물음에 답해 보십시오. 자신의 대답을 소중히 여기고 대화의 출발점을 소중히 여기십시오.

– 헨리 시몬스^{Henry C. Simmons}
「신비가들의 발자취」(*In the Footsteps of the Mystics*)

관상이 없는 사람들은 망한다

기독교인들에게 관상이라는 용어는 가슴을 뛰게 하는 말입니다. 이 말은 다소의 바울이 증언했던 '삼층 천'(고후 12:1), 아빌라의 테레사(Teresa of Avila)가 말했던 '상처 입은 그리스도'의 환상, 이그나티우스 로욜라(Ignatius Loyola)가 보고 경험했던 '거룩하신 존재', 노자가 인식한 도의 영적 본질 같은 것을 생각나게 합니다. 여기서 나는 믿고 사랑하는 모든 사람들에게 열려진 관상에 대해 말하기를 원합니다. 관상은 무엇이며, 어떻게 관상의 세계에 도달할 수 있습니까?

월리엄 맥나마라(Carmelite William McNamara)는 관상을 실재와의 즉자적 연합에 이르는 길인 '실재에 대한 경험적 인식'이라 불렀습니다. "우리는 사물을 연구할 수 있습니다. 그러나 이 사물들과 직관적인 연합에 들어갈 수 없다면 사물에 대한 어떤 것을 아는 것일 뿐 사물을 아는 것이 아닙니다. 어린아이든 포도주잔이든 아름다운 식탁이든 무엇인가 사랑의 마음으로 긴 시간을 두고 바라보십시오. 그 바라봄이 바로 자연스런 관상의 행위고 사랑으로 존중하는 행위입니다."

나는 "실재를 긴 시간을 두고 사랑의 마음으로 바라보십시오."라는 표현보다 더 실감나는 표현을 기억해 낼 수 없습니다. 모든 단어 하나하나가 중요합니다. 실재라는 말은 멀리 떨어진, 하늘에 있어 손에 잡히지 않는 추상적인 하나님이 아닙니다. 실재는 맥박이 뛰는 사람이고 불이며 얼음입니다. 숲을 껑충껑충 뛰어다니는 순한 암사슴이며, 바위산 위로 떠오르는 태양입니다. 실재란 부르고뉴 지방의 적포도주 잔이며, 베토벤의 9번 교향곡 환희의 송가이고, 초콜릿 아이스크림콘을 빨아먹는 어린아이이며, 바람에 머릿결을 날리며 성큼성큼 달리는 여인입니다. 실재란 수난에서 얻은 영광스런 상처를 지닌 부활하신 그리스도이십니다. 역설적이게도 관상은 추상이 아닙니다. 관상하는 것은 가장 실재적인 것입니다. 예컨대 철학자들이 구체적인 단자라 부르는 것입니다.

여기 실재하는 것은 내가 보고 있는 것입니다. 나는 실재를 분석하거나 실재를 놓고 논쟁하지 않고, 묘사하거나 정의를 내리지도 않습니다. 나는 실재와 하나입니다. 흐르는 시내를 바라보면서 '아, H_2O가 있네!' 라고 외치지 않습니다. 그저 물이 살랑살랑 내 잔등을 스쳐 지나가게 놔둡니다. 갈보리의 구속적 의미에 대해서 신학화하지도 않습니다. 못자국 난 주님의 손을 보면서 내 손에 못이 찔린 것처럼 생각합니다. 생각뿐 아니라 눈과 귀, 냄새와 촉각과 맛을 경험합니다. 그런데 비인간적인 서구 전통에서 훈련받은 우리는 감정과 욕정을 부끄러운 것으로 여깁니다. 저명한 영화 비평가인 월터 커(Walter Kerr)가 관상을 사랑에 빠지는 것에 비교한 것은 흥미 있는 일입니다. 단순히 누군가의 키, 몸무게, 피부색, 조상, 지능 지수, 습득된 습관을 인식하는 것을 넘어 "눈을 마주보고 행복한 감정의 말을 나누게 되면 몰입되고 소박한 떨림이 있는 기쁨을 경험하게 됩니다. 개인적이고 단일하며 독특한 어떤 것 자체가 만져지고 또 만져지는 것을 통해 인식됩니다."

지긋이 바라봄이란, 곧 긴 시간을 두고 바라봄을 의미합니다. 미국인 가운데 많은 사람들이 시간을 스톱워치이며 돈이라 생각합니다. 그리고 생명은 시간과 반대로 달리는 경주라고 생각합니다. 관상한다는 것은 쉼을 갖는 것입니다. 곧 실재 안에서 쉼을 갖는 것입니다. 생기도 없고 활기도 없는 게으름이나 불활성의 쉼이 아닙니다. 내 전 존재가 살아나고 실재의 모든 맥박에 진동하며 믿을 수 없는 반응을 보입니다. 예컨대 내 존재를 느끼는 순간 시간을 측정하는 것은 부절적합니다. 뉴욕 필하모니를 듣고 있으면 시간을 잊어버리게 되고, 최후의 만찬에 참여하면 시간 가는 것을 개의치 않게 됩니다.

긴 시간을 두고 바라봄은, 사랑스런 바라봄이어야 합니다. 어떤 고정된 응시나 유다를 바라다보는 시선이 아닙니다. 우리가 바라보는 실재는 나를 사로잡고 때로는 나를 기쁘게 합니다. 차이코프스키의 백조의 호수나 랍스터 카디널(Lobster Cardinal), 시인들의 글 속에 나오는 하나님의 은총이나 그리스도의 눈에 담긴 연민의 실재가 무엇이든 또 누구이든, 관상은 사랑을 불러일으키며 타자와 하나가 되게 합니다. 그 이유는 관상은 공부가 아니라 사랑에 빠지는 것이기 때문입니다.

물론 관상에는 언제나 기쁨만 있는 것은 아닙니다. 실재는 죄와 전쟁, 가난과 인종 차별, 질병과 죽음을 포함합니다. 에이즈와 낙태, 인종 차별과 다발경화증(MS, Multiple Sclerosis), 더부룩한 배와 성장을 멈춘 생각, 호흡 작용과 마지막 숨이 다 실재입니다. 그러나 이러한 삶의 비극적인 실재를 관상하면서도 내가 관상하는 실재는 연민으로 끝나야 합니다. 그리고 그리스도를 닮은 연민은 사랑입니다.

이러한 연민으로부터 연합이 옵니다. 하나님의 창조와 하나님의 사람과 하나님의 자아와 깊이 만남으로 성령을 발견합니다. 사랑은 타자를 위해, 절대자를 위해 드리는 희생입니다. 이 말은 "남성과 여성이여! 하나님의 영광이 살아 있게 하라."는 2세기 이레나이우스 감독의 말을 생각나게 합니다.

그러면 이 관상을 어떻게 실현할 수 있을까요? 몇 가지 제안을 하겠습니다.

첫째, 사막의 경험을 가지십시오. 성경과 구원 역사와 사막 교부들의 경우를 보면, 사막의 경험은 처음에는 고독과 광활함과 통제할 수 없는 삶과 죽음의 힘을 지닌 채 우리에게 광야로 다가옵니다. 사막에서 우리는 분명하고도 순수한 용어로 삶의 가치를 깨닫습니다. 맥나마라의 글에 나오는 것처럼 시작, 탐구, 평가의 능력을 일으키는 경험은 일상적인 삶의 패턴을 중단시키고 일상적인 경건을 멈추게 합니다. 그리고 통계 수치로 평가된 자신에 대해 인식하는 것이 아니라 진정한 자기 자신을 경험합니다. 하나님에 대한 추상적 개념이나 신학으로써 하나님을 인식하는 것이 아니라 신학이 말하는 보다 신비하고 전능한 하나님을 경험합니다.

둘째, 축제의 감정을 발전시키십시오. 조셉 피퍼(Josef Pieper)가 말한 대로 축제란 뭔가의 목적에 닿아 있을 때 생기는 것이 아니라 그 자체가 의미 있는 활동에 거하게 될 때 일어납니다. 축제는 포기를 요청합니다. 축제를 위해서 우리는 일상의 시간으로부터 물러나야 합니다. 축제란 사랑으로부터 생기는 시간이고, 그 표현은 기쁨입니다. 축제는 세상을 긍정하는 것이고, 사물의 실재를 긍정하는 것이며, 남자와 여자의 존재를 긍정하는 것이고, 세계의 창조자를 긍정하는 것입니다.

셋째, 축제와 밀접하게 연관된 것으로 놀이를 즐기십시오. 어리석게 어슬렁거리지 마십시오. 축제는 프란시스 톰슨이 셸리에 대한 그의 글에서 시인의 은사를 아이의 모방할 수 있는 능력에 비유하였을 때 의미했던 무한대의 능력을 일으킵니다. 축제는 나이가 들어 삶의 감동을 잃고 처세술이 발달하여 지혜로워져서 모든 것이 설명될 수 있다고 생각할 때 상실하게 되는 경외감을 요구합니다. 당신의 상상력이 생각과 함께 발동하게 하십시오. 살아가게 하십시오. 사랑하십시오. 더 나아가서 어두움의 심연에서조차 희망을 멈추지 마십시오.

넷째, 하나님이든 인간이든 고정된 대리석이나 자유로이 흘러가는 개울이든 그 무엇이든 당신을 기쁘게 하는 대상을 소유하려 하지 마십시오. 여기서 형언할 수 없이 내 삶에 영향을 주었던 월터 커의 글을 인용해 보겠습니다.

기쁨이 넘치는 삶을 원한다면, 우리는 자신과 세상 속에서 뭔가를 포기하지 않으면 안 됩니다. 다음과 같은 금언이 있습니다. '손 안에 있는 한 마리 새가 숲 속에 있는 두 마리 새보다 낫다.' 그러나 우리가 조류학자가 아니라면, 자연사 박물관장이 아니라면, 식당에 종달새를 조달하는 이탈리아 상인이 아니라면 이 말은 설득력이 없습니다. 손 안에 있는 한 마리 새는 결코 새가 될 수 없기 때문입니다. 손 안에 있는 새는 표본에 불과하든지 식탁의 음식이 될 것이기 때문입니다. 새들은 숲에 있거나 날갯짓을 하며 날아오를 때에만 새일 수 있습니다. 새의 가치는 분별할 수 있고 어느 정도의 거리가 있을 때만 인식될 수 있습니다.

　　다섯째, 실재를 오랜 동안 지긋한 태도로 사랑스럽게 바라보았던 소중한 사람들과 친구 관계를 맺으십시오. 제가 말하는 사람들이란 아브라함과 마리아 같은 성경의 인물, 안디옥의 이그나티우스(Ignatius of Antioch)와 마틴 루터 킹(Martin Luther King) 같은 순교자들, 도로시 데이(Dorothy Day)와 마더 테레사(Mother Teresa) 그리고 앤 모로 린드버그(Anne Morrow Lindbergh) 같이 시성되지는 않았지만 이상을 제시했던 여성들을 말합니다. 또한 존재를 통해 모든 일을 하고 있는 노자, 예배를 통해 모든 일을 하고 있는 헤셀(Abraham Joshua Heschel), 지식 축적은 개념적인 것이 아니라 경험적인 것이라고 주장하는 자크 마리탱(Jacques Maritain)과 같은 철학자들을 두고 하는 말입니다. 예컨대 하나님을 느끼고 경험하는 남성과 여성을 두고 하는 말입니다. 그런가 하면 연을 날리고 브라스 밴드에 흥겨워했던 마일즈 콘놀리(Myles Connolly)의 뉴욕 신비가 미스터 블루(Mr. Blue), 39살에 결핵성 피부병인 낭창으로 숨을 거두었지만 목발을 짚고서도 은총에 감사하고 자신의 죽음을 성숙한 태도로 받아들이면서 죽는 그 순간까지 그리스도의 모습으로 살다간 단편소설작가 플라너리 오코너(Flannery O'Conner), 언제나 관상의 삶을 살면서도 은둔으로부터 참여로 옮겨갔던, 힌두교도들과 불교인들과 수피들과 만났고 베트남전과 폭력과 인종 차별적 불의와 핵전쟁에 저항하였던 토마스 머튼(Thomas Merton)을 두고 하는 말입니다. 이런 사람들을 만나십시오. 그리하면 여러분은 별을 만날 것이고 하나님을 만날 것입니다.

　　지금까지 말한 이야기의 요점이 무엇입니까? 이 사람들은 고독한 사람들이 아닙니다. 비현실적인 도피주의자들도 아닙니다. 이들은 세상을 뒤로 하고 멀리 한적한 은둔처에 거하면서도 세상을 피해 도망하지 않았습니다. 이들은 더럽고 먼지투성이 속에서 살면서도 관상적인 삶을 살았습니다. 이들이 특별한 것은, 이들 각자가 경계를 허물고 인간의 한계를 넘어 무한의 경계에 잇닿아 있었기 때문입니다.

세상은 하나님을 알고 하나님을 사랑하는 사람들을 목말라합니다. 왜냐하면 오직 이런 사람들만이 오늘처럼 역설적인 세상에 이 시대가 요구하는 살아 계신 하나님의 증인이 될 수 있기 때문입니다. 나는 가슴 아프게도 실패를 경험하였습니다. 때때로 긴 여운을 갖고 사랑스럽게 바라보지 못했습니다. 그 결과가 어떠했냐고요? 나와 만난 사람들이 만남을 통해 전율을 느끼지 못한다는 것이죠. 그러니 나를 만났던 분들이 고독하고 하나님의 부재를 여전히 경험하는 것입니다. 관상이 없다면 우리는 망하게 될 것입니다.

– 월터 부그하르트[Walter Burghardt, S. J.]

「교회」(Church)

넝마주이

나는 이상한 광경을 보았습니다. 내 삶 전체에서 거리를 걸으면서 경험하지도 생각하지도 못했던 아주 이상한 이야기를 들려드리겠습니다. 자, 조용히 해 주세요. 조용히요. 이제 이야기를 시작하겠습니다.

아직 어둠이 걷히지 않은 어느 금요일 아침, 나는 건장하고 멋진 한 젊은이가 내가 살고 있는 동네의 골목길로부터 걸어 나오는 것을 보았습니다. 그는 밝은 색깔의 새 옷들이 가득한 오래된 수레를 끌고 있었습니다. 그러고는 맑은 테너 목소리로 외쳐 댔습니다. "오래된 낡은 옷 구합니다!" 아! 공기가 오염되는 것 같았고, 뭔가 썩는 냄새가 음악처럼 달콤한 낭랑한 목소리를 타고 번져오는 것 같았습니다.

"오래된 낡은 옷 구합니다. 오래된 낡은 옷을 가져오시면 새 옷으로 바꿔 줍니다. 낡은 옷 가져오세요. 다 떨어진 옷이요!"

"이 무슨 괴상망측한 일인가!" 나는 생각에 잠겼습니다. 그 젊은이는 6피트 4인치의 키에 팔은 단단한 근육질이어서 나무의 큰 가지 같았고, 눈은 지성으로 빛나고 있었습니다. "이렇게 생긴 젊은 사람이 넝마주이밖에 할 일이 없을까? 아니면 도시에 들어가서 넝마주이를 하든지!"

나는 호기심이 발동되어 젊은이를 따라나섰습니다. 그를 따라다니는 것이 실망스런 것은 아니었습니다. 얼마 안 가서 젊은 넝마주이는 뒤쪽 현관에 앉아 있는 한 여인을 발견했습니다. 그 여인은 꺽꺽대며 주먹 같은 눈물을 쏟아 냈고, 손수건으로 쏟아지는 눈물을 계속 닦았습니다. 가슴을 무릎에 묻고 슬퍼하고 있었습니다. 가녀린 어깨는 들썩이고 있었고, 그녀의 마음은 무너져 내리고 있었습니다.

넝마주이는 카트를 세워 놓고 흩어져 있는 깡통과 죽은 인형들 그리고 아이들 기저귀를 밟으면서 조용히 그 여인에게로 다가갔습니다. "넝마를 내놓으세요. 그러면 내가 새 것으로 바꿔 줄게요." 젊은이는 조용히 여인에게 속삭였습니다.

젊은이는 그녀의 눈가에 있던 손수건을 살며시 잡아당겼습니다. 그러자 여인은 이 남자를 올려다보았습니다. 젊은이는 눈같이 하얗게 빛나는 깨끗한 새 세마포 천을 그녀의 손에 얹어 주었습니다. 그녀는 선물에 시선을 주었다가 다시 젊은이를 쳐다보았습니다.

그러자 젊은이는 다시금 자기의 수레를 끌면서 이상한 행동을 시작했습니다. 그는 여인이 사용했던 얼룩진 손수건을 자기의 얼굴에 갔다 댔습니다. 그리고 울기 시작했습니다. 그녀가 그랬던 것처럼 꺽꺽 흐느끼고 어깨를 들썩이면서 울기 시작했습니다. 그런데 여인은 아무 일 없었다는 듯이 눈물을 멈추고 일어나 자기의 길을 갔습니다.

"이해할 수 없군!" 나는 속으로 숨을 삼켰습니다. 나는 신비로움을 떨쳐버릴 수 없는 아이처럼 흐느껴 울고 있는 넝마주이를 따라갔습니다.

"해진 옷이요! 넝마요! 헌 옷을 가져오면 새 옷으로 바꿔 줍니다."

잠시 후 지붕 위의 하늘이 희뿌옇게 바뀌었습니다. 나는 어둔 창문에 죽죽 찢어진 채 매달려 있는 커튼 조각들을 볼 수 있었습니다. 거기서 넝마주이는 한 소녀를 만났습니다. 그녀의 머리는 붕대로 감겨 있었고, 눈은 공포에 휑하니 비어 있었습니다. 피가 붕대를 타고 흘러내렸습니다. 한 줄기 핏방울이 볼을 타고 흘러내렸습니다.

키가 큰 넝마주이는 이 아이를 연민의 눈빛으로 쳐다보고 있었습니다. 젊은이가 자기의 수레에서 귀여운 모양의 노란 보닛 모자를 꺼내 들었습니다.

"아가야 네 헌옷을 이리 주렴!" 자비로운 손길로 소녀의 얼굴을 어루만지며 말했습니다. "내가 가진 새 옷으로 바꿔 줄게."

젊은이는 천천히 아이에게서 붕대를 풀고 있었고, 아이는 물끄러미 쳐다볼 뿐이었습니다. 붕대를 푼 젊은이는 그 붕대를 자기 얼굴에 칭칭 감기 시작했습니다. 그리고는 보닛 모자를 아이의 머리에 얹어 주었습니다. 나는 그 광경을 보면서 숨이 막혔습니다. 그 젊은이가 붕대를 거의 다 감자, 그의 얼굴이 어두워지더니 이내 붕대로부터 피가 흘러내리기 시작했습니다.

"해진 옷이요! 넝마요! 헌 옷을 가져오면 새 옷으로 바꿔 줍니다." 이마에서 피가 흐르고 흐느껴 울면서 이 건장하고 지성적인 넝마주이는 외치고 있었습니다.

태양도 내 눈도 충혈되어 있었습니다. 넝마주이는 더욱 서두르는 듯했습니다.

"당신 일하러 가나요?" 공중전화에 기대 있던 한 남자에게 넝마주이가 물었습니다. 그러자 그 남자가 고개를 절래 흔들었습니다. 넝마주이가 다시 물었습니다. "할 일이 있어요?" 그러자 그 사람이 냉소적으로 말했습니다. "당신 미쳤어?" 그 남자는 전화박스에서 빠져 나와 재킷 오른쪽을 흔들며 오른쪽 소매를 보여 주었습니다. 납작해진 소맷동이가 주머니 속에 넣어져 있었습니다. 그는 팔이 없었습니다.

"그렇구나!" 넝마주이가 말했습니다. "당신 재킷을 내게 주세요. 당신에게 내 재킷을 줄게요." 그의 목소리에서는 은근한 권위가 묻어났습니다.

한 손의 사내는 재킷을 벗어 젊은이에게 주었습니다. 넝마주이도 자기의 재킷을 벗어 사내에게 주었습니다. 나는 내 눈을 의심할 수밖에 없었습니다. 서로 옷을 바꿔 입는 순간, 한 손을 가졌던 사람은 나뭇가지처럼 튼튼한 두 팔을 갖게 되었고 넝마주이는 한 팔만 갖게 되었습니다.

"친구여 일하러 가세요!" 넝마주이가 그 사내에게 말했습니다.

그 뒤에 젊은이는 술에 취해 군대 모포를 덮고 의식을 잃은 채 누워 있는 병자를 보았습니다. 그는 몸이 굽어 시들어 가고 있었습니다. 그 젊은이는 병자의 모포를 거두어 자기의 몸에 둘러 감았습니다. 그리고 술에 취한 병자를 위해 새 옷을 남겨 두었습니다.

이제 나는 넝마주이를 따라잡기 위해 달려야 했습니다. 그는 통제할 수 없을 정도로 울고 있었고, 이마에서는 주체할 수 없을 정도의 피가 흘러내렸습니다. 그러면서도 한 손으로 수레를 끌며, 술에 취해 비틀거리며 넘어지고 또 넘어지면서 길을 갔습니다. 지치고 늙고 병들었지만 그는 엄청난 속도로 걸어갔습니다. 스파이더의 발로 한 마일씩 도시 골목을 미끄러지듯이 마침내 도시를 빠져 나갔습니다.

나는 젊은이의 변형된 모습을 보면서 울었습니다. 그의 슬픔을 보고 슬퍼졌습니다. 그러나 나는 그 젊은이가 이렇게 서둘러 어디로 가는지 알아야 했습니다.

이제 작고 늙어버린 넝마주이는 쓰레기 매립지를 오르고 있었습니다. 그는 쓰레기더미 위에 도달했습니다. 이때 나는 그 사람이 하는 일을 도와주고 싶었습니다. 그러나 그는 내 뒤로 숨어버리고 없었습니다. 어느새 그는 언덕을 다 올라갔습니다. 고통스런 수고 끝에 그는 언덕에 작은 공간 하나를 만들었습니다. 그리고 길게 한숨을 내쉬었습니다. 그곳에 그가 누웠습니다. 손수건과 재킷을 베개로 만들어 누웠습니다. 그는 자신의 앙상한 뼈들을 군대 모포로 덮었습니다. 그리고 그는 그곳에서 죽었습니다.

나는 그 죽음을 보고 목 놓아 울었습니다. 찌그러진 차 안에 들어가 희망 없는 사람처럼 목놓아 슬피 울었습니다. 나는 이 넝마주이를 사랑하게 되었기 때문입니다. 한 사람 한 사람의 얼굴이 이 남자의 경이로움 속으로 사라져 갔습니다. 그리고 나는 이 남자를 소중히 여기게 되었습니다. 나는 흐느껴 울다가 잠이 들었습니다.

나는 금요일 저녁부터 토요일 그리고 토요일 밤까지 잠을 잔 것을 알지 못했습니다. 내가 어찌 그것을 알 수 있을까요?

그러나 주일 아침, 나는 통증과 함께 정신을 차렸습니다. 하얗고 딱딱한 뭔가를 강요하는 불빛이 따갑게 통증을 느끼는 내 얼굴을 비추고 있었습니다. 나는 눈을 깜빡이며 쳐다보았습니다. 나는 마지막이자 처음으로 그 경이로움을 보았습니다. 거기에 넝마주이가 있었습니다. 소심스럽게 모포를 접고 계셨는데 그의 이마에 상처가 보였습니다. 그러나 그분은 살아 계셨습니다. 무엇보다도 아주 건강하게 살아 계셨습니다. 슬픔이나 나이 듦의 흔적도 없었습니다. 그가 거두어들인 헌 옷들은 모두가 새하얗게 빛나고 있었습니다.

나는 그 광경 앞에서 머리를 조아리며 두려움에 떨고 있었습니다. 조용히 넝마주이 앞으로 걸어갔습니다. 부끄러운 듯이 나는 내 이름을 그분께 아뢰었습니다. 나는 그분의 옆에 서기에는 참으로 부끄러운 사람이었습니다. 내 옷을 벗었습니다. 그리고 속으로부터 끓어오르는 열망으로 이렇게 말했습니다. "저를 입혀 주세요."

그분이 내게 옷을 입혀 주었습니다. 나의 주님, 그분께서 내게 새 옷을 입혀 주셨습니다. 나는 그분으로 인해 기적을 보았습니다. 넝마주이! 넝마주이! 그분은 그리스도였습니다.

– 월터 와너진^{Walter Wanergin, Jr.}
「넝마주이」(*The Ragman*)

수고의 떡

오늘날 우리 문화에서 하루에 14시간씩 일하는 것은 삶의 방식을 보여 주는 은유가 되었습니다. 14시간 노동은 사회적 지위의 상징이 되었습니다. 이는 마치 우리가 더 바쁘면 바쁠수록 더 중요한 사람이 되는 것처럼 생각하는 것과 같습니다. 나는 우리 중 얼마나 많은 사람들이 삶의 급한 과제들을 해결하면서 이 일에서 저 일로 옮겨 다니며 일로 가득 차 있을 때만 자신의 삶이 정당하다고 생각하는지 궁금합니다. 우리의 문화적 가치는 무엇인가를 지나치게 하도록 왜곡된 자만심을 부추깁니다. '만일 좋은 일이라면 더 할수록 좋은 것이겠죠! 얼마나 성취하였느냐가 우리의 가치를 결정하는 것 아닙니까?' 이렇게 생각한다면, 우리는 생산성, 헌신, 책임감의 이름으로 지치도록 계속 일할 수밖에 없습니다. 심지어 하나님의 '뜻'이란 이름으로 계속 일할 수도 있습니다.

시편 127편 2절은 우리에게 조용한 도전을 던져 주고 있습니다. "너희가 일찍이 일어나고 늦게 누우며 수고의 떡을 먹음이 헛되도다. 그러므로 여호와께서 그의 사랑하시는 자에게는 잠을 주시는도다."

세상을 살아가기 위해서 일은 어쩔 수 없는 것입니다. 교회 안에서도 활동적인 봉사는 소명의 표현입니다. 그런데 문제는 일이나 봉사가 아닙니다. 문제는 바로 짧은 시간 안에 그렇게 많은 일을 감당할 수 없다는, 내면에서 일어나는 왜곡된 염려입니다. 일이 적절한지 제대로 평가를 받을 것인지 충분히 좋다고 판명될 것인지 걱정하는 이 걱정이 문제입니다. 서로 관심이 다른 집단으로부터 압력을 받게 되어 겪는 내면의 고통은 우리에게 폭력으로 다가옵니다.

"너희가 일찍 일어나고 늦게 누우며 수고의 떡을 먹음이 헛되도다." 수고의 떡, 이는 우리 자신을 지켜 내려고 애쓰는 모습을 그린 것 아닙니까? 우리는 말 그대로 수고의 떡으로 우리 자신을 채웁니다. 그리고 죄의식으로 급히 꿀꺽 삼켜 버립니다. 우리의 삶에서 하나님의 영광을 왜곡시키는 것은 수고가 아니고 염려입니다. 하나님의 선하심과 사랑은 염려로 퇴색됩니다. 염려는 "그의 사랑하시는 자에게는 잠을 주시는도다."라는 주님의 말씀을 믿지 못하게 합니다. 이 말씀이야말로 노력으로 얻어진 것도 아니고 얻을 수 있어서 얻은 것이 아닌 순수한 은총의 표현 아니겠습니까? 하나님은 하나님의 돌보심의 품에 안겨 믿음 가운데 평화롭게 쉼을 얻는 믿음의 자녀들을 기뻐하십니다.

급변하는 사회 속에서 우리는 앞에 놓인 일들로 염려합니다. 우리가 날씨를 예보하듯이 경제를 예견하느라 그렇게 많은 에너지를 쏟아야 할 이유가 있을까요? 어째서 미국의 종교 문화는 요한계시록에 그토록 목을 매고 있는 것일까요? 왜 주요 교단의 지도자들이 자기 교단의 미래를 예견하느라 그렇게 심혈을 기울일까요? 우리는 앞서 그 결과를 알고 싶어 합니다. 왜 그렇습니까? 가능하다면 우리가 조정 역할을 하고 싶어서 그런 것 아닙니까?

내일을 염려하는 것은, 기회만 주어진다면 하나님보다 내가 일을 더 잘 해결할 수 있다는 지나친 확신과 관련된 듯싶습니다. 아마도 그런 이유에서 우리 중 어떤 사람들은 할 수만 있으면 미래를 예견하고자 하는 것 같습니다. 우리는 이 우주의 운전석에 앉아보려고 계속 노력합니다. 그러나 의자가 우리에게 너무 큽니다. 그러니 조종하려는 우리의 수고가 오히려 우리를 두렵게 하고 노예로 만들어 버립니다. 모든 것을 통제해야 한다는 것이 몹시 스트레스가 됩니다.

나는 '수고의 떡'이 우리가 상상하는 바대로 꼭 있어야 할 필요가 없기를 희망합니다. 분명코 수고의 떡이 생계의 근거는 아닙니다. 수고의 떡은 용기와 힘을 빼앗아 기쁨과 감사를 갉아먹을 뿐 아니라 우리를 고민하고 지치게 하는 떡입니다. 수고의 떡은 진정 비참한 식탁입니다.

수고의 떡으로 차려진 식탁이 아닌 다른 식탁이 있음을 하나님께 감사드립니다. 염려라는 독소에 해독제가 되는 식탁이 있습니다. 우리에게 넉넉한 양분을 공급하는 빵이 있습니다. 이 빵은 영을 새롭게 하고 생각을 차분하게 하며 몸과 영혼을 치유합니다. 수고해서 빵을 얻을 수밖에 없는 상황에서도 이 빵은 두려움을 몰아내고 신뢰하게 하며 기쁨을 회복하고 평화를 가져오기에 충분한 사랑을 공급합니다. 이것은 바로 생명의 떡 그리스도이며 성육신하신 우리들의 하나님이십니다. "너희는 여호와의 선하심을 맛보아 알지어다. 그에게 피하는 자는 복이 있도다."(시 34:8) 생명의 떡을 맛보는 것은 필사적인 활동과 혼돈 한가운데서 조용한 확신을 인식하는 것입니다.

– 마조리 톰슨 Marjorie J. Thomson

지복
(Beatitude)

자기의 마음을 하나님께 두는 여인은 기쁨이 넘칠 것이니
어떤 염려도 지배하지 못할 것이요,
야훼 하나님 안에서 자유를 발견한 사람에게는 능력과 평화가 임하리니
매일 지혜가 자랄 것이요,
창조 안에서 궁극적 신비를 분별하는 사람들에게 은총과 축복이 넘칠 것이니
이들은 마음의 청결함을 얻을 것이요,
사마귀 안에서 거룩함을 인식하는 자는 악이 지배하지 못할 것이요,
장애를 가진 아이 속에서 하나님의 성령을 본 사람은 번창하리라.

그러나 전능자 하나님을 욕되게 하고 창조 세계로부터 그 존귀함을 빼앗는 자는
스스로 무너짐을 보게 될 것이요,
무죄한 생명에 폭력을 일삼는 자에게는 하나님의 심판의 폭풍우가 임할 것이며,
인간의 고통을 가중시키는 제국은 몰락하게 되리라.

하나님 오직 하나님께만 가까이 하는 자는 성인이 될 것이고
저들의 순종은 끊임없는 활력과 타락할 수 없는 영을 가져올 것이요,
저들은 우주를 걷는 자들과 같아 중력에 매이지 않으며
무게도 느끼지 않고 자유로이 아직 가 보지 않은 신비의 세계를 움직여 갈 것이요,
저들에게 야훼의 길은 확신과 경외감으로 응답하며 하나님의 수육을 축하할 것이니
이들의 기쁨은 짓밟힌 자들을 돌보았기 때문이요,
이들이 온전한 것은 상하고 지친 사람들을 돌보았기 때문이리라.

생명의 보존자를 거부하는 자들은 살인의 꿈과 미몽에 사로잡히지만
야훼는 마음과 생각이 순수한 사람들의 짐을 받아 주실 것이요,
거룩하신 하나님의 자녀들은 거룩하게 되고
영원한 생명을 기쁨 가운데 품음으로 보호를 받을 것이다.

– 마틴 벨^{Martin Bell}
「옥외 찬양과 설교」(Street Singing and Preaching)

영성수련 일과표

하나님의 인도를 위한 기도

오! 자비의 하나님이시여, 이 수련 시간 동안 내게 주님을 보여 주소서. 주님께 주목하지 못하고 신실하지 못했던 죄와 방황을 깨달아 알게 하시고, 이것들을 내 삶에서 제하여 주옵소서. 이 시간 신앙과 지혜와 용기를 허락하사 내 미래를 향한 주님의 약속을 보며 기뻐하게 하소서. 아멘.

조용히 듣기

성경 읽기

렘 1:1~10; 롬 12:1~21; 고후 4:1~18; 빌 2:1~18; 요 13:1~20; 막 9:33~37

이 구절들이 오늘 당신에게 무엇을 말씀하고 있나요?

이 말씀 구절 하나하나가 당신의 목회를 위해 어떤 통찰이나 방향을 주고 있나요?

영적 독서

묵상

식사 시간, 쉼, 여가 선용

일기 쓰기

기도

영적 독서, 묵상, 일기 계속 쓰기

성만찬

응답: 감사, 봉헌, 계약

세상을 향하여

부록에 제시한 제안들을 사용할 수도 있고 영적 삶의 지속을 위해 스스로 계획을 만들어 사용할 수도 있습니다. 삶과 목회가 영적 성숙을 더해 가도록 하나님과의 관계에 집중할 수 있는 시간과 공간을 마련하였는지 살펴보십시오.

마침 기도

사랑의 하나님! 깨달아 새로워질 수 있는 시간을 주셔서 감사합니다. 당신의 은총으로 주님이 주시는 인도와 확신과 위로와 희망에 귀 기울이게 하소서. 당신께서 나를 위해 예비하신 미래를 보고 기뻐하도록 도와주옵소서. 그 수고를 알고 신실한 기쁨을 아시는 주님의 이름으로 기도합니다. 아멘.

5

교회 안에 미래가 있습니까?

그때나 지금이나 물음은 담대하고 직접적입니다. 대부분의 경우 진정한 물음은 다른 질문 뒤에 숨어 있는 경우가 많고, 가끔 개방성과 정직이 자리할 때만 체면치레를 부수고 진정한 물음을 던집니다. 기독교 목회자들은 진정한 물음을 물어야 합니다. 이들에게 진정한 물음이란 기독교의 제자도와 목회의 핵심이 무엇인가라는 물음입니다. '교회 안에서 미래를 보고 있습니까?' 이 물음은 타당한 대답이 존재하기에 탐구되어야 할 물음입니다.

너무도 오랫동안 우리는 물음이 존재하지 않는 척 살아왔습니다. 목회자들은 미래를 향한 야망, 욕망, 꿈 등을 갖지 않은 척 했습니다. 종종 우리는 신실한 목회로 부르시는 예수 그리스도의 부름과 자기 의지의 부름 사이의 긴장을 감추고자 하였습니다. 우리는 교구 활동, 교단 정치, 공동체의 욕구, 목회하고 있는 회중들의 관심을 숨긴 나머지 자기 자신의 부름에 대한 진지한 물음마저 망각하게 되었습니다.

그러나 묵상의 순간 우리는 마음으로부터 들려오는 물음을 듣습니다. '만일 내가 예수 그리스도와 복음을 위하여 내 생명을 잃는다면, 진정 내 생명을 얻을 것인가? 아니면 내가 예수 그리스도와 복음을 위하여 내 생명을 잃는다면, 그 잃음으로 어떤 차이가 생길 것인가? 내가 십자가의 길을 따른다면, 실패한 어리석은 사람으로 비칠까? 내가 위로의 이동(upward mobility)과 좋은 경력을 만들기 위해 노력하지 않는다면, 내 자신의 삶뿐만 아니라 가족의 삶도 희생하는 것은 아닐까? 동료들과 세상의 눈에서 볼 때 발전의 기회를 잡지 않는다면 현대 사회에서 효과적인 목회가 될 수 있는가?' 이러한 물음들은 표면 아래 숨어 있다가 종종 목회의 여정과 친구들과의 대화에서 불쑥 튀어나오기도 하고, 때론 우리의 운명에 영향력이 있다고 믿는 사람들에게 이 물음들을 던지곤 합니다.

로버트 슈네이즈(Robert Schnase)는 「목회의 꿈」(Ambition in Ministry)이라는 책에서 '성직자의 금지된 욕망'이라는 분명한 개념을 소개합니다. 그는 목회자들 안에 있는 야망의 긍정적이면서도 부정적인 속성에 주목합니다. 그는 "교회 안에 팽배해 있는 야망에 대한 치명적으로 애매모호한 태도"를 지적합니다. 교회가 상대적으로 평범할 경우 덕이 되지 못하는 것처럼 보입니다. 일반적인 정서가 모든 차원에서 탁월한 목회를 가치 있는 것으로 여기는 것처럼 보입니다. 그러나 "오히려 자기를 비워 종의 형체를 가지사 사람들과 같이 되셨고 사람의 모양으로 나타나사 자기를 낮추시고 죽기까지 복종하여 십자가에 죽으신"(빌 2:7~8) 분 앞에 설 때에, 목회를 측정하기 위해 사용했던 성공과 실패라는 탁월성의 범주가 전혀 부적절한 것임을 깨닫게 됩니다.

기독교 잡지 「소저너스」(Sojourners, 1981년 8월호)에 기고한 글에서 나우웬(Henri Nouwen)은 아래로의 이동(downward mobility)이라는 개념으로 목회를 탁월하게 설명한 바 있습니다.

> 우리의 소명은 그리스도께서 택하신 아래로의 이동이란 여정으로 그리스도를 따르는 것이고, 이 땅의 구체적인 시간과 공간 안에서 행하시는 하나님의 사랑에 대한 증인들이 되는 것입니다. 우리의 유혹은 성공하려 하고 눈에 띠려 하고 영향력을 행사하고픈 욕구가 우리의 생각과 말과 행동을 지배하여 위로의 이동이란 파괴적인 나선형에 갇혀서 결국은 소명을 잃게 된다는 것입니다. 소명과 유혹 사이의 긴장은 일생 동안 계속되는 긴장입니다. 아래로의 이동인 십자가의 길을 우리가 자발적으로 택할 수 없는 것이기에 "어떻게 우리가 자기를 비운 그리스도의 생각과 마음을 가질 수 있을까요?"라는 물음을 던지게 됩니다.

나우웬은 예수 그리스도의 삶의 모델과 현대인들이 대부분 추구하는 '성공적인 목회' 모델 사이의 긴장을 정확하게 직시하였습니다. '자기를 비운 마음'은 예수님께서 보여 주신 마음입니다. 그러나 우리에게는 도전이 되는 마음입니다. 우리가 이 마음을 보여 주기가 힘든 것은 주변의 친구나 제도가 이 마음을 갖지 않기 때문이고 또 자기를 비운 마음은 평생의 과제이기 때문입니다.

나우웬은 이러한 난국에서 벗어나는 길을 제시하였습니다. 그는 우리를 훈련으로 초청합니다. 물론 새로운 근육 운동이라든지 새로운 지식을 얻는 학문의 훈련이 아닙니다. "그리스도의 제자가 되는 훈련은 뭔가를 정복하는 것이 아니고 성령에 의해 사로잡히는 것입니다. 진정한 기독교인의 훈련은 그리스도의 영이 자신의 형상으로 우리를 변형시킬 수 있도록 공간을 만드는 것입니다."

이 말이 평신도와 성직자 모두에게 적용될 때, 우리의 목회는 대표성을 갖는 목회가 됩니다. 목회자는 그리스도의 대리자고, 교회는 목회자들을 따로 세워 목회의 대리자로 인정합니다. 우리는 삶의 모든 영역에서, 특별히 말씀과 성례전과 직제의 목회를 감당함에 있어서 소명을 따라 살아갑니다. "섬김을 받으러 오신 것이 아니라 섬기러 오셨고, 자기 생명을 많은 사람의 대속물로 주기 위해 오신" 그분을 따라 신실한 제자로서 우리가 돌보고 있는 사람들을 가르치고 설교하며 인도하는 우리의 책임은 우리 각자를 향하신 하나님의 은총에 따라 평가됩니다.

교단마다 '자기-비움'의 목회를 진지하게 수행하는 탁월한 예들이 있습니다. 이들은 수 년 동안 아무도 알아주지 않는 오지에서 남다른 헌신과 목회적 기법으로 목회를 수행하였습니다. 이들 중 어떤 사람들은 이렇게 빛도 없이 이름도 없이 자기-비움의 목회를 감당하는 것이 바로 예수 그리스도를 따르는 길이라고 생각하였습니다. 또 어떤 경우는 면밀한 연구와 실패를 거울삼아 영적 삶을 계속 훈련함으로써 자기-비움의 목회를 찾아 나선 이들도 있습니다. 그러나 이들 모두는 1975년 디트로이트에 소재하였던 베델복음교회의 담임목사가 증언하는 목회에 대한 진리를 공감합니다. 목사이며 신학자였던 라인홀드 니버(Reinhold Niebuhr)는 20여 명의 적은 회중과 함께 목회하였지만 결코 그것을 실패라고 생각하지 않았습니다. 니버는 자신에게 정말 중요한 것은 그가 어디에서 목회하였는가가 아니고, '그가 누구이며, 자신을 통해 하나님이 무엇을 하도록 하시는가?' 라고 생각하였습니다.

이 책을 쓰는 동안 여가를 이용해 나는 조르주 버나노스(Georges Bernanos)가 쓴 「어느 시골 사제의 일기」(The Diary of a Country Priest)를 읽었습니다. 1937년에 처음 발표된 이 소설은 아직도 우리에게 많은 가르침을 줍니다. 내가 이 소설에서 배운 교훈 가운데 하나는 모든 장소를 신실한 목회를 위한 기회로 삼을 수 있는 능력입니다. 오늘의 신실한 목회를 파괴시키는 씨앗이 미래에 대한 물음 속에 숨겨져 있습니다. 지속해서 우리의 목회 지평만 바라보게 될 때, 우리를 둘러싼 지금의 목회 기회를 잃게 됩니다. 자기-비움의 마음으로 그리스도를 닮은 삶을 통해 신실한 목회를 감당했던 사람들을 자세히 살펴보면, 이들의 삶에서 일관된 공통점을 발견합니다. 곧 이들의 삶은 공의를 실천하며, 지긋이 사랑하며, 겸손히 하나님과 동행하였던 특별한 믿음의 삶이었습니다.(미 6:8)

이들은 하나님을 소박하게 신뢰하였습니다. 말은 다를 수 있지만 주제는 언제나 동일합니다. 하나님께서 제공하실 것이고, 하나님의 은총이 늘 충분합니다. 하나님은 자기 백성을 버리거나 내치지 않으실 것입니다. 이처럼 뼈 속 깊이 하나님을 신뢰함으로 목회자들은 정치적 모함과 동료들로부터 오는 압력과 회중들이 복음에 응답하지 않아서 생기는 실망도 이겨 낼 수 있었습니다. 이러한 믿음으로 이들이 교구에서 감당한 설교와 가르침과 일상의 삶은 회중에게 희망과 확신을 불러일으켰습니다.

하나님을 신뢰하는 것뿐 아니라 이웃과 교회를 신뢰하는 것도 공통된 주제입니다. 이 사람들은 인간의 실패가 제도적 교회에 가져다준 결과에 대해 어린아이처럼 반응하지 않습니다. 또 교회의 결점을 맹목적으로 옹호하지도 않습니다. 다만 이들은 자신들의 목회가 다른 사람들이나 교회 활동에 기초해 있거나 결정된다고 생각하지 않습니다. 자신의 목회적 상황이 교회나 문화보다 크다고 생각하기 때문에, 이들은 자신의 목회가 교회나 문화에 의해 과도하게 영향 받지 않는다고 생각합니다. 하나님이 곧 목회의 정황임을 믿는 이들은 삶의 모든 경험과 사건이 그들에게 임하기 전 먼저 하나님의 손을 통과했다는 것을 인식합니다. 이처럼 저들은 하나님을 신뢰하고 다른 사람과 제도를 신뢰함으로써 냉소, 분노, 시기, 그리고 절망을 극복합니다.

디트리히 본회퍼(Dietrich Bonhoeffer)는 "자신을 부인하는 것은 그리스도만을 알고 자신을 아는 것이 아니다. 앞서 가신 분만을 바라보게 되면 더 이상 우리에게 너무 어려운 길은 없다."라고 말한 바 있습니다. 십자가를 지는 것이 목회의 길입니다. 살아 계신 그리스도께서 우리와 동행해 주시고 성령의 능력이 주어질 때 그 길은 우리에게 어려운 길이 아닙니다. '자기-비움의 마음'으로 부름에 순종하는 것은, 결코 우리 자신의 능력에 의한 것이 아닙니다. 그 길은 언제나 우리와 함께 걷도록 하나님이 주시는 은혜의 결과이며 우리가 삶 속에서 하나님의 임재와 능력을 알지 못하는 때일지라도 우리를 도우시는 하나님의 은혜로운 활동의 결과입니다.

당신은 교회 안에 미래를 갖고 계십니까? 물론입니다. 그렇지만 이 미래는 위로의 이동과 교회와 세상이 보내는 갈채로 만든 미래가 아닙니다. 이 미래는 하나님에 대한 깨끗한 믿음과 예수 그리스도를 향한 끊임없는 헌신으로 만들 수 있습니다. 이 미래는 어쩌면 성공의 요목에는 들어 있지 않은 보상도 없는 미래일 수 있습니다.

그러나 우리의 미래가 우리가 누구인지 무엇을 하는지 어떻게 목회를 감당하는지를 살피면서 그리스도의 삶에 대해 조금이라도 성찰할 수 있다면, '자기 비움의 마음'이 가져다주는 보상을 발견하게 될 것입니다. 왜냐하면 자기를 비운 마음은 그 안에 거하고자 하는 그리스도에게 공간과 환대를 제공하기 때문이며, 그것 때문에 평생 목회할 수 있게 되는 충분한 보상을 받게 됩니다.

자기 생명을 잃는 것이 곧 자기 생명을 얻는 것이라는 예수님의 말씀의 진리를 발견한 사람들이 있습니다. 이들은 새로운 실재 속에 살아가며 여전히 철저한 제자도의 길을 가르치고 수행할 수 있는 세상을 살아갑니다. 이들은 이 과정에서 현대 세계를 살아가는 목회자로서 자기의 생명을 잃음으로 자기의 생명을 찾는 것이 가능함을 깨달은 것입니다.

영적 독서

언제나 뛰어나기

목사님의 갑작스런 죽음은 우리 모두에게 충격이었습니다. 물론 은퇴를 앞두고 계셨지만 아직 돌아가시기에는 너무 젊어 보였습니다. 여러 평신도들과 목회자들이 무리를 이루어 장례 절차를 어떻게 할 것인지 의논하고 있었습니다. 이들은 목사님께서 섬기셨던 교회의 이름들을 나열하고, 십 년 단위로 기억할 수 있는 굵직한 사건들을 정리하였습니다.

우리는 하나님께 감사드렸고, 찬송가 가사 내용에 맞게 '모든 성도를 위하여'(For All the Saints)[1]를 힘차게 불렀습니다. 슬픔으로 무겁게 가라앉은 우리는 남편을 잃은 사모님과 엄마의 치맛자락에 매달려 있는 목사님의 어린 딸들을 위로하였습니다. 목회자들은 목회자들끼리 모여 있었는데, 서로 굳은 악수를 교환하기도 하고 위로의 포옹을 하기도 하였습니다. 간간이 웃음소리도 들렸지만, 눈가마다 눈물이 고여 눈물을 훔치고 있었습니다. 그리고 각자 맡은 교회로 돌아가 자기의 일을 하였습니다.

30분간 목사님의 생애를 기억하고 감사하는 것에 그분의 생애를 모두 담을 수는 없는 일이었습니다. 목사님은 30년이 넘도록 교회들을 섬겼습니다. 목회를 통해 교우들의 절망을 거두어 내고, 저들을 죄책감에서 해방시켜 주었습니다. 희망을 회복시켜 주었고, 우정을 유지시켜 주었습니다. 결혼을 성사시켰고, 신실한 사역을 통해 젊은이들을 구원하였습니다. 목사님이 어루만진 삶은 셀 수 없을 정도였습니다. 병상에 누워 있던 많은 이들의 손을 잡았고, 의지를 새롭게 해서 문제를 해결하도록 도왔습니다. 우리의 신앙이 새롭게 되도록 도와주었고, 사랑으로 마음을 어루

---

1) 역자 주. 미연합감리교회 찬송가 711장에 수록되어 있음.

만져 주었습니다.

목사님이 베푼 결혼식, 장례식, 세례식이 교회의 교적부를 채우고 있습니다. 그렇지만 목사님께서 가르쳤던 주일학교, 여성 지도자 교육, 기도회, 성경공부, 청소년 수련회, 그분의 혼과 정신이 들어간 위원회는 아무 기록도 남기지 않았습니다. 병실 복도에서 나누었던 조용한 대화들, 소풍에서 나누었던 친밀한 대화들, 수화기를 타고 들려왔던 목사님의 늦은 밤 기도들, 말로 표현할 수 없는 상황에서 조용히 품어 주었던 포옹, 이 모든 것도 다 기록에 남길 수 없는 것들입니다. 우리 모두의 형제였던 목사님께서는 수천 명의 영혼에 그의 지문을 남기고 떠나셨습니다.

이제 죽음이 그분에게 임하였습니다. 결국은 우리 모두에게도 죽음이 임할 것입니다. 그렇다면 우리는 목회에서 무엇을 위해 애써야 할까요? 목사님의 열정적인 봉사, 저녁 늦은 시간까지 고치고 또 고쳤던 성실한 설교 준비, 탁월성을 견지했던 그의 자세, 이 모든 것이 친구의 삶을 축복하였고, 친구 목사님은 이런 삶의 모습으로 주님을 섬겼습니다.

우리는 봉사에 대한 열정을 불러일으켰던 영혼이, 동시에 우리를 길바닥에 내팽개쳐 휘청거리게도 할 수 있다는 신비를 경험합니다. 야망을 자신에게로 돌려서 공동체를 등한시하게 되면, 우리의 복음에 대한 영향력은 미미한 수준으로 줄어들게 됩니다. 공동체는 관심하지 않고 오직 가족만 챙기며 납득할 수 없는 행복을 추구하게 됩니다.

모든 목회자들의 삶에는 우리가 안고 있는 도전이 잘 반영되어 있습니다. 교회의 역사는 처음부터 목회자들의 여정과 마찬가지로 다음과 같은 순서로 이루어져 있습니다. a. 소명 b. 의심의 시기 c. 희망의 때 d. 공동체의 필요 e. 발판 마련 f. 영적 은사와 세상적인 것에 대한 우리의 욕망 g. 욕구와 박애주의로 우리의 야망을 구축함. 우리는 기술과 강점을 활용하여 당면한 문제를 극복하고 해결하고 봉사합니다. 우리는 필요 이상의 것을 만들어 내고 받은 것 이상을 주며 살아갑니다. 우리의 이야기는 곧 신앙의 역사입니다.

하나님은 모든 세대가 봉사의 삶을 살도록 우리를 부르십니다. 우리는 이웃을 섬기는 사랑의 마음과 자신을 섬기는 욕심의 긴장 속에서 목회하고 있습니다.

우리는 너무도 쉽게 영혼의 에너지란 이름으로 야망을 발동시킵니다. 영성의 날씨가 맑은 날에는 우리의 목적이 갈채도 아니고 이웃보다 뛰어나게 되는 것도 아니라는 것을 인식합니다. 우리의 목적은 공동체이고, 소명에 신실한 것이며, 위로받은 영혼, 사랑을 위한 자유로운 마음, 은총의 사역에 열려진 생각과 같이 변화된 삶의 증거입니다.

여러분이나 내가 오늘 죽는다면 7년 후 우리는 사랑 가운데 기억될 것입니다. 가족과 친구들은 여전히 우리를 잃은 아픔을 느낄 것입니다. 70년 후에 우리는 겨우 몇 사람의 기억 속에 희미하게 남아 족보의 한 줄을 차지하고 있을 것입니다.

지금부터 700년 후에는 행정기관이나 교회 기록에 우리의 이름이 지워져 있을 것입니다. 어쩌면 비석조차 찾을 수 없을지 모릅니다. 지금부터 7,000년이 지나면 우리가 속한 국가의 이름마저 기록에 남아 있지 않을 것입니다. 그러나 7,000년은 시간의 대양에 비하면 그저 물 한 방울과 같을 뿐입니다.

이렇게 생각하다 보면 차가운 두려움이 우리의 영혼에 침투합니다. 흙으로 지어진 몸무게를 실감합니다. 그렇다면 우리의 수고와 노력이 다 무엇입니까?

목회자들은 죽습니다. 모든 목회자가 죽습니다. 온 힘을 다해 밀고 당기며 경쟁하듯 살면서 사역에 혼신을 다했던 목회자들이 죽습니다. 우리는 수천의 삶과 만납니다. 그런데 땅은 우리 모두를 불러들입니다. 우리의 열정, 희망, 두려움, 실패 이 모든 것을 불러들입니다. 한 세대가 지나고 아니 두 세대만 지나도 우리가 한 일에 대해서 이 땅은 기억하지 않습니다.

삶은 아주 단순합니다. 우리의 수고와 성취는 우리 모두가 죽고 우리가 한 일도 우리처럼 죽어 기억조차 할 수 없다는 궁극적 사실로부터 우리를 면제시킬 수 없습니다.

어쩌면 모든 것을 삼켜버리는 죽음의 힘을 생각하던 중에 전도서 기자는 다음과 같은 글을 옮겼을 것입니다. "모든 것이 헛되도다. … 바람을 잡는 수고가 그에게 무엇이 유익하랴?"(전 1:2하; 5:16) 시편 기자의 글도 마찬가지입니다. "인생은 그날이 풀과 같으며 그 영화가 들의 꽃과 같도다. 그것은 바람이 지나가면 없어지리니 그 있던 자리도 다시 알지 못하거니와"(시 103:15~16)

우리는 이런 상황에서 삶은 아무런 의미가 없으며, 야망도 공허하고, 모든 사역은 목적도 없고 아무런 결과도 없다는 차가운 냉소주의에 빠질 수 있습니다. 생각 없이 무거운 짐을 나르는 개미들처럼 우리는 죽을 때까지 우리가 맡은 작은 일들에 집중하며 살아갑니다. 혹은 아무런 수고도 하지 않고 그저 먹고 마시고 즐거워합니다.

아니면 절망적이고 무력한 공포에 움츠린 나머지 능력을 아무렇게나 사용하는 무력감에 빠질 수 있고, 너무 두려운 나머지 힘을 너무 빨리 고갈시킬 수도 있습니다. 두려움은 우리를 집어삼켜 두려움에 빠지게 합니다.

혹은 삶과 사역을 모래와 시체로 무너지게 하고 정신과 업적을 먼지로 만들어버린 불공정함과 본질적인 불의에 항거할 수 있습니다.

이것이 사망의 쏘는 것입니다. 삶의 의미가 우리가 행한 것으로부터 온다면, 우리의 사역이 생명을 연장시킬 수 없거나 결국은 죽음에 삼켜질 것임을 깨닫게 될 때, 거기에서 무슨 의미를 찾을 수 있을까요?

삶의 의미는 우리가 행한 것, 성취한 것, 혹은 우리가 기억되는가 아닌가로 온전히 표현될 수 없습니다. 분명코 우리의 가치는 다른 사람보다 얼마나 더 높이 올랐는지 혹은 얼마나 많은 봉급을 받았는지에 의해 측정되지 않습니다.

삶의 가치는 이 땅의 삶 너머로부터 옵니다. 그렇지 않다면 삶은 아무런 가치가 없습니다. 우리는 수고로 얻은 혹은 성취한 의가 아니라, 위로부터 덧입혀진 의를 향유합니다. 우리 모두는 그리스도께서 우리를 위해 죽으실 만큼 충분한 사랑을 받았습니다. 우리가 죽어야 한다는 현실은 은총의 필요성으로 우리를 돌려놓습니다. 의미와 목적은 만드는 것이 아니라, 받는 것입니다. 의미와 목적은 공로에 기초한 것이 아니라, 신앙으로 받는 것입니다. 삶의 목적은 우리 너머로부터 옵니다. 젊어서 죽든 늙어서 죽든, 병으로 죽든 건강하게 많은 결실을 맺고 죽든, 삶의 가치는 하나님으로부터 오는 선물입니다. 궁극적 의미는 예수 그리스도의 삶과 죽음과 부활로부터 자라납니다.

삶은 너무 짧고, 육체는 부서지기 쉽기에 이 짧은 삶의 여정에서 서로서로 눌러 뭉개는 것에 시간을 낭비할 수 없습니다. 또한 아무리 노력한들 결코 우리 힘으로 만들어 낼 수 없는 의로움을 얻기 위해 경쟁하고 싸우면서 우리의 풍요를 갉아먹을 수 없습니다.

우리는 사역 속에서 만족과 기쁨과 의미를 찾을 수 있지만, 구원을 얻을 수는 없습니다. 우리는 사역을 예배하지 않습니다. 사역이란 하나님을 예배하는 것 중의 일부일 뿐입니다.

– 로버트 슈네이즈^{Robert Schnase}
「목회의 꿈」(*Ambition in Ministry*)

자기를 비운 마음

소명은 그리스도께서 택하신 '아래로의 이동' 이란 여정으로 그리스도를 따르는 것이고, 이 땅의 구체적인 시간과 공간 안에서 행하시는 하나님의 사랑의 증인들이 되는 것입니다. 성공하고

자 하고 눈에 띄려 하고 영향력을 행사하고픈 유혹에 빠져 생각과 말과 행동이 '위로의 이동'이라는 파괴적인 나선형에 갇힘으로 우리는 결국 소명을 잃게 됩니다. 소명과 유혹 사이의 긴장은 일생 동안 계속됩니다. '아래로의 이동'인 십자가의 길은 자발적으로 택할 수 없는 것이라면 "어떻게 자기를 비운 그리스도의 생각과 마음을 가질 수 있을까요?"

그리스도를 따르기 위해서는 그리스도의 영이 우리의 생각과 마음을 지배하게 하는 의지와 결단이 있어야 합니다. 그리스도의 영이 우리를 지배하게 될 때, 우리는 작은 그리스도들이 됩니다. 이때 자기 구성은 자기 변형이 됩니다. 변형이란 하나님과 동등 됨을 취하지 않고 스스로를 비운 그리스도의 마음에 순응하는 것을 의미합니다.

그러므로 제자도는 훈련 없이는 실현될 수 없습니다. 영적 삶에서 훈련이란 운동이나 학문이나 직업 훈련과 관계가 없습니다. 운동을 하면 근육이 생기고, 학문을 하면 새로운 지식이 쌓이고, 직업 훈련을 하면 새로운 기술이 습득됩니다. 그러나 그리스도의 제자가 되는 훈련은 뭔가를 정복하는 것이 아니고 성령에 의해 사로잡히는 것입니다. 진정한 기독교인의 훈련은 그리스도의 영이 자신의 형상대로 우리를 변형시킬 수 있도록 공간을 내어드리는 것입니다.

우리에게는 영적 삶의 훈련에 깊이 주목할 이유가 있습니다. 왜냐하면 훈련이 없는 제자도는 영성의 모양을 한 '위로의 이동'으로 타락하기 때문입니다. 영성의 모양을 한 '위로의 이동'은 노골적으로 '위로의 이동'을 가장 우선하는 세속적 욕망보다 더욱 나쁜 것이 되기 때문입니다.

마음의 훈련

진정한 제자의 길을 가도록 인도하면서 '위로의 이동'으로의 유혹에서 벗어날 수 있게 하는 훈련은 마음의 훈련입니다. 마음의 훈련은 개인 기도의 훈련입니다. 교회의 예전이 이루어지는 상황에서 또한 하나님 말씀에 대한 계속적인 묵상을 겸비한 개인 기도는 단순히 우리 자신의 마음에 머물게 하는 것이 아니라 하나님 마음에까지 이르게 합니다.

마음의 훈련은 어쩌면 가장 쉽게 포기하는 훈련일 수 있습니다. 깊은 영적 삶을 위해서 우리는 골방의 고독 속으로 들어가 하나님의 현존 안에 거하면서, 벌거벗은 채 상처와 죄의 모습을 내놓아야 합니다. 개인 기도는 갈채도 없고 어떤 프로그램으로 발전하지도 않습니다. 다만 드물게 내면의 평화와 기쁨을 경험할 뿐입니다. 그러나 개인 기도는 진정 우리의 소명이 검증되는 자리입니다.

우리는 태어나면서 활동 중심의 삶을 살아갑니다. 때문에 마음의 훈련을 통해 자유하기 위해서는 비통한 마음으로 자비와 사랑의 하나님께 부르짖어야 합니다. 하나님께 나아옴이 성결의 훈련입니다. 진정으로 하나님 보기를 원한다면, 우리 안에 그리고 우리 가운데 살아 계신 겸비하신 그리스도를 통해 하나님 보기를 원한다면, 이 세계가 부여한 '이래야 한다'와 '이렇게 하지 않으면 안 된다'는 당위와 의무로부터 자유한 순수한 마음이 필요합니다.

예수님께서 말씀하셨습니다. "사람에게 보이려고 그들 앞에서 너희 의를 행하지 않도록 주의하라. 그리하지 아니하면 하늘에 계신 너희 아버지께 상을 받지 못하느니라. 그러므로 구제할 때에 외식하는 자가 사람에게서 영광을 받으려고 회당과 거리에서 하는 것 같이 너희 앞에 나팔을 불지 말라. 진실로 너희에게 이르노니 그들은 자기 상을 이미 받았느니라. 너는 구제할 때에 오른손이 하는 것을 왼손이 모르게 하여 네 구제함을 은밀하게 하라. 은밀한 중에 보시는 너희 아버지께서 갚으시리라."(마 6:1~4) 우리의 진정한 모습은 하나님 안에 숨겨져 있습니다. 때문에 용기를 갖고 빈손으로 고독의 자리에 들어가야 합니다.

이 과정은 낭만적이지 않습니다. 진정 마음의 훈련을 거치려 한다면, 먼저 시간과 공간을 따로 세워 오직 하나님과 함께할 수 있어야 합니다. 마음의 훈련은 가끔씩 하는 것이 아니라 규칙적으로 해야 합니다. 일상 가운데 개인기도 시간을 정해서 우리를 만나고자 하는 사람들에게 정직하게 주저 없이 "미안해. 내가 이미 선약이 있어서 그 시간을 낼 수가 없어."라고 말할 수 있어야 합니다.

우리 대부분은 하나님과 이유 없이 시간 보내는 것을 어려워합니다. 어려운 이유는 하나님을 바라봄으로써 내면의 혼돈을 직면하고 싶지 않기 때문입니다. 우리는 하나님과 함께함으로써 쉼 없음, 염려, 분노, 해결되지 않은 긴장, 감추어진 원한, 오래된 좌절을 정직하게 대면하게 됩니다. 이 모든 것을 대면한 다음의 우리의 반응은 자연스럽게 피해 가거나 바쁜 삶으로 다시 돌아감으로써 고독 속에서 보았던 것이 그렇게 나쁘지 않다고 스스로 위안삼으려 합니다.

진실은 상황이 나쁘고 보기보다 더 심각한 것일 수도 있습니다. 옛 자아를 벗고 지금까지 우리를 지탱해 왔던 이전의 체계를 무너뜨림으로써 한없는 하나님의 자비를 구할 수 있습니다. 우리가 공포로 도망가지 않고 인내하며 갈등에 머물러 있게 될 때, 고독의 외피는 점점 마음 안에 있는 내면의 공간이 됩니다. 이 내면의 공간에서 이미 우리 안에 계신 성령의 현존을 경험하게 됩니다. 마음의 고독 속에서 우리는 물음을 만납니다. 그리고 이 물음은 독일 시인 릴케가 그토록 아름답게 표현했던 대로 점점 자라 마침내 알지도 못하는 사이에 대답으로 자라납니다.

마음의 훈련을 통해 우리는 하나님의 성령이 우리 안에서 "아바, 아버지"(롬 8:15)라고 외치는 내면의 공간을 만들 수 있습니다. 그러므로 마음의 훈련을 통해서 우리는 하나님의 마음에 이릅니다. 기도의 친밀감 속에서 하나님의 맥박 소리를 듣게 될 때, 우리는 하나님의 마음이 세상의 모든 고통을 품고 있음을 깨닫게 됩니다. 이제 지고 가야 할 짐이 예수 그리스도를 통해 가벼워졌음을 보게 됩니다.

기도는 언제나 하나님의 마음과 동시에 인간의 고통의 마음으로 안내합니다. 하나님의 마음 안에서 우리는 인간 고통의 참 본성을 이해하게 되고 우리의 이름이 아니라 스스로 고통받으시고 그 고통을 지심으로 모든 악을 극복하셨던 분의 이름으로 이 고통을 내려놓을 수 있음을 깨닫게 됩니다.

마음의 훈련에도 나름대로 특별한 어려움이 있습니다. 우리는 마음의 훈련에서 개인적인 계시와 감응을 기대하는 유혹을 받습니다. 하나님이나 우리 자신의 쉼 없음을 듣는 것은 인식의 문제가 아니고 어떻게 성령께서 우리를 인도하시는지 분별의 문제입니다. 때문에 이 모든 문제에 앞서, 훈련 그 자체가 신실해야 하는 단순한 어려움이 있습니다. 따라서 영적 안내자를 갖는 것이 도움이 됩니다. 특별히 영적 여정을 진지하게 시작하고자 할 때 우리를 인도할 영적 안내자가 필요합니다.

영적 안내자는 우리가 마음의 훈련을 위해 의지할 수 있고 우리를 위해 지속적으로 기도해 줄 수 있는 헌신적인 기독교인입니다. 영적 안내자와 정기적으로 개인 기도의 삶과 사랑과 돌봄에 대해 그리고 하나님의 은총을 나눌 수 있다면 놀라운 영적 발전을 경험할 수 있을 것입니다. 누군가 우리 편에 서서 우리의 마음을 지나 하나님의 마음에 깊이 들어가도록 지속적으로 격려해 주게 될 때, 우리 또한 아픔을 겪는 이웃과 함께하며 그들이 치유하시는 하나님의 현존을 발견하도록 도울 수 있습니다. 그러므로 마음의 훈련은 우리로 하여금 사랑의 여정을 가도록 합니다. 예컨대 생명으로 인도하는 좁은 문인 아래로의 여정을 가게 합니다.(마 7:13)

우리는 주님이 가신 아래로의 여정을 따르도록 부름받았습니다. 그러나 성공, 명예, 영향력이라는 넓은 길을 선택하라는 유혹을 받습니다. 반면 우리 주 예수 그리스도의 형상에 순응하기 위해 영성훈련을 해야 한다는 도전도 받습니다.

소명, 유혹, 도전은 평생을 두고 계속되는 삶의 순환입니다. 우리는 한 번만 부름받은 것이 아니고 매일 매일 부름을 받습니다. 어디로 가야 할지 알지 못하는 곳으로 부름을 받습니다. 일상의 매순간에 유혹을 받습니다. 실로 악마가 어느 곳에 숨어 있는지 우리는 알 길이 없습니다. 소명과 유혹의 긴장은 평생 지속됩니다. 때문에 우리는 교회와 성경과 영적 안내자에게 귀를 기울이고,

매순간 우리 안에 계시는 하나님의 영의 현존을 발견해야 합니다.

인생은 투쟁하며 존재합니다. 하지만 희망과 용기와 자신감을 견지하게 될 때에 우리는 가장 깊은 내적 존재 안에 이르게 될 것이고, 그리스도의 아래로의 여정을 통해 그분과 더불어 하나님의 영광에 들어갈 것입니다. 그러므로 소명에 감사하면서 유혹을 물리치고 계속되는 도전의 삶에 응답하도록 합시다.

– 헨리 나우웬^{Henri Nouwen}
「소저너스」(*Sojourners*)

교회가 직면한 최후의 유혹

삶은 집요하게 계속됩니다. 나는 10살 때 목화 열매를 따면서 처음으로 이 사실을 깨달았습니다. 여러분도 이 사실이 실제적인 의미로 느껴질지 잘 모르겠습니다. 어느 무더운 날 잡초가 많은 목화밭에서 괭이로 땅을 뒤엎으며 잡초를 뽑고 있었습니다. 그런데 갑자기 뱀이 나타났고, 나는 놀란 나머지 그만 뱀을 죽이고 말았습니다. 나는 뱀을 죽였다고 생각했습니다. 그런데 뱀이 죽지 않았습니다. 뱀을 토막 냈는데 여전히 뱀은 죽지 않았습니다. 끝내 나는 아버지께 달려가 말했습니다. "내가 뱀을 죽였어요. 그런데 뱀이 죽지 않아요." 그러자 아버지께서 말씀하셨습니다. "뱀을 가져다가 울타리에 올려놓으렴. 해질녘쯤 되면 뱀이 죽을 게다." 해질녘까지 정말 뱀이 죽을지 알 길이 없었습니다. 그냥 아버지께서 하라는 대로 뱀을 울타리 위에 올려놓았습니다. 그날 하루 울타리에서 눈길이 떠나지 않았습니다. 뱀의 꼬리는 여전히 움직이고 있었고, 질긴 생명으로 나를 감싸는 것 같았습니다.

예수님께서 "나는 가야 하겠고 죽임을 당할 것이다."라고 말씀하셨을 때, 시몬 베드로는 "그럴 수 없습니다. 주님, 이런 일이 주께 미칠 수 없습니다. 우리는 살아남아야 합니다."라고 항변하였습니다. 그러자 주님이 말씀하셨습니다. "사탄아, 내 뒤로 물러가라. 네가 바로 나를 넘어지게 하는 자로군. 생존! 생존하며 생존을 고집하는 목소리, 그 목소리가 사탄의 목소리야. 베드로야, 너는 나를 잘못 알고 있어. 그리고 너 자신에 대해서도. 나를 따르는 교회는 나와 함께 십자가를 져야 해!" "오! 주님, 아닙니다. 아니 교회도 죽어야 한다는 말씀인가요?!" "그래." 주님은 한 손에 자신의 십자가를 잡으시고, 또 다른 손에는 교회의 십자가를 잡으셨습니다. 그러나 그때나 지금이나 베드로처럼 교회는 이렇게 외칩니다. "아니야, 아니야. 우리는 생존할 수 있어! 우리는 생존하는 길을 알아. 우리는 생존할 수 있어. 물론 출석도 줄고 예산도 감소하고 공공 매체들이 교회를 조롱거리로 만들고 있는 것도 알아. 이들이 이제 교회가 죽어가고 있다고 말하고 있는 것도 알아. 다 아는 얘기야. 그렇지만 우리는 생존할 수 있어."

우리는 콜로라도 스프링스신문사에 편지를 보내 생존 전략에 대한 글들이 있으면 보내 달라고 할 수도 있습니다. 동기 부여를 자극하는 녹음테이프들도 있고, 할 수 있다고 가능성을 촉구하는 적극적 사고방식도 있습니다. 예산을 조금 삭감하고 선교비를 줄여서 그 돈을 정기예금통장에 넣고 직원 수와 프로그램을 줄여야 할지도 모릅니다. 이렇게 힘든 상황이긴 해도 우리는 생존할 수 있습니다. 그런가 하면 특별 프로그램 등을 발전시켜서 교회 부흥을 가져올 수도 있습니다. 제가 알고 있는 플로리다의 어느 교회는 지금 크게 성장하고 있는데, 이들은 가끔 미인대회에서 입상한 유명인들을 초청해 예수님에 대해 증거하는 기회를 만들었습니다. "남부 텍사스 출신의 미스 오크라께서 나오셔서 오늘 우리를 위해 간증해 주시겠습니다." 초청된 사람들 중에는 7피트 8인치의 키를 가진 농구선수들도 있습니다. 이들이 간증을 하면 회중들은 크게 고무됩니다. 또 애틀랜타에 있는 어느 교회에서는 요요게임 전문가를 불러 실제로 게임을 하면서 성경을 인용하며 간증했더니 많은 사람들이 몰려왔다고 합니다. 이렇게 유명인을 초청해서 교회 프로그램을 진행했더니 교회가 차더라고 이들은 말합니다. 자, 들어보십시오. 우리는 생존할 수 있습니다. 생존할 수 있는 여러 방법이 있습니다.

나 또한 생존할 수 있음을 알고 있고, 여러분도 그렇습니다. 그런데 교회는 죽어가고 있고 죽음의 증세들이 둘러싸고 있음을 알고 있습니다. 여러분은 이것을 보고 있고, 나 역시 보고 있습니다. 나는 한때 찰스 디킨슨이 성직자들 모임에 참석했던 경험담을 적은 글을 읽은 적이 있습니다. 디킨슨은 말하기를 성직자들의 모임이 죽었고, 지루하며, 답답하다고 하였습니다. 그래서 이 모임에 두어 시간 함께 머물다가 끝내는 이렇게 질문했답니다. "제가 제안 하나 해도 될까요? 자, 자리를 옮겨서 손을 잡고 조용히 앉아 봅시다. 그리고 우리가 살아 있는 것과 소통이 가능한지 봅시다." 우리 모두는 이 느낌이 어떤 느낌인지 잘 알고 있습니다.

지금 우리는 교인들로 반쯤 채워진 교회 성전 문에 죽음을 알리는 상장을 걸어놓고 교회에 대한 검시관 보고서를 읽고 있는 것이 아닙니다. 또 교회 위에서 콘돌 독수리가 날갯짓하는 소리를 듣고 있지도 않습니다. 사실 십자가를 지고 가다가 죽을 수도 있는 교회 개념을 나도 환영하지 않습니다. 나는 교회가 불멸하다고 생각하고 싶습니다. 정말로 "교회가 죽었다."라고 말하기가 참 어렵습니다. 마치 베드로가 "예수님은 죽었다."라고 말하기 어려웠듯이 말입니다. 교회는 결코 "예수님이 죽었다."고 선포할 수 없습니다. 주님이 무덤에 누워 있었던 그 끔찍한 토요일에도 교회는 "예수님이 죽었다."고 말할 수 없었습니다. 이들은 이야기를 만들어 냈습니다. "너희들 알고 있어? 너희가 정말 십자가에 못 박았던 사람은 십자가를 지고 갔던 구레네 사람 시몬이었어. 시몬이 바로 십자가에 못 박힌 사람이야." "저들이 십자가 위에 있는 예수님께 전해 주었던 스펀지 알고 있지? 그건 다 계획된 것이었어. 그 안에 약을 넣은 거야. 기절하도록. 약을 먹고는 몸이 의식할 수 없게 된 것이지. 이때 사람들이 예수님을 끌어내리다가 다시 소생시킨 것이야. 예수님은 죽지 않았어. 물론이지! 예수님은 죽은 것이 아니야. 생존이 우리의 언어야." 나는 교회에 대해서도 동일한 것을 느끼고 경험합니다. 그러나 내가 아는 바는 예수님의 죽음이 곧 세상의 삶이고 교회의 죽음이 곧 세상의 끝이라는 잘못된 생각이 있다는 것입니다. 정말 잘못된 생각이지요.

우리가 세상에 있는 교회를 인도해 갈 때 받게 되는 압력은 어떤 희생을 치르더라도 교회가 살아나야 한다는 것입니다. 생존! 생존! 생존! 나는 여러분이 성공과 부흥의 압력 속에서도 분별을 통해 "사탄아, 내 뒤로 물러가라. 너는 너의 십자가를 지고 너희 생명을 주어야 한다."는 음성을 들을 수 있기를 희망합니다. 너희 생명을 주라는 의미가 무엇인가요? 나는 잘 모르겠지만, 이웃 누군가의 어린이를 위해 자기 주머니를 기꺼이 비우라는 의미 아닐까요? 내 부모가 아닌 분들을 나의 아버지요 어머니로 여기라는 의미 아닐까요? 나의 친척이 아닌데도 나의 형제요 자매로 여기라는 의미 아닐까요? 이 사회가 관심도 갖지 않는 불가촉천민들에게 가서 저들을 어루만지라는 의미 아닐까요? 사회에서 밀려나 우리와 친구가 될 수 없는 사람들과 함께 식탁을 나누라는 의미 아닐까요? 빵을 함께 나누십시오. 도덕이 무너진 문화 속에서 도덕의 소리를 내라는 의미 아닐까요? 도처에서 복음이 조롱거리가 된 지금, 예수 그리스도를 위한 증인이 되라는 의미 아닐까요? 위험이 있는 곳에서 복음을 전하라는 의미 아닐까요? 갑론을박하는 상황에서 차나 대접하며 뭔가를 기술했다고 만족하지 마십시오. 누군가를 위해 변호자가 되십시오. 변호자가 된다는 말은 교회의 페인트가 벗겨진 상황에서도 누군가를 돕기 위해 교회가 돈을 내야 한다는 의미입니다. 내 생각에는 그렇다는 말입니다. 이렇게 되기 위해서는 교회 안에 이렇게 말하는 지도자들이 있어야 합니다. "봐! 이것은 자살 행위야. 우리는 죽어가고 있어. 이건 자살 행위야." 그리고 우리는 자살로 갈 것인지, 우리의 생명을 줄 것인지 결정해야 합니다. 이 말을 누가 전하겠습니까?

– 프레드 크래독^{Fred B. Craddock}

「프린스턴 세미나리 블레틴」(The Princeton Seminary Bulletin)

급진적 낙관주의

　　선생으로서 제자를 세웠던 예수님은 모든 사람이 자기와 같기를 희망했습니다. 이는 진실한 선생의 목표입니다. 예수님은 우리 모두가 억압, 공포, 갈망, 족쇄로부터 자유와 해방을 경험하기를 원하십니다. 우리가 자기실현을 이루고 하나님과 하나 되기를 원하십니다. 예수님이 누렸던 내면의 경험을 우리와 공유하기 원하십니다.

　　이 말은 우리가 예수님이 누렸던 내면의 경험을 가져야 할 것을 의미합니다. 그러므로 예수님에 대한 보도는 우리 안에 재현되어야 합니다. 복음서를 통해 예수님이 어떤 분이신지 찾아보십시오. 예수님은 우리를 위해 간직하고, 기대하며, 약속하고 계시한 가장 깊은 곳의 실재입니다. 예수님께서 의식 속에서 경험한 것을 우리도 의식 속에서 경험해야 합니다. 우리는 예수님의 존재 중심인 마음속으로 들어가야 합니다. 분명 이것이 예수님께서 주신 예수님의 자기 선물입니다. '예수님이 있는 곳에서 예수님과 함께함' 이란 예수님이 아버지로부터 들었던 모든 것을 듣는 것이고, '예수님과 접붙임이 되었다' 는 말은 예수님의 피가 우리의 혈관에 흐르고 있음을 의미합니다.

　　예수님의 마음에 들어간다는 것은 또한 우리의 존재 중심인 마음에 들어간다는 의미고, 존재의 핵심에 들어간다는 의미입니다. 우리가 이것을 실제로 경험할 수 있을까요?

　　이제 신비적 초연에 다다르고 있습니다. 여기서 신비적 초연이란 일상적인 망아, 이웃에 대한 무관심을 의미하는 것이 아닙니다. 우리의 상황은 이것보다 더 깊이 들어가고 있습니다. 피상성은 몇 겹의 껍질이 있습니다. 우리가 마음 그 자체에 이르기 전 마음과 비교할 때 다른 것들은 피상적인 것에 지나지 않습니다.

　　이제 간략하게 지금까지 거쳐 온 단계들을 설명하겠습니다. 우리를 위한 하나님의 무제약적인 사랑을 받아들임으로 구원을 얻은 우리는 개인적인 쾌락이나 힘을 고집할 필요가 없어졌습니다. 더 많은 소유를 쌓는 것이 아닌 삶의 목적을 찾습니다. 육체의 쾌락과 자극과 편안함을 추구하지 않습니다. 성공이나 실패는 내가 누구인가를 결정짓지 않습니다. 이제 인간관계에서 실패가 있어도 하나님의 삶에 거하기를 기뻐합니다.

이제 '-인 척' 하는 삶의 껍데기들을 벗고 새로운 삶에 들어섭니다. 우리는 종교적인 문화와 전통에 참여합니다. 그리고 자리를 잡아갑니다. 종교가 제시한 영적 여정을 따릅니다. 세상을 떠나서 종교에 입문하였지만 여전히 나의 인격, 하나님-세계의 관계가 어떻게 형성되었는지에 대한 개념들이 살아납니다. 예컨대 나의 심리학과 신학이 등장합니다. 이것은 의식하기 어려운 또 하나의 껍데기입니다.

어쩌면 많은 기독교인들은 선사(Zen Master)가 제시하는 바를 수행하고자 하지 않을 것입니다. 잘 알려진 선사가 있습니다. 이분이 거처하는 방 입구에는 '나는 이미 선불교를 잊었다' 라고 쓰인 서예 족자가 걸려 있습니다. 이분은 달을 가리키는 손가락을 넘어 달을 보고 있었던 것입니다.

그러면 관상적 삶이란 무엇입니까? 관상적 삶이란 큰 모험이 뒤따르는 곳입니다. 민간전승의 종교가 자라는 곳일 수도 있고, 발가벗겨진 영으로 침투해 들어가는 순수 실재의 자리일수도 있습니다. 관상적 삶의 깊이에서는 더 이상 어떤 비밀이나 완곡요법, 또 어린이에게 들려줄 동화도 없습니다. 유한한 표현을 넘어 실재를 찾는 길만 분명하게 나타납니다.

– 베아트리체 브루토우[Beatrice Bruteau]
「급진적 낙관주의」(Radical Optimism)

내가 네 안에 새 영을 부어 주리니

또 새 영을 너희 속에 두고 새 마음을 너희에게 주되 너희 육신에서 굳은 마음을 제거하고
부드러운 마음을 줄 것이며(겔 36:26)

현대 종교에서 특기할 만한 하나의 현상은 본래적 영성에 대한 추구입니다. 페미니스트 운동, 수도원 운동, 교회 일치 운동, 창조 중심의 신학, 투쟁의 영성은 그들 나름의 지지자와 옹호자들

을 갖고 있습니다. 또 각 입장에서 문학과 사조가 등장합니다. 그 결과 범신론, 도피주의, 행동주의. 엘리트주의라는 그림자가 나타나기도 합니다. 그 초점이 새로운 제자도이든, 이원론의 극복이든 아니면 개인적 의미의 추구이든 '영성'이라는 주제로 모아집니다.

불행하게도 이 영성이라는 추상적인 말은 이미 일반적인 용어가 되었습니다. 따라서 잘못 해석될 가능성이 농후해졌습니다. 어떤 경우는 영성이라는 말이 물리적이고 자연적인 것과 영적인 것을 나누는 도구가 됩니다. 또 다른 경우에는 삶의 현실과 인간의 비극으로부터 벗어난 내면으로의 이동을 의미하기도 합니다. 그런가 하면 기도와 회심의 개인적인 여정을 뜻하기도 합니다. 이처럼 영성이라는 말이 갖는 의미의 다양성 때문에 오늘날은 '전인적 영성'으로 향하는 성향이 있습니다.

성경은 영성에 대해 좀 더 구체적이고도 정확하게 기술합니다. "내가 네 안에 새 영을 부어주리니"(겔 36:26) "내 안에 정직한 영을 새롭게 하소서."(시 51:10) "내 영이 내 주 하나님을 기뻐하였음이니라."(눅 1:47) "내 영혼을 아버지 손에 부탁하나이다."(눅 23:46) "누구든지 그리스도의 영이 없으면 그리스도의 사람이 아니니라."(롬 8:9)

에스겔이 표현한 '돌 같은 마음'은 결코 추상적이거나 모호하지 않습니다. 우리 모두는 실재를 압니다. 예컨대 굳어진 심령, 무관심, 느낄 수도 반응할 수도 사랑할 수도 없는 실재를 압니다. 주님이 말씀하셨습니다. "주의 성령이 내게 임하였으니 이는 가난한 자에게 복음을 전하게 하시려고 내게 기름을 부으시고 나를 보내사 포로 된 자에게 자유를, 눈 먼 자에게 다시 보게 함을 전파하며 눌린 자를 자유롭게 하고 주의 은혜의 해를 전파하게 하려 하심이라."(눅 4:18) 여기서 영이 임했다는 말은, 영이 우리를 지배하고 인도하는 것을 말합니다. 생명의 영은 시간과 공간에 제약되지 않는 전체로서의 본래적인 자아입니다. 본래적인 자아는 모든 경험과 반응을 넘어섭니다. 진정한 자아는 우리의 가장 진정한 존재입니다. 영성이란 진정한 자아로 인도하는 과정입니다. 그리스도인에게 영성이란 진정한 자아인 그리스도에게 옮겨 가는 것을 뜻합니다.

— 존 풀스Joan Puls
「조그만 밭에 숨은 보물을 찾으십시오」(Seek Treasures in Small Fields)

주여! 내가 여기 있사오니 나를 쓰시옵소서

"온유한 자는 복이 있나니 땅을 기업으로 받을 것임이요." 산상수훈의 팔복 가운데 이 구절이 가장 이해하기도 어렵고 삶에 적용하기도 어렵습니다. 여기서 이해를 어렵게 하는 것은 온유라는 용어입니다. 예컨대 오늘날 누가 온유하기를 원하겠습니까? 온유란 약하고 결단력도 없고 감상적인 용어처럼 들립니다.

어느 날 한 소년이 엄마가 하루 종일 자기를 '내 어린양'이라고 부르는 바람에 크게 좌절하였다고 이야기하는 것을 들은 적이 있습니다. 4살 먹은 이 소년은 결국 견딜 수 없어 엄마에게 말했습니다. "엄마, 난 엄마의 어린양이 아니야. 싫어! 나는 엄마의 작은 호랑이가 되고 싶어. 작은 호랑이."

이것이 우리 대부분의 모습입니다. 오늘날 세상은 온유라는 말을 수치스럽게 생각합니다. 온유한 사람들과 온유한 국가들은 배짱과 힘과 뒷심이 없는 사람들과 나라들을 뜻합니다. '복이 있나니'라는 말은 기다렸다가 하늘나라에서는 적용할 수 있을 것입니다. 그러나 이 땅에서는 결코 온유라는 말이 환영받지 못하는 상황입니다. 오늘날 온유란 약함이란 말과 동의어입니다.

그러나 예수님께서 팔복 가운데 세 번째로 말씀하신 이 구절은 우리가 이해하는 의미와 다릅니다. 예수님이 말씀하신 온유란, '하나님께 순종하는 것'을 의미합니다. 성경 전체를 통해서 온유란 말은, 온전히 하나님의 뜻을 따라 살기로 하고 하나님의 종이 된 사람들을 의미합니다. 곧 하나님의 손에 맡기고 하나님께 온전히 자신을 양도한 사람들을 온유한 사람들이라고 하였습니다.

구약에서 모세를 가장 온유한 사람이라고 묘사한 대목을 참조하면 온유의 본래적 의미를 이해하는 데 도움이 될 것입니다. 이제 그 의미를 다시 생각해 봅시다. 하나님은 불이 붙은 가시떨기나무 한가운데서 모세에게 나타나셨습니다. 하나님은 모세를 불러 이스라엘을 종살이에서 해방시키라고 명령하십니다. 모세는 바로 앞에 서서 담대하게 자기의 생명을 걸고 "내 백성을 가게 하라!"고 말합니다. 그러고는 백성들을 애굽에서 이끌어 내어 홍해를 건넌 후 십계명을 받았습니다. 광야를 지나 전쟁을 치르면서 갖가지 좌절과 난관을 뚫고 마침내 약속의 땅을 향해 백성들을 진두지휘했습니다.

성경 전체의 인물 가운데 모세는 가장 강력한 지도자요 강했던 인물입니다. 그러나 민수기 12

장을 킹 제임스(King James) 역본 성경으로 읽어 보면, "이 사람 모세는 온유함이 지면의 모든 사람보다 더 하더라."(민 12:3)라고 기록하고 있습니다. 모세는 자기에게 절대적으로 하나님이 필요함을 깨달은 온유한 사람이었습니다. 그는 온전히 자신을 하나님께 드렸습니다. 하나님께 순종했고 하나님을 신뢰하였으며 하나님을 섬겼습니다. 그는 하나님의 뜻을 행하였습니다. 이것이 온유함의 의미입니다. 온유의 반대는 오만, 건방짐, 교만, 이기심입니다. 때와 장소를 가리지 않고 하나님께서 원하시는 대로 사용하실 수 있도록 겸손히 자신을 드리는 사람이 온유한 사람입니다. 때문에 온유함 속에 진정한 힘이 있습니다.

– 제임스 무어[James W. Moore]
「모든 것이 실패로 끝났을 때」(When All Else Fails...Read the Instructions)

은총으로 관을 씌우시고

우리가 진정으로 찾으면 하나님을 찾을 것이라는 성경의 약속은 영적 삶의 여정에서 기본적인 것입니다. 종종 우리는 영적 여정에서 아무것도 일어날 것 같지 않은 메마름의 시기를 경험하고, 낙담과 심란함으로 넘어지기도 하고, 의심하기도 합니다. 그럼에도 우리의 영적 여정은 소중한 가치를 지닌 여정입니다. 실로 하나님의 실재는 사랑이고, 하나님이 우리에게 주시는 사랑은 우리가 인식해야 할 가장 중요한 실재입니다. 우리는 하나님을 경험할 때 우리에게 일어난 일을 받아들이고 어떤 난관이라도 넘어서서 비극과 낙심을 대면할 힘을 얻습니다.

영적 삶의 열매는 쉽게 얻어지지 않습니다. 은총 안에서 자라는 것은, 때때로 누구도 쉽게 통과할 수 없는 인내를 요구합니다. 이전의 내가 남아 여전히 조정하고 주장하려 합니다. 우리는 인식이 끊어진 거반 죽어 버린 존재로 되돌아가기를 원하는 때가 있습니다. 하나님은 우리에게 정직을 요구하십니다. 이 정직은 고통스러울 수 있습니다. 하나님은 우리 자신보다 우리를 더 잘 아시기에 그분 앞에서 숨겼던 위선들이 모두 드러납니다. 하나님은 우리를 아시기에 우리에게 진정한 자기 찾기를 요구하십니다.

은총 안에서 자라는 과정을 아름답게 정리한 플로라 윌너(Flora Wuellner)는 이렇게 노래했습니다. "우리가 치유를 받아 온전하게 될 때, 이전에 보지 못했던 것들이 우리 앞에 보입니다. 우리의 통제되지 않은 감정들이 보입니다. 우리가 한 일들이 보이고, 아무것도 몰라서 감각도 없이 판단했던 것도 보입니다. 새로운 관점에서 관계들이 보이고, 아직 깨어나지 못한 영역들도 보입니다. 우리가 깨어나기 시작하면서 보는 것에 대한 결정들이 새롭게 힘을 얻기 시작합니다."

　기독교인의 삶의 목적은 그리스도와 연합하는 것입니다. 그러나 이 연합은 일상에서 아주 희미하게 그리고 드물게 일어납니다. 그럼에도 불구하고 그리스도와의 연합을 향한 순례의 여정은 우리가 그리스도의 현존을 실현하든 그렇지 못하든 그리스도께서 우리와 함께하신다는 놀라운 발견입니다. 이 여정에서 우리는 다른 사람들과 관계를 위한 새로운 기회를 만납니다. 이전에는 상상할 수도 없었던 새로운 가능성을 우리 안에서 발견합니다. 그러나 모험은 여전히 투쟁으로 이어져 있습니다. 이 여정은 순례자의 가난한 마음으로 떠나는 여정입니다.

– 하워드 라이스[Howard L. Rice]

「개혁주의 영성」(Reformed Spirituality)

단순성

　그리스도 안에서 성장하는 데 가장 어려운 과제는, 이토록 복잡한 삶 한가운데서 그리스도께서 자기를 계시하신 단순성의 차원을 어떻게 견지하느냐입니다. 물론 그 대답은 우리가 단순성에 이를 수 없다는 것입니다. 단순성이란 주님과 길고도 친밀한 관계를 견지한 결과 그 열매로 주어지는 선물입니다. 우리 모두는 이 단순성을 견지하였던 사람들을 알고 있습니다. 단순성은 내면의 지혜와 고독 속에서 자라고, 모임을 풍요롭게 하는 자발성과 기쁨을 통해 표현된 삶의 전체성입니다. 단순성은 삶의 방식과 필요 그리고 주변 세상과 관계하는 방식에 영향을 줍니다.

　단순성이 우리의 의지대로 조작할 수 없는 삶의 내용임에도 불구하고 우리는 이 단순성에 영적으로 반응할 수 있습니다. 언젠가 단 몇 분 동안 대화를 했는데도 일생을 알아온 것처럼 느끼게 했던 분을 만난 적이 있습니다. 그녀는 자기를 숨기지 않고 드러내는 능력을 갖고 있어서 관계에 거리낌을 느낄 수 없었습니다. 나는 이분에게서 관계를 서먹하게 하는 분주함, 자기 허탈, 숨겨진 의도 같은 것과는 거리가 있는 단순성을 만났던 것입니다. 잠깐이었지만 나는 이분의 존재를 경험한 것이었고, 이분과의 만남으로 내 삶이 풍요롭게 되었습니다. 이분은 내게 좋은 인상이나 영향을 줄 필요가 없었습니다. 그래서 속임이나 숨김없이 자기를 드러낼 수 있었습니다. 우리는 먼저 이 단순성을 원하고 그 다음은 단순성을 수행합니다. 그리고 단순성에서 벗어날 때마다 하나님의 능력에 우리를 노출시킴으로써 다시금 단순성으로 나아갈 수 있습니다.

그러므로 우리는 보다 본래적으로 복음의 단순성을 성찰함으로써 기도, 삶, 이웃과의 관계를 어떻게 해야 하는지 그 해법을 찾을 수 있습니다. 우리의 목적은 그리스도 안에서 기쁨이 넘치는 자유입니다. 예수님께서 말씀하십니다. "나는 마음이 온유하고 겸손하니 나의 멍에를 메고 내게 배우라. 그리하면 너희 마음이 쉼을 얻으리니 이는 내 멍에는 쉽고 내 짐은 가벼움이라 하시니라."(마 11:29~30) 여기에 바로 단순성의 역설이 있습니다.

– 제임스 팽하겐James C. Fenhagen

「목회와 고독」(Ministry and Solitude)

하나님의 치유

근대주의의 신화들이 하나 둘씩 우리 주변에서 죽어가고 있습니다. 우리가 만든 지혜와 복잡성이 우리 자신을 파괴하고 있습니다. 수백 년 동안 서구 사회를 풍미해 왔던 진보, 인간 이성, 고도의 기술공학이 인간의 난국을 모두 해결해 줄 것이라고 생각하였습니다. 그러나 이 생각은 잘못된 것으로 판명되었습니다. 이성과 과학의 선물을 부정하지는 않지만, 우리는 이제 이들의 메시아적 약속을 의심하게 되었습니다. 분석한다고 지혜가 더해지는 것도 아니고 풍요로움의 상징인 선택의 기회가 많아졌다고 해서 자유가 더해지지도 않습니다. 물질의 축적은 행복을 가져오기보다는 오히려 관상의 시간을 빼앗아 버렸습니다.

진보는 땅을 담보로 이루어졌습니다. 인간의 이성은 전쟁, 탐욕, 개인적 행복 추구를 합리화해 주었고, 기술공학에 종사하는 사람들, 군국주의자들, 의료계 부호들에게 엄청난 보상을 해 주었습니다. 진보철학은 지금의 무게와 신비보다는 우리 자신의 무한함과 미래를 신뢰하게 하였습니다. 종교는 사물의 깊이, 넓이, 경외감에 관심합니다. 이런 의미에서 우리는 끈기도 없고 종교성도 없는 존재가 되었습니다. 음과 양 어느 한 면만을 주장해서는 풀 수 없는 부활의 신비가 "실재의 음과 양 모든 것을 알 수 있다"는 최근의 슬로건으로 무너지고 있습니다.

무너지는 근대주의는 엄청난 보상을 요구하고 있습니다. 교회는 보상을 약속할 수도 없고 동시에 그 대가를 지불할 수도 없습니다. 대가를 지불하지 않은 약속은 달콤한 감상에 지나지 않습니다. 그러나 약속도 하지 않고 대가만 치르는 것은 수치와 부담과 슬픔이 됩니다. 우리에겐 약속도 있고 그 약속에 대한 대가도 있습니다. 그러나 누가 무너진 근대주의 너머 '온전한 단순성의 조건'으로 우리를 되돌려놓을 것입니까? 이 일을 위해 누가 가기를 원합니까? 하나님은 개인과 교회를 치유하시는 분입니다. 하나님의 관상에로 우리를 불러 치유하십니다. 헉슬리(Aldous Huxley)는 이것을 '영원철학'(perennial philosophy)이라 불렀습니다. 영원철학이란 눈과 귀를 달콤하게 하는 세계로부터 단순성으로 돌아가는 것입니다. 단순성을 위해 우리를 드리는 길 외에 "다른 길은 없습니다."

아직 가져보지 못한 기쁨을 얻기 위해
경험해보지 않은 길을 가야 합니다.
아직 가져보지 못한 지식을 얻기 위해
모르는 길을 가야 합니다.
아직 가져보지 못한 것을 얻기 위해
가보지 않은 길을 가야 합니다.
아직 아닌 존재가 되기 위해
아직 아닌 존재의 길을 가야 합니다.
(십자가의 성 요한^{St. John of the Cross}, 「갈멜산에 오르기」[*The Ascent of Mt. Carmel*])

– 리차드 로어^{Richard Rohr}
「단순성」(*Simplicity*)

다른 사람의 영적 여정에 무임승차 하지 않기

피터 우스티노프(Peter Ustinov)의 희곡 「베토벤 10번 교향곡」(Beethoven's Tenth)을 보면, 부활한 베토벤이 젊은 작곡가 폴드게이트(Pascal Fauldgate)를 평가합니다. 베토벤은 이 음악가에게 기술적인 문제는 없다고 말합니다. 문제는 '말할 것이 없는데 그것을 잘 말하고 있음'에 있습니다. 마찬가지로 설교자가 나눌 것이 없다면 설교가 얼마나 우아한가는 문제가 되지 않습니다. 목회는 은사와 은총의 문제뿐 아니라 신앙과 신앙의 열매와 관계됩니다. 1746년 웨슬리가 훈련시키던 설교자들에게 던진 물음은 오늘 우리에게도 여전히 물어야 할 것입니다.

여러분은 사역을 위해서 은총뿐 아니라 은사를 가졌습니까? 명쾌하고 건전한 이해와 하나님 일에 대한 올바른 판단과 믿음에 의한 구원에 대하여 바른 개념을 갖고 있습니까? 여러분은 올바로 준비하여 명쾌하게 전달하고 있습니까?

여러분은 삶에 열매가 있습니까? 죄를 진정으로 회개하고 하나님께 돌아섰습니까? 믿는 사람들이 여러분의 설교를 듣고 감화를 받고 있습니까?

정치적 신비가는 우리가 빌려 온 신앙으로는 살아갈 수 없음을 잘 이해합니다. 누구도 다른 사람의 영적 여정에 무임 승차 할 수는 없습니다. 우리는 길을 가면서 동료를 만납니다. 궁극적으로 목회자는 신앙에 따라 살고 죽어야 합니다. 하나님과의 깊은 교제는 자기초월적인, 결코 분석되거나 교류될 수 없는 모든 것을 포함하는 신비의 순간에 이루어집니다. 하나님의 은총 안에 있는 우리는 하나님의 임재를 느낄 때와 느끼지 못할 때 결코 동일한 여정을 갈 수 없습니다.

하나님에 대한 관상은 본질상 그 자체로 좋은 것입니다. 공리적인 이유라면 헌신의 삶을 요구할 필요는 없습니다. 그러나 관상기도는 실천적입니다. 관상기도는 인간의 상태를 어루만지는 하나님의 치유입니다. 신비가들은 하나님에 대한 관상적 비전이, 곧 마음의 회심인 돌아섬(metanoia)이라고 증언합니다. 윌리암 존스톤(William Johnston)은 이러한 회심이 사회적 차원으로 확장되어야 한다고 주장합니다. 예컨대 가난, 평화, 정의, 자기가 만든 안전의 포기, 사랑의 삶, 하나님 신뢰하기로의 회심이 있어야 합니다.

하나님과 친밀한 관계를 가졌던 신비가들은 목회와 예언적 활동에서 갈등과 실패를 경험했음에도 늘 힘을 유지하였습니다. 기독교인으로서 사회 정치적 활동을 했던 이들은 언제나 영적 기법을 발전시켜 사용하였습니다. 이들 정치적 신비가들은 고통이 주는 친밀감을 잘 알고 있었습니다. 야곱처럼 씨름하였던 이들은 절름발이의 모습으로 등장해서는 욥의 언어로 말합니다.

주께서는 못 하실 일이 없사오며

무슨 계획이든지 못 이루실 것이 없는 줄 아오니

무지한 말로 이치를 가리는 자가 누구이니까

나는 깨닫지도 못한 일을 말하였고

스스로 말할 수도 없고

헤아리기도 어려운 일을 말하였나이다. (욥 42:2~3)

마틴 마티(Martin E. Marty)는 '종교인들과 종교 공동체가 물려받은 영적 유산에만 빠져 관심을 끌지 못하는 영적 원리를 따라 살 수 없음'을 관찰하였습니다. 그러나 우리는 헌신적인 훈련과 위대한 신비가들의 글을 읽으면서 큰 배움을 얻을 수 있습니다. 영적 거장들과 영혼의 친구가 됨으로써 목회에 필요한 조명을 공급받을 수 있습니다. 나의 영적 스승이었던 월터 뮬더(Walter G. Muelder)는 보스턴대학에서 발행한 학술논문집(festschirift)에 다음과 같이 썼습니다.

(동방과 서방의 신비가들은) 내가 자기 성찰, 동기 분별, 교회 일치적인 이해, 감정을 다스리는 법, 기존 제도로부터의 반대를 해결하기, 기독교 전통 안에 나타난 영성의 연속성에 대한 자각, 피상적 경건과 진정한 경건의 분별, 신앙의 중심인 신뢰 쌓기 등을 하는 데 엄청난 도움을 주었다. … 왜냐하면 헌신적인 삶이란 평온과 투쟁이기 때문이다.

인간과 하나님, 유한과 무한, 지금과 '전적 타자'의 차이를 연결하는 것은, 불확실하고 끝이 없는 물음입니다. 우리가 하나님과 가까이 있다고 느끼는 순간들은 상대적으로 그렇게 많지 않습니다. 그리고 우리는 긴 시간의 간격을 두고 종교적인 경험을 합니다. 가장 이름 있는 교회의 정치적 신비가들은 성 요한이 말했던 '영혼의 어두운 밤'을 오늘날 심리학자들이 말하는 '탈진'이라고 생각합니다. 영적 온전함을 이루려는 우리의 투쟁은 언제나 내면의 자기가 갖는 한계와 씨름하는 시간이고, 하나님의 온전함과 기대감을 이루려는 시간입니다.

정치적 신비가들은 우리가 개인이나 공동 기도에서만이 아니라 고뇌와 아픔 그리고 삶의 수렁과 위험에서 하나님을 찾는다고 주장합니다. 오케세이(Sean O'Casey)의 자서전 「장미와 면류관」(Rose and Crown)에 보면, 흥겨운 아이리시풍의 하나님에 대한 논의가 나옵니다. 물음은 이렇게 이어집니다. 하나님이 가톨릭 하나님인가, 아니면 개신교 하나님인가? 그 대답은 하나님은 누구의 하나님도 아닙니다. 오케세이는 이렇게 대답합니다.

> (하나님)은 거리의 외치는 소리인지 모른다. … 하나님이 거리의 외치는 소리라면, 이 외침은
> 결코 교리가 아니다. … 이 소리는 불란서 혁명에서처럼 빵을 달라는 사람들의 외침일 수 있고,
> 야밤 황야에서 만취한 사람이 비틀대며 집을 찾아가면서 외치는 베르디(Verdi)의 「오레오노라」
> (O'Leonora)일 수 있다.

과거의 영성에 대한 논의는 삶의 긍정보다는 삶의 부정을 강조하였습니다. 매튜 폭스(Matthew Fox)는 "표현이 아니라 억압이, 쾌락이 아니라 죄책감이, 이 세상이 아니라 천국이, 정의가 아니라 감상이, 재능을 발전시키는 것이 아니라 고행이 서구 영성의 특징"이라고 주장합니다. 기도는 삶으로의 참여보다는 삶으로부터 물러남이라고 이해하였습니다. 다른 사람들이 거리의 활기와 목소리 속에서 하나님을 찾고 있는 동안, 우리는 종종 영성을 추구한다고 하면서 개인적이고 내면적인 세계로 향하거나 스스로를 교회 벽 안에 가두곤 하였습니다.

도로시 데이(Dorthy Day)는 모든 사람들 안에서 하나님을 보았습니다. 그녀는 정자나무 아래에서 쉬고 있는 노숙자들 안에서, 나치와 공산주의자들 안에서, 조셉 맥카시(Joseph McCarthy) 상원 의원을 존경하는 추기경 안에서 그리스도를 보았습니다. 그녀는 다른 사람들을 미워했던 모든 사람을 사랑하였습니다. 그녀는 누군가의 철학이나 정치적 틀에 자신을 맞추려 하지 않았습니다. 이런 저항을 통해서 그녀는 세속 한가운데서 영성과 하나님을 발견하였습니다. 그렇습니다. 정치적 신비가에게 하나님은 거리의 외침입니다. 기쁨과 슬픔의 외침이고, 희망과 아픔의 외침이며, 이웃과 이방인의 외침이고, 강한 자와 약한 자의 외침입니다. 큰소리로 외치는 외침이고, '내 형제 중 가장 작은 자들' 의 외침입니다.

— 도널드 매써[Donald E. Messer]
「기독교 영성의 현대적 형상들」(Contemporary Images of Christian Spirituality)

발설되지 않은 계약

전통적인 교회의 대다수 사람들은 자신과 자신의 세계가 복음으로 변화되기를 원치 않습니다. 대신 이들은 자신과 자신의 삶은 이전과 똑같이 놔두고, 그저 삶을 쉽게 다룰 수 있도록 목회자가 도움을 주기를 원합니다. 복음은 우리와 이 세계 질서가 복음이 말하는 축복을 향유하기 위해서 변해야 한다고 말합니다.

성직자와 평신도를 포함한 교회 회중은 전형적으로 가족, 경력, 삶의 기준에 깊이 관심합니다. 삶의 도전에 직면할 때마다 이 세 범주가 중심 기준이 되어 나타납니다.

변화의 사람이 되려던 꿈이 깨진 채 뒷걸음질치던 젊은 성직자가 대안으로 미래의 경력을 추구하는 쪽으로 방향을 바꿉니다. 개인적이고 사회적인 변화는 목회의 뒷전으로 사라지고 있습니다. 경력을 쌓는 것이 전문 영역의 사람들을 지배하는 종말적 과제가 됩니다. 발설되지 않은 계약은 꼭꼭 숨겨집니다. 우리의 제도 교회가 지역 교회나 교단의 요구에 순응한다면, 우리의 경력이 좋아질 것입니다. 이 입장에서 우리의 목회는 변화를 위한 열정보다 경력을 추구하는 것으로 방향이 잡힐 수 있습니다.

경력을 추구하는 상황에서 우리의 본래적인 꿈을 다시 찾거나 회복하기 위해서는 몇 가지 단계를 거쳐야 할 것입니다. 성직자를 위한 제자 훈련은, 경력을 최우선시하는 분위기에 저항하는 다른 동료 성직자들과 함께함을 의미합니다. 제자들의 모임은 가정과 경력과 삶의 즐거움이라는 세 가지 표준이 지배하고 있는 교회와 교단 분위기를 바꾸어 목회의 신실한 형식이 살아나도록 함께 은총의 수단을 찾아가야 합니다. 나는 이 일이 일어날 수 있다고 확신합니다. 그러나 목회자들이 서로 훈련하는 프로그램을 만들어 내지 않는다면 이런 변화는 일어날 수 없습니다.

목회자들이 처음 목회의 밑그림을 그리는 시점을 너무 어둡게 묘사하지는 않았는지 모르겠습니다. 왜냐하면 이 글을 읽는 독자 가운데는 내가 묘사한 것이 자신들의 경험과 잘 맞지 않을 수도 있기 때문입니다. 그럼에도 나는 독서와 관찰을 통해서 나의 묘사가 우리 대부분에게 정확하게 적용된다고 생각합니다. 우리 중 누구도 수치를 느낄 필요는 없습니다. 우리가 속한 문화와 제도는 이미 이것을 진단해 주고 있습니다. 이 시대의 문화에서 어른 남자들에게 대부분 일어나는 일을 교회의 언어로 바꾸어 놓았을 뿐입니다. 우리가 이제 할 수 있는 일은 새로운 변화를 위해 실행에 옮기는 것입니다.

앞으로 우리의 목회는 얼마나 지속될까요? 15년에서 20년 정도 더 목회를 하게 될까요? 경력으로 목회를 생각한다면 어느 순간 우리는 예수님의 제자들이 만났던 난국에 처하게 될 것입니다. 예수님의 제자들이 경력을 생각하며 꿈꾸었던 희망은 예수님께서 잡히시어 형이 확정되자 물거품처럼 사라지고 말았습니다. 그들은 도래하는 왕국에서 좋은 자리를 차지할 것을 꿈꾸며 예수님께서 요청한 일들을 하였습니다. 이들의 입장에서 보면 예수님은 자기들과의 약속을 이행하지 않았습니다. 이들은 예수님을 버리고 도망갔습니다.

우리도 이와 비슷한 배반을 경험합니다. 우리도 제도적 교회와 경력을 높이기 위해서 계약을 했습니다. 그런데 제도는 약속한 부분을 지키지 않습니다. 때때로 40대 혹은 50대가 되었을 때 우리는 교회가 더 이상 우리를 높여 주지 않는다는 사실을 깨닫습니다. 더 크고 도전을 줄 만한 교회를 만나지 못합니다. 높아질 수 있다는 희망에 제동이 걸리는 순간, 우리의 반응에 따라서 성숙을 향한 여정이 될 수 있습니다. 우리가 이 시점에서 적절하게 반응한다면, 경력을 추구하는 시간에서 유용성과 만족을 생각하는 황금기 속으로 들어갈 수 있습니다.

– 닐 해밀턴^{Neill Q. Hamilton}
「성숙한 기독교인의 삶」(*Maturing in the Christian Life*)

영혼의 친구

우리는 마음이 분산되고 나누어진 사람들입니다. 내 마음은 흩어져 있는 가족과 친구들에게 가 있습니다. 내 영혼의 친구는 '나'라고 불리는 이 흩어진 조각들을 보호해 주고 존중해 주는 자입니다. 나는 나 자신보다 앞서 이 조각들을 보냈고, 하나님은 그 조각들이 어디에 있는지 아십니다. 내 영혼의 친구는 이 조각들이 어디 있는지를 알고 나와 함께 이 조각들을 향해 걸어갑니다. 내 마음은 지금 집으로 향하고 다른 사람들과 함께 있습니다. 그 이유는 다른 사람들과 함께할 때에만 집으로 오는 길을 찾을 수 있기 때문입니다. 동료와 함께하는 것은 개인적인 사생활의 자리일 뿐 아니라 사회적이고 정치적인 삶의 자리입니다. 우리 모두는 같은 순례자이고 동료라는 생각은 사회적이며 정치적인 깊은 의미를 담고 있습니다. 우정, 특별히 기독교인의 우정은 세상의 치유를 위해 공적인 측면을 갖고 있습니다. 하나님은 우정입니다. 이 말은 우리가 하나님 안에서 친구들로 존재하도록 부름받았다는 뜻입니다. 우리는 지구상에서 수백만의 사람들과 가까운 친구로 지낼 수는 없습니다. 그러나 하나님의 우정을 함께 나눔으로써 하나님의 친구들을 함께 묶는 상호적 연결망을 만들 수는 있습니다.

무엇을 위한 연결망일까요? 우리는 그 단서를 성 고드릭(*Godric*)에게서 찾아볼 수 있습니다.

> 오! 참새의 친구이신 주님이시여. … 언제 죄를 지었는지도 알지 못하는 이 세상에 자비를
> 베풀어 주소서. 오! 거룩한 비둘기 성령이시여, 여기 고드릭 위에 하강하시고 자리를 잡으셔서
> 내 안에 진정한 마음이 자리하게 하소서. 아멘.

함께하는 것은 마음이 깨어나기 위함입니다. 우리의 흩어지고 부서진 자아들이 집을 찾아 자리를 잡기 위해서입니다. 진정으로 하나님 안에서 자신을 찾아 자기의 집에 거할 때만 나는 친구와 동료 순례자들에게 진정 나로 현존할 수 있습니다.

이것은 아주 단순합니다. 함께함이란 내가 얼어붙어 나를 잃어버렸을 때 당신의 손이 내게 미치는 것입니다. 그것은 경직된 양 볼 사이의 땀구멍이며, 당신이 내 안에서 끔찍한 것을 보는 것입니다. 내가 당신의 상처를 주의 깊게 관찰하는 것이고, 당신의 두려움에 귀 기울이는 것입니다. 함께함을 통해 우리는 주님 안에서 눈물과 웃음과 기쁨을 나눕니다. 우리는 함께 십자가의 길을 걸으며 부활의 능력 안에서 살아갑니다. 달리 말하면 함께함 속에서 하나님의 삶은 곧 우리의 삶이 됩니다.

– 알란 존스Alan Jones
「영성 지도를 찾아서」(*Exploring Spiritual Direction*)

개혁과 갱신

하나님의 가족인 교회는 복음의 전통으로 하나님의 백성을 양육하도록 부름받은, 가시적이고 역사적인 인간 공동체입니다. 하나님의 백성은 교회 안에서 복음의 전통에 따라 판단하고 영감을 받아 살아감으로써 하나님의 뜻을 실현하며 하나님의 공동체를 세워 갈 것입니다. 그리스도의 몸

인 교회는 하나님의 영을 담고 있는 예언자적 피조물이며, 변화를 만들어 내는 하나님의 능력의 도구이고, 역사 안에서 하나님을 지속적으로 증언합니다.

교회는 하나지만 역설적인 면을 지니고 있습니다. 교회는 죄로 가득하면서도 거룩합니다. 나누어져 있으면서도 하나이고, 개혁을 필요로 하는 공동체이면서 변화를 가져오는 영원한 말씀의 담지자입니다. 교회는 인간의 제도이면서 거룩한 공동체이고, 세례받은 죄인들의 은총을 입은 모임이면서 의지를 갖고 순종하며 일관된 신실함을 지닌 회심자들인 성도들의 모임입니다. 교회는 기독교 가정에서 태어나든 자신의 결단에 의해 기독교인이 되든 모든 사람을 향해 목회를 감당합니다. 교회는 모든 회중에게 이해할 수 없는 방식으로 선교와 목회를 수행하는 신비입니다.

오늘날 여러분과 나는 하나의, 거룩한, 보편적, 사도적 교회라는 다소 어색한 표현으로 교회를 고백합니다. 이 표현은 다소 혼돈을 줄 수 있습니다. 오늘날 교회는 거의 파산 직전의 희망이 없는 제도 가운데 하나인 것처럼 보일 때가 있습니다. 그러나 또 어떤 때는 삶의 의미와 목적이, 이처럼 깨지기 쉬운 믿음과 의심의 공동체, 신실함과 불신앙의 공동체에 기초하고 있는 것처럼 보일 때가 있습니다. 교회는 역사를 통해 위대한 진리를 계시하기도 했고 상실하기도 했습니다. 신앙의 고귀함을 실현하기도 했고 잃어버리기도 했습니다. 예언자적 행위를 보여 주기도 했고 거부하기도 하였습니다.

과거와 마찬가지로 오늘날에도 교회에 대한 삶과 증언은 다층적입니다. 그럼에도 여전히 교회를 향한 희망의 징조들이 있습니다. 개신교, 로마 가톨릭, 정교회라는 기독교 교회들은 상호 화해와 협력을 향해 움직이고 있습니다. 기독교인들과 유대인들도 화해를 향한 첫 걸음을 시작했습니다. 세계의 다른 종교들을 향한 태도가 좀 더 긍정적이고 존중하는 분위기로 바뀌어 가고 있습니다. 예배 갱신은 흩어진 자매와 형제를 하나로 연합하여 회중들을 변화시켜 가고 있습니다. 대중의 경건과 시민 종교가 더 이상 무비판적으로 받아들여지지 않습니다. 기독교인들과 교회들은 점차 오늘날 일어나고 있는 사회 문제에 대해 경고하고 있습니다. 교회가 스스로에게 적용하였던 비판적 판단으로부터 새로운 이해가 일어나고 있습니다. 여기 저기 새로운 영이 신앙인들 사이에 일어나고, 평신도 목회는 그 나름으로 힘을 얻으며 등장하고 있습니다.

그러나 이런 긍정적인 면모만 있는 것은 아닙니다. 절망의 징조들도 있습니다. 세대 사이, 남녀 사이, 인종 사이의 갈등은 여전히 계속되고 있습니다. 세계에 일고 있는 격변과 새로운 도덕적 난국의 도래로 인해 등장한 많은 문제들이 해결되지 않은 채 표류하고 있습니다. 교회 안팎에서 일어나고 있는 변화는 방향 감각 상실, 혼돈, 소외를 낳고 있습니다. 분열들이 새롭게 일어나고 있습니다. 하나님과 함께하는 삶인 영성은 하락하고, 경제적 시련과 재난 그리고 영적 지도력의 부재가 교회를 혼돈에 빠뜨리고 있습니다. 반지성주의가 급증하고 교회의 예배 참석률은 점점 줄어들고 있습니다. 정치, 사회, 경제의 분열된 삶이 교회를 분열시키고 있습니다. 새로운 경건주의가 교회와 세계를 분열시키는 힘으로 표면에 떠오르고 있습니다.

사람들은 지금 혼돈을 경험하고 있습니다. 공동체의 정체성이 부족하여, 서로의 차이를 호소하거나 논쟁을 가능하게 하는 합의된 권위가 존재하지 않습니다. 어떤 사람들은 성서와 전통을 규범으로 하여 교회를 교리로 이해합니다. 이들의 주된 관심은 모든 기독교인이 바른 가르침에 동의하는 것입니다. 또 어떤 사람들은 성령의 임재와 은사를 규범으로 하여 교회를 종교적 경험으로 이해합니다. 이들의 주된 관심은 모든 기독교인이 기도, 교제, 성령 안에서 하나가 되는 것입니다. 또 다른 사람들은 교회를 사회 제도로 이해합니다. 예컨대 사회에서 목소리를 잃어버린 사람들을 대신해 저들의 필요를 공급해 주거나 단체 봉사와 활동을 제공해 주는 집단입니다. 이들의 주된 관심은 교회가 인간의 필요를 섬기는 곳입니다. 이 세 범주를 하나로 통합하는 것은 이론상으로는 쉬워 보이지만 실행하기에는 대단히 어렵습니다.

「뉴스위크」(Newsweek) 편집자들이 시도했던 대로 교회가 지닌 혼돈된 자기 이미지와 교회의 혼합된 표상을 주시하면서 잡지사 기자들이 다음과 같이 물었습니다. "교회는 자신의 영혼을 잃어버렸는가?" 이 물음은 흥미를 끌기에 충분합니다. 그렇지만 그 대답은 분명히 "아니오!"입니다. 교회의 영혼은 교리나 종교적 경험이나 외형이나 드러난 것에서 찾을 수 없습니다. 교회의 영혼은 예수 그리스도입니다. 우리는 예수님을 교리적 고백이나 교회 조직이나 개인주의의 삶 안에 한정시킬 수 없습니다. 또 기독교 신앙을 종교적 감정의 물결이나 철학적 교리 혹은 조직의 발전에 기초할 수 없습니다. 더 나아가 근대 심리학이나 여타 사회과학을 무비판적으로 포용하고자 하는 사람들의 도움을 받을 수도 없습니다. 거짓된 근대성은 대답이 아닙니다.

분명한 것은 그리스도 없이 교회가 있을 수 없다는 진리입니다. 기독교가 존재하려면 교회는 예수 그리스도를 주님으로 고백해야 합니다. 기독교는 인간성이 실현되었다고 존재하는 것이 아닙니다. 인간성은 기독교 밖에서도 실현됩니다. 교회는 구원을 얻기 위해 품위 있는 삶을 살아가고자 하는 사람들의 모임이 아닙니다. 품위 있는 삶은 교회 밖에도 있습니다. 신앙과 선한 의지를 가졌다고 해서 기독교인이라 할 수 없습니다. 예수 그리스도의 삶과 죽음과 부활이 자기 삶의 궁극인 사람을 일러 기독교인이라 할 수 있습니다. 마찬가지로 예수 그리스도의 삶과 죽음과 부활이 궁극적 정체성이 되는 공동체를 일컬어 교회라 할 수 있습니다. 기독교는 그리스도에 대한 기억이 살아 있고, 그리스도의 현존이 신앙인과 신앙 공동체 안에 곧 이들의 생각과 느낌과 행위로 매일매일 현실화되는 곳에 존재합니다.

그러나 예수 그리스도를 주님으로 이야기하고 노래하는 것으로는 충분하지 않습니다. 분명히 할 것은 우리의 삶에 예수님이 결정적이냐 하는 것입니다. 예컨대 예수님이 우리 신앙의 최종 권위인가입니다. 기독교인에게 결정적인 최종 권위는 역사의 예수님이고 단순하고 명쾌한 메시지를 지닌 예수님입니다. 예수님은 역사 안에 활동하시며, 창조의 의지를 가지고 평화, 정의, 연합, 평등, 건강, 복지의 세계를 만들어 가시는 분이십니다. 예수님은 하나님의 공동체의 도래를 선포하셨습니다. 그는 다른 반대되는 주장이 있음에도 하나님께서 모든 것의 원인이며 미래가 하나님께 속한다고 선포하셨습니다. 또한 예수님은 모든 인간의 삶을 위한 지고의 규범을 선포하셨습니다. 곧 하나의 율법 조항이나 여러 조항이 아닌 신실하게 되는 한 길, 곧 하나님의 뜻을 선포하셨습니다. 하나님의 뜻은 창조의 계획을 실현하는 것입니다. 때문에 예수님은 하나님의 뜻을 부인하였던 사람들에 맞서 모든 사람과 하나가 되셨고 이들의 필요에 응답하셨습니다. 그는 병든 자, 약한 자, 저는 자, 상처 입은 자, 압제당한 자를 위해 일하셨습니다. 그러나 또한 이단자들과 위선자들과 부도덕한 자들을 책망하시면서 하나님의 자비로 이들을 새로운 삶으로 초대하였습니다.

예수님의 삶은 하나님과 하나님의 뜻과 하나 된 삶이었고 복음이었습니다. 그리고 그는 죽임을 당하셨습니다. 그러나 그의 삶은 죽음으로 끝나지 않았습니다. 예수님을 따르면서 그를 스승으로 불렀던 작은 공동체는, 의심 속에서도 십자가에 달리신 이가 살아나셨고 그의 죽음은 하나님 속으로 옮겨진 것임을 경험하였습니다. 하나님으로부터 버림받은 것 같았던 예수님은 하나님과 함께 하나님을 통해 하나님 안에 살아나셨습니다. 그러므로 십자가는 구원의 사건이 되고 부활은 하나님의 변화를 가져오는 능력의 증거가 되었습니다. 바로 이때 교회가 형성되었습니다. 예수님은 그리스도시며 역사 안에서 활동하시는 하나님의 말씀이십니다. 교회는 예수 그리스도에 대한 신앙을 말과 행실로 고백하는 사람들의 공동체입니다. 우리 기독교인들은 예수님의 이름을 지녔습니다. 우리는 그의 이름으로 세례를 받음으로 따로 세움을 입은 사람들입니다. 또한 그의 영으로 그분의 기억과 이상을 살아 있게 하고, 그의 가족 식탁에 참여함으로써 그분의 임재를 경험하고, 그분의 은총으로 능력을 입습니다. 그리스도는 교회의 영혼입니다.

이것이 교회에게 어떤 의미일까요? 이 말은 교회가 실체에 있어서는 가톨릭(보편적)이지만 정신과 영에 있어서는 개신교적이어야 함을 뜻합니다. 예수 그리스도 안에서 기독교 신앙과 삶을 위한 보편적이고도 영원한 권위가 주어졌고 전통이 형성되었습니다. 우리는 예수 그리스도 안에 나타난 하나님의 말씀을 지키고 유지해야 합니다. 아직도 여전히 이 하나님의 말씀이 인간의 그릇에 담겨 있기 때문에, 우리의 말과 행실에 대한 예언자적 판단과 계속적인 개혁이 교회의 삶에 있어야 합니다. 예수 그리스도를 믿는 우리는 하나님의 도래하는 공동체에 순응해야 하고 하나님의 뜻에 책임적이어야 합니다. 따라서 우리는 언제나 우리의 신앙과 헌신, 말과 행실, 공동체적 삶과 선교를 개혁하고 갱신해야 합니다.

예수 그리스도는 우리의 삶을 판단하고 새롭게 할 수 있는 공동의 장입니다. 이 안에서 우리는 우리의 제한적이고 개체적인 이해와 방법을 개혁할 수 있습니다. 새로운 이해의 빛에서 신앙을 새롭게 성찰하고 교정해야 하지만, 또 동시에 신앙을 보존하고 소통해야 합니다. 이렇게 함으로써 우리는 신실하게 될 것입니다. 교회의 개혁과 갱신은 신실한 삶을 위해 꼭 있어야 합니다. 예수 그리스도께 신실한 교회는 하나님께 더욱 가까이 다가가게 될 것이며 동시에 인간에게도 더욱 가까이 다가가게 될 것입니다. 종교적인 경험과 예언자적 활동을 연합하게 될 때 교회는 너욱 기독교적인 존재가 됩니다.

– 존 웨스터호프 3세[John H. Westerhoff III]
「내적 성장과 외적 변화」(*Inner Growth, Outer Change*)

교회의 희망 찾기

교회는 내면의 건강을 수행하는 곳이고 옷감 조각들이 서로 만나는 자리입니다. 교회의 삶에 대해 성경은 질그릇에 담긴 보화라고 표현했습니다. 교회의 삶이란 안과 밖의 온전함을 추구하는 보물찾기입니다. 최근 들어 교회는 쇠퇴하고 있고, 두려움의 소리가 은총의 소리를 집어삼키려 합니다. 그러나 아직도 내면의 희망의 소리가 외부로부터 오는 두려움의 소리보다 크게 들립니다.

우리는 교회에 갈 때 뭔가를 갈망합니다. 그러나 떠날 때는 뭔가에 허기진 채 교회 문을 나섭니다. 현재 우리의 영적 상태를 '만세 반석 열리니 내가 들어갑니다' 라는 찬송가 구절의 '열리니' (cleft)에서 찾아볼 수 있을 것입니다. 우리는 은총에서 떠나 파멸했습니다. 낙원을 잃은 우리는 숨을 곳을 찾고 있습니다. 쉼을 얻을 곳을 찾고 있고, 조각들이 함께 모여 이룬 온전함을 지켜

내고 싶어합니다. 그러나 하나님은 우리를 분열된 교회와 사회를 치유하도록 부르십니다. 이 치유를 위해 일하다가 은총 안에 넘어지고 은총에서 떠나 파멸합니다. 정말 새로운 분열이 생길 때마다 예기치 않았던 어려움에 직면합니다. 그러나 분열은 문제이면서 약속입니다. 이것은 마치 아침에 만나 이렇게 인사하는 여인과 같습니다. "지난 밤 모임에서 당신이 당했던 그 끔찍한 경험을 내가 지금 똑같이 경험하고 있어요. 이제 우리는 어떡하면 좋지요?" 이 여인은 다음 전쟁이 터지기까지 우리가 쉴 수 있는 교회입니다. 교회가 없다면 우리는 다음 모임에 나오지 않을 것입니다. 그러나 교회 때문에 우리는 앞으로 나아갈 수도 없습니다.

넘어질수록 나는 하나님이 만든 바위 틈새에 갇힌다는 사실을 깨닫기 시작합니다. 바위 틈에 빠진 우리는 위로 올라가든지 아니면 아래로 내려가든지 합니다. 만세반석에는 우리가 원하는 것을 얻을 수 있는 자리가 있지만 그렇게 많지는 않습니다.

아마 나는 교회에 머물러 있을 것입니다. 왜냐하면 내면의 전쟁을 시로 표현하기에 교회만한 곳이 없기 때문입니다. 나는 교회가 정의와 힘, 음악과 춤에 목말라하는 곳이라고 생각했습니다. 우리의 싸움이 정말 심각합니다. 우리는 하나님에 대해서, 하나님께서 우리를 통해 세상에서 무엇을 원하시는지를 놓고 논쟁합니다.

커피를 마시는 시간에 쿠키를 제공할 것인가 아니면 샌드위치를 제공할 것인가? 통제하기 힘든 아이들을 어떻게 다룰 것인가? 교회 부엌을 더 깨끗하게 사용하는 사람들이 교인들인가 아니면 교회 밖의 사람들인가? 이런 것들로 우리가 싸움을 합니다. 이 싸움들은 내적인 것이기보다는 외적인 감정에 관한 것입니다. "나를 어떻게 시험하고 계신가요?"라고 하나님께 묻는 나는 누구입니까? 이 물음은 내 깊은 내적 싸움에서 나온 물음입니다. 이 내적 물음은 싸움들을 고조시키고 깊게 하는 물음이기보다는 내 존재와 관계된 물음입니다. 이런 점에서 내적 싸움은 하나님을 찾는 보물찾기와 맥을 같이 합니다. 나는 길을 따라가다 보면 바위 틈새가 열릴 것을 압니다.

– 도나 쉐퍼^{Donna Schaper}
「힘든 시간들」(Hard Times)

교회를 섬기는 것이

당신을 섬기는 것임을 기억하는 자들은 복 있을 것이요,

자비를 베푸는 것이

당신 스스로에게 베푸는 것임을 기억하는 자들은 복 있을 것이며,

이 땅의 좋은 열매를 맛보면서

그 열매가 당신에게서 온 것임을 기억하는 자들은 복 있을 것이라.

– 에드워드 타일러[Edward Tylor]

「새해 축하 기도 모음」(*Prayers in Celebration of the Turning Year*)

영성수련 일과표

하나님의 인도를 위한 기도

　주님을 따르는 이들을 부르고 보내시는 사랑의 하나님. 이 시간 저로 하여금 조용한 시간을 좇아 주님의 음성을 다시 한 번 들을 수 있게 도와주시옵소서. 나를 부르고 보내시는 주님의 음성을 들을 수 있도록 은총을 베풀어 주옵소서. 아울러 순종으로 응답할 수 있도록 내 믿음을 지켜 주옵소서. 아멘.

조용히 듣기

성경 읽기

사 6:1~9a; 삼상 3:1~18; 눅 9:1~6; 눅 10:1~12; 행 9: 10~19

각각의 구절이 하나님에 대해 무엇이라 말씀하나요?

각각의 구절이 자신에게 무엇이라 말씀하나요?

각각의 구절이 나의 목회에 대해서 무엇이라 말씀하나요?

영적 독서

묵상

식사 시간, 쉼, 여가 선용

일기 쓰기

기도

영적 독서, 묵상, 일기 계속 쓰기

성만찬

응답: 감사, 봉헌, 계약

세상을 향하여
부록에 제시한 제안들을 사용할 수도 있고, 영적 삶의 지속을 위해 스스로 계획을 만들어 사용할 수도 있습니다. 여러분이 하나님과 동행하는 데 도움이 되도록 규칙적인 성찰의 시간을 가지고 있는지 돌아보십시오.

마침 기도
사랑의 하나님! 내 손과 생각을 열어 주님께 드립니다. 의지를 모아 주님의 부르고 보내시는 음성에 귀 기울이길 원합니다. 이제 내 삶과 목회를 주님의 돌보심 속에 드리려 합니다. 주님이시여! 의와 선한 길로 나를 인도하시옵소서. 아멘.

6

우리를 부르고 보내시는 분이 누구입니까?

내가 속한 미 연합감리교회에서는 감독이 목회자들을 파송합니다. 파송의 자리가 병원이든 행정직이든 선교지이든 상관없습니다. 나 자신도 40년 넘도록 감독의 파송에 따라 목회를 감당하였습니다. 그리고 그 파송을 하나님께서 부르신 소명으로 받아들였습니다.

나 또한 감독으로서 일선 목회자들에게 일천 번이 넘는 파송을 했습니다. 파송에는 목회자와 회중 혹은 임용하는 재단이 관계됩니다. 어떤 때는 목회자들이 파송된 목회지로 가기 싫어하는 경우가 있습니다. 또 어떤 때는 회중이 새로 모실 목회자를 달갑지 않게 여기는 경우가 있습니다. 그런가 하면 기관과 목회자와 가족을 받아들임에 있어서 큰 기대와 열정이 담긴 경우도 있습니다. 어떤 경우든 파송은 아주 극적이고도 의미 있는 방식으로 많은 사람들의 삶과 관계합니다. 목회자와 그의 가족은 익숙했던 곳을 떠나 새 목회지에 가서 새롭게 목회를 시작해야 합니다. 새로운 목회지에서 다시 뿌리를 내리고 새 공동체 안에서 새로운 관계를 만들어야 합니다.

회중의 경험도 그렇게 만만치 않습니다. 그동안 영성 지도자로서 신실하게 자신들을 섬겼던 정든 목회자와 이별하고 새로운 지도자를 맞아들인다는 것이 쉽지 않는 일입니다.

이상적으로 말한다면, 모든 파송은 기도와 믿음을 갖고 충분한 정보를 지닌 헌신적인 공동체에 의해 이루어집니다. 감독과 연회 인사위원회 및 소명위원회와 같은 위원회에서 목회자를 부르고 보내는 일을 할 수 있지만, 언제나 파송의 목적은 부임하는 목회자의 은사와 회중이나 교구의 요구와 환경이 잘 맞을 수 있도록 하는 일입니다. 가끔 목회자들과 회중들 이 파송이 하나님의 부르심을 반영한 것인지 혹은 다른 요소를 고려해서 이루어진 것인지 물어오는 때가 있습니다. 이 물음은 언제나 타당한 것입니다. 때문에 이 물음에 대한 대답은 기도와 믿음의 공동체 안에서 이루어져야 합니다. 목회자가 회중이나 위원회의 초청에 응하든 아니면 감독의 파송에 응하든, "나를 지금의 목회지로 누가 불렀으며, 또 누가 파송하고 있는가?"라는 물음은 여전히 남습니다.

다니엘 바일즈(Daniel Biles)는 그의 책 「탁월한 목회를 추구하십시오」(Pursuing Excellence in Ministry)에서 "하나님께서 우리를 목회로 부르셨다는 뼈에 사무치는 소명이 있을 때만 목회 비전을 가질 수 있고 이를 회중에게 전달할 수 있다."고 주장합니다. 역사적으로 보면 기독교인들은

하나님께서 사람들을 목회로 불러서 그 목회에 헌신하게 하신다고 생각했습니다. 처음부터 목회
직을 하나님께서 제정하신 것이라고 믿었습니다. 그러므로 목회자의 타당성, 적합성, 심지어 목
회자의 성과도 목회자 자신이 만들어 낸 결과가 아닙니다. 목회로의 부름은 소명위원회나 감독의
손에 있는 것이 아니라 하나님 손에 있는 것입니다. 교회는 하나님의 피조물이고, 교회 안에서 목
회로의 부름은 하나님의 부르심입니다. 모든 목회는 하나님의 보내시고 보존하시는 활동에서 나
옵니다. 그러므로 목회 소명에 대한 모든 기독교인의 응답은 하나님의 부르심에 대한 응답입니
다. 이러한 소명감이 우리로 하여금 목회의 무거운 부르심에 응답하게 합니다. 또한 이 소명감은
'사막'과 같은 황량한 상황에 처할 때에도 목회를 계속할 수 있도록 힘과 길을 제공합니다.

목사 안수를 앞둔 젊은 여성이 감독 앞으로 자기가 쓴 시를 보내 왔습니다.

　　　자기를 위해서가 아니라

　　　하나님의 나라를 위해 자기를 드리신

　　　존귀하신 예수님,

　　　주님의 손이 내 머리에 놓일 때

　　　주님의 슬픔과 피를 생각하게 하시고

　　　아버지의 뜻을 구하였던

　　　주님의 기도가 이루어짐으로

　　　주님 안에서

　　　하나님 안에서

　　　우리가 하나이게 하소서.

이 시에는 안수를 앞둔 이의 자기 이해가 분명하게 나타나 있습니다. 목회는 자신 밖에서부터
오는 하나님의 초청에 대한 응답입니다. 부름에 응답하고자 하는 열망이 우리의 마음 깊은 곳에
서 일어납니다. 그러나 그 부름은 근본적으로 내 자신 너머로부터 옵니다. 여기서 지혜로운 여성
은 목회의 모델이 예수님이심을 보았습니다. 주님은 자기를 버려 하나님과 보내심을 받은 목회에
자신을 온전하고도 자유로이 드렸습니다.

또한 이 여성은 목회가 희생 없이는 이루어질 수 없음을 보았습니다. 목회는 자기를 버리신
그리스도의 길을 따르는 것입니다. 우리가 스스로 그리스도를 따르는 자, 그리스도의 대변자, 그

리스도의 종이라고 말하면서 편하고 안락한 길을 기대한다면 이는 당치도 않는 말입니다.

주님은 울고 피 흘렸고, 기도하며 고민하였고, 잔칫집과 결혼식에 갔으며, 의로운 자와 죄인들의 친구가 되었습니다. 또한 사랑과 환대를 받았고, 오해와 의심을 받았으며, 존경을 받았으나 거절도 당했고, 따르는 제자들이 있었지만 배반한 제자도 있었습니다. 이처럼 세상의 눈에는 완전히 실패한 삶을 살았습니다. 이런 주님을 따른다는 것은 주님과 동일한 경험을 하면서 이 세상을 산다는 뜻입니다. 제자는 선생보다 뛰어나지 않습니다. 이 말은 목회자가 굴욕적인 삶을 살아야 한다는 뜻이 아닙니다. 예수 그리스도의 이름으로 목회의 부름에 응답하는 것은 영광과 함께 치러야 할 희생도 있다는 의미입니다.

내가 감독으로 성별된 직후, 섬기고 있는 연회의 한 목회자로부터 짧은 편지 한 통을 받았습니다. 젊은 여성 목회자였는데 내용은 다음과 같았습니다. "용감하고 담대하십시오. 감독님의 여정은 순탄한 여정이 아닐 테니까요. 신실하십시오. 우리는 감독님과 감독님의 신실하심을 필요로 하기 때문입니다. 그리고 잊지 말 것은 하나님께서 감독님과 언제나 함께 계신다는 사실입니다. 샬롬." 이 여성 목회자는 경험을 통해 예수 그리스도를 위해 신실한 삶을 살고자 하는 이의 삶은 언제나 순탄하지 않음을 보았던 것입니다. 그녀는 감독이든 준회원 목사든 성직을 받는 것과 그 소명을 좇아 그리스도를 따르는 것에는 용기가 필요함을 알았던 것입니다. 30년 이상 목회 선배였던 내게 그녀의 신실하라는 권고는 참으로 적절한 것이었습니다. 결국 이것이 우리가 가진 최고의 소명입니다. 보냄을 받은 곳에서 신실하게 일하기 위해서는 수고가 따르게 됩니다. 그러나 신실하게 일하다 보면 열매를 맺되 풍성히 맺을 것입니다.

얼마 후 나는 동연배의 목회자로부터 한 통의 편지를 받았습니다. 편지에 그날 자신이 쓴 기도문을 보내 왔습니다. "나를 좁은 마음으로부터 구원하소서. 내 눈을 그리스도께 고정시킬 수 있도록 도우시옵소서. 오! 하나님이시여, 내게 은혜를 베푸사 기쁨으로 주님을 섬길 수 있도록 내 생각과 영을 겸손히 사용하게 하소서. 주님이시여, 내 가장 깊은 곳에 힘을 주셔서 고상하고 옳고 진실되게 그리스도의 일을 하기 위해 의연히 일어설 수 있도록 강하게 하옵소서." 편지 끝에 이 목회자는 이렇게 기록하였습니다. "나는 내 영적 삶이 좀 더 나은 상태에 있었으면 좋겠습니다. 목회로의 부름에 대한 분명한 기억이 없다면, 이런 삶을 계속한다는 것은 아주 어려운 일이 될 것입니다."

이분은 외형적으로 엄청나게 성공한 목회를 하고 있었습니다. 그가 가는 곳마다 교회가 번성하고 성장하였습니다. 교인들의 출석이 늘었고, 선교 활동이 왕성해졌으며, 정의롭고 복음적인 목회가 활력 있게 진행되었습니다. 모든 기본적인 평가 수치가 놀랍도록 성장하였습니다. 그러나 더 중요한 것은 이 목사님이 섬기는 곳마다 더 깊은 성장, 곧 헌신과 충성이 몰라볼 정도로 향상된 것입니다. 그리고 이처럼 측정할 수 없는 헌신과 충성도가 높은 평가 수치를 가져왔습니다. 정말로 그의 지도력은 하나님께 뿌리를 둔 목회였습니다. 그러나 스스로 자신의 영적 삶이 불행하다고 표현하고 있습니다. 앞으로 더 나아가고 싶고, 더 완전하고 싶고, 더 충성스럽고 싶고, 더 헌신하고 싶고, 더 능력을 갖고 싶은 욕망이 자리하고 있습니다. 이러한 목회적 욕구 한가운데서 그로 하여금 신실함에 대한 깊은 열망을 갖고 목회 자리를 지키게 했던 것은 목회로 부름받았던 소명에 대한 기억이었습니다. 수많은 목회자들은 행복을 느끼는 순간뿐 아니라 힘들고 수고로운 순간을 통과하게 했던 원동력은 그들 자신의 목회에 대한 기억과 계속해서 일어나는 소명이라고 증언합니다.

물론 이 소명은 각자에게 다른 방식으로 다가옵니다. 하나님은 광대하시고 여러분과 나는 서로 다르기에 우리의 소명은 똑같을 수가 없습니다. 그러므로 부르심의 빛이 희미하게 보인다 할지라도 우리를 부르신 방법과 때는 우리의 삶과 소명과 목회 상황에서 유일한 것입니다. 우리가 이전에 경험했던 확신이 희미해지는 때가 있습니다. 모든 목회자는 불확실성, 부적절성, 대답할 수 없는 어려운 질문들이 가져다준 아픔, 물질적인 것을 신으로 선택한 세상에 궁극적으로 예수 그리스도만을 전해야 하는 당혹감 등을 경험합니다.

또 어떤 때는 실패가 너무 크고 깊어서 이렇게 물을 수밖에 없는 경우가 있습니다. "하나님! 당신께서 저를 목회로 부르셨다면, 어째서 일이 이렇게 되어갑니까?" 그런가 하면 목회에 탈진하여 기운과 자원이 완전히 고갈된 것처럼 느끼는 때를 경험합니다. 그런데 놀라운 것은 대부분의 목회자가 이러한 순간들을 경험한다는 사실입니다.

그러나 이처럼 어렵고 어두운 시간 속에서도 우리는 지금까지 인도하신 하나님의 은총을 기억하면서 또한 결단의 순간들과 이곳까지 인도하셨다는 확신을 새롭게 함으로써 다시금 우리를 향한 하나님의 부르심을 갱신할 수 있습니다. 이 같은 성찰은 종종 하나님의 지켜 주신 은총에 대해 감사 기도를 드리게 하고, 또한 새로운 소명으로 안내합니다. 그 순간 우리의 소명감은 다시 한 번 신선하고 새로워져 강력하게 됩니다. 하나님께서 우리를 부르셨고 일상의 목회로 보내셨음을 기억하면서 목회는 도전을 받고 마음은 다시금 강하고 담대하게 되어 목회를 계속 하게 됩니다. 우리는 하나님께서 여전히 함께하시며 하나님의 목적과 통치를 위해 약한 것까지도 사용하시는 하나님임을 기억하게 됩니다. 또한 하나님은 은총과 사랑의 하나님, 자비와 정의의 하나님, 권능과 지혜의 하나님임을 다시금 기억하게 됩니다.

　나는 나이가 들수록 내가 어디에서 섬기고 있는지, 무슨 지위에 있는지, 혹은 이름 앞에 어떤 칭호가 따라오는지 그렇게 중요하지 않음을 점점 더 확신하고 있습니다. 내게 남아 있는 물음은 언제나 동일합니다. "그리스도의 목회에 대한 소명에 언제나 나는 신실하였는가?" 소명에서 우리는 종종 보증되지 않은 찬사를 받기도 하고, 또 어떤 때는 당치도 않는 비평과 비판에 노출되는 때가 있습니다. 그러나 자기 가치는 찬사에 의해 결정되지도 않고, 비평가들에 의해 축소되지도 않습니다. 자기 가치는 우리를 딸과 아들로 부르시는 살아 계신 하나님과의 관계로 결정됩니다. 그리고 하나님의 통치에 대한 우리의 공헌은 찬사나 비판에 의해 결정되는 것이 아니라 오히려 다음과 같은 소박한 물음에 대한 대답 속에서 발견됩니다. "우리는 예수 그리스도의 목회에 대한 소명에 신실하였는가?" 우리는 예수 그리스도와의 대화, 연합, 교제 속에서만 이 물음에 대한 대답을 발견할 것입니다. 이러한 대화와 연합과 교제 속에서 우리는 매일매일 목회의 자리가 신실함과는 상관없으며, 다른 사람들이 목회에 대해 평가한 것이 도움 되기는 하지만 자기 성찰을 대신할 수 없고 신실하신 구원자와의 친밀한 교제 속에서 얻은 성찰을 대신할 수 없다는 것을 배우게 됩니다.

　유진 피터슨(Eugene Peterson)은 "미국의 목회자들은 목회의 좌우 기둥을 버린 나머지 이제 경고음을 울릴 수준이 되었다."고 한탄합니다. "이들은 교회를 떠나지 않았고, 다른 직업을 가진 것도 아닙니다. 회중은 여전히 목회자들의 임금을 지불하고 있습니다. 목회자들의 이름은 교회 주둔지에 남아 있고 이들은 매주일 설교단에 오릅니다. 그러나 이들은 자기들의 기둥, 곧 소명을 버렸습니다." 피터슨은 신실한 목회의 비밀을 옳게 지적하고 있습니다. 그는 "기도와 성경 읽기와 영성 지도를 통해 하나님께 주목하는 훈련"을 언급하였습니다. 또한 20세기 동안 목회 영역에서 견지해 온 하나님께 주목하는 훈련에 뿌리를 두지 않는다면, 목회가 정직할 수 없다고 주장합니다. 따라서 하나님께 주목하지 않으면, 다시 말해 기도와 성찰을 통해 하나님과 소명에 주의 깊게 주목하지 않으면, 마치 자동 속도 조정 시스템에 계기를 맞추어 놓고 차를 운전하는 것처럼 소명을 잃고 목회 활동 속에 묻혀 있는 자신을 발견하게 될 것입니다.

　혼자만의 시간을 만드는 것은, 하나님께 주목하고 싶은 욕망을 새롭게 하기 위해서입니다. 하나님께 주목함으로써 새롭게 하나님의 소명을 듣고, 그 소명이 우리에게 주어진 것이라 할지라도 우선은 하나님의 손을 거쳐야 함을 다시금 깨닫게 됩니다. 이러한 인식이 곧 믿음의 선물이고, 이 인식이 평생에 걸쳐 목회하는 동안 의미와 희망과 보상을 제공합니다.

영적 독서

불러 세움

폴 미니어(Paul Minear)는 부름의 의미를 예증하기 위해서 희곡의 예를 사용합니다. 그의 개념을 이렇게 설명할 수 있습니다. 당신이 지금 친구들과 함께 극장 앞자리에 앉아 있습니다. 당신은 관객으로서 바로 눈 앞에서 전개되는 무대의 연기에 감동하고 있습니다. 이때 갑자기 무대 뒤에서 연극 작가와 감독이 뚜벅뚜벅 걸어 나오더니 연극이 계속되고 있는 상황에서 당신의 이름을 부릅니다. "조 스미스!" "무대 위로 올라오셔서 극중 연기를 하세요. 내가 당신을 위해 역할을 남겨 놓았어요." 이상한 일은 당신 외에는 아무도 당신 이름을 부르는 소리를 듣지 못합니다. 아무도 당신에게 다가오거나 당신을 쳐다보지도 않습니다. 왜냐하면 다른 사람들은 극의 흐름에 푹 빠져 있기 때문입니다. 이제 당신의 마음이 흥분되기 시작합니다. 납득할 만한 설명도 하지 못하고 친구들 곁을 떠나야 하니 당혹스럽기도 합니다. 그렇지만 마음으로부터 일어나는 열정 외에는 연극에 참여할 다른 논리적 이유는 없습니다. 당신은 공포를 느끼기도 하고 식은 땀을 흘릴 수도 있습니다. 이 상황에서 당신은 어떻게 하겠습니까? 연극에 뛰어들고 싶은 이 충동을 억제하겠습니까? 감독과 논쟁을 벌이겠습니까? 극장을 떠나겠습니까? 아니면 벌떡 일어나 내면에서 치솟는 열정에 따라 연기를 하면서 남은 연극에 영향을 미치겠습니까?

불러 세움을 받았다는 느낌 혹은 소명감은 지극히 개인적인 것입니다. 왜 우리가 불러 세움을 받았는지에 대해서는 설명이 없습니다. 요구받은 행위가 위험하거나 정상적인 삶의 과정을 무너뜨리는 경우, 우리는 자연스럽게 이렇게 반응합니다. "왜 저입니까?" 모세도 같은 반응을 보였습니다. 부름을 받았을 때 지금 상황에 변화를 주어 행동하고 싶은 충동을 느꼈다든지 혹은 왜 그 부름에 응답하려 하지 않는지에 대해 스스로에게 설명할 필요가 있습니다. 우리는 스스로 어떤 보이지 않은 힘에 의해 부름받고 있음을 발견합니다. 이때 그 힘이 자신을 어디로 안내하는지 주목해야 합니다.

– 엘리스 넬슨^{C. Ellis Nelson}

「신앙이 성숙해지는 길」(How Faith Matures)

진리를 설교하십시오

설교 전 찬양대의 찬양이 끝나자 여기저기서 산발적으로 아멘 소리가 이어지고, 반주자는 찬양대원들에게 앉으라고 손짓을 보냅니다. 설교자는 자기 방에서 아내와 아이들이 만들어준 따뜻한 조반을 들면서 주일에 배달된 신문을 빠르게 넘기며 대충 읽습니다. 그리고 급히 손에 설교문을 들고 강단에 오릅니다. 강단을 오를 때는 검정 예복의 깃을 무릎 위까지 잡아 올려 예복이 발에 밟히지 않도록 주의를 기울입니다. 강단에 서니 입술이 약간 마릅니다. 오늘 아침 면도를 하다가 살짝 베이기도 했습니다. 지금 기분은 마치 닻에 묶인 기분입니다. 설교를 감당해야 하는 명예로운 일만 아니었다면 지금쯤 다른 어딘가에 있었을 것입니다.

앞자리에서 할머니들이 보청기의 볼륨을 높이고 있습니다. 젊은 여인은 아이의 간섭에서 벗어나기 위해 매직 마커를 슬쩍 아이에게 쥐어 줍니다. 방학을 맞아 교회에 끌려온 대학 2학년인 한 남학생은 턱에 손을 갖다 댄 채 고개를 삐죽 내밀며 쳐다보고 있습니다. 그 주간 두 번이나 자살을 심각하게 생각했던 은행 부사장이 찬송가꽂이에 찬송가를 꽂아 넣고 있습니다. 임신한 소녀들은 뱃속에서 생명이 꿈틀거림을 느끼고 있습니다. 20년 동안 동성애자인 것을 비밀로 해 온 고등학교 수학 선생은 엄지손톱으로 주보를 눌러 접고는 무릎 아래로 꾹 찔러 넣고 있습니다. 헌금 바구니가 돌아갑니다. 계약할 때마다 일을 잘 마무리해 주겠다던 배관공이 자리하였고, 또 거기에 비처(Henry Ward Beecher)가 앉아 있습니다. 교회 버스 운전사인 비처에게 오늘은 휴일로 배정받은 날입니다. 교회 회의에서는 비처에게 절대적인 휴식이 필요하다고 판단해서 한 주를 쉬게 했습니다. 그런데 비처는 기분 전환도 할 겸 다른 사람들이 차량 운행을 어떻게 했는지 사람들 의견도 궁금하여 얘기를 들어보려고 나왔습니다. 아내를 사랑하지 않는 것은 아니지만 60세에 접어든 누군가에게 마음을 빼앗겼습니다. 그녀의 아름다움에 빠져, 섬김의 사람은 다른 사람들이 자기를 섬기게 해서는 안 된다는 이전 가르침이 이제 귀에 들어오지 않습니다. 리어 왕이 활기도 없이 뭔가에 구속된 채 말라빠진 달걀이 되어 거기에 앉아 있습니다.

설교자는 작은 줄을 잡아당겨 설교단의 불을 켜고 유람선의 도박사처럼 카드 노트를 펼쳐 놓습니다. 2분 동안 청중들은 자기들 생각에 온전히 빠져 있을 수 있습니다. 그러나 바로 이 순간 이들은 설교자의 손에 달려 있습니다. 허름한 교회 안에서 모든 교우들이 설교에 집중하고 있기 때문에 침묵은 더욱 무겁게 느껴집니다. 설교하는 자신을 포함해 모든 사람이 귀를 기울이고 있습니다. 말씀이 선포되면 회중은 이 말씀이 이전에 들어본 말씀인지 아직 들어 보지 못한 말씀인지 알아차리게 될 것입니다. 그러나 침묵이 흐르는 이 순간만큼은 설교자가 무슨 말씀을 할지 누가 알겠습니까?

설교자여, 회중에게 진리를 설교하십시오. 복음이 말씀이 되기 전에는 침묵이었습니다. 복음은 회중과 설교자의 삶의 침묵입니다. 1~2분 동안 소리로 가득한 삶의 소리를 끄십시오. 그러면 말로 전할 수 없는 침묵의 신비를 경험하게 될 것입니다. 이 침묵 속에서 주님의 음성을 들으십시오. "너희는 가만히 있어 내가 하나님 됨을 알지어다."(시 46:10) 가만히 있어 침묵과 부재 속에서도 하나님이 하나님 되심을 아십시오. 가만히 있어 돌들이 외치는 소리를 들으십시오.

침묵으로부터 진정한 소식이 나옵니다. 이전의 기쁜 소식이 지금은 슬픈 소식이 되고 결국은 동화가 되어 살아 있는 소식으로 나타납니다. 설교자는 말 그대로 침묵에 오래 머물러 있을 만큼 용감하지 않습니다. 애정을 갖고 진리를 선포하는 것이 그의 소명이기 때문에 그가 용감하다 하더라도 오랜 동안 침묵하지 않을 것입니다. 왜냐하면 우리는 침묵에 익숙하지 않기 때문입니다. 그러니 설교자에게는 말을 사용하도록 허용해 주어야 합니다. 설교자여, 말을 할 때 설명과 해설과 권면의 말뿐 아니라 뭔가를 불러일으키고 생각하고 꿈을 꾸게 하는 말을 하십시오. 예언자적이고 진리가 담긴 말을 해서 굶주려 있는 기억과 열망과 직관을 흔들어 깨우십시오. 설교자여, 우리의 물음에 대답을 줄 뿐 아니라 아직 묻지도 않았던 물음을 들려주십시오. 물음에 대답을 주기도 하고, 알지도 못했던 물음을 던지기도 하는 침묵을 들을 수 있도록 하십시오. 자신의 삶에 국한하여 시를 쓰고 있는 설교자들이여, 삶의 표피를 넘어 깊은 내면에 자리한 진리에 다다를 수 있는 말과 형상들을 사용하십시오. 우리가 누구인지, 하나님은 누구인지, 우리가 만나는 복음은 무엇인지 깊이 물을 수 있도록 말로 표현할 수 없는 진리에 다가갈 수 있는 언어와 형상을 사용하십시오.

– 프레드릭 부크너 Frederick Buechner

「진리를 설교하십시오」(*Telling the Truth*)

목회가 보여 주는 무질서

제자들이 예수님께 물었습니다. "우리에게 아버지를 보여 주십시오." 그러자 예수님께서 계획도 없고 무질서하게 보이는 하나님의 모습을 소개하였습니다.

어느 농부가 씨를 뿌리러 들에 나갔습니다. … 경작을 위해 정성스럽게 땅을 준비합니다. 땅을 갈아엎고 돌과 잡초를 제거하고 골을 낸 다음, 6인치 간격을 두고 씨를 하나씩 심습니다. 그리고 정확하게 3/4인치 두께로 씨에 흙을 덮습니다.

성경 이야기는 이렇게 전개되지 않습니다. 씨 뿌리는 자가 씨를 아무 곳에나 마구 날려 보내기 시작합니다. 씨가 여기저기 흩어집니다. 어떤 씨는 길가에, 어떤 씨는 돌들 위에, 어떤 씨는 잡초 위에, 그리고 어떤 씨는 기적적으로 옥토에 떨어져 뿌리를 내리고 마침내 열매를 맺습니다. 예수님께서는 하나님의 말씀이 이와 같다고 말씀하십니다.

어떤 농부가 밭을 소유하고 있었습니다. 종들이 허겁지겁 주인에게 달려와 보고합니다. "주인님, 밀밭에서 가라지가 나오고 있습니다."

"적들이 와서 그랬구나!" 하며 농부는 탄식합니다.

적이라고? 세상에! 이렇게 아무렇게나 씨를 뿌리면 농사가 엉망이 될 수밖에 없지요.

종들이 묻습니다. "저희가 나가서 밀밭의 잡초를 뽑을까요?"

"아니다. 그냥 놔두어라. 밀과 가라지가 함께 자라게 놔두었다가 9월이 되면 밀과 가라지를 솎아 내자꾸나."

그러고는 예수님께서 말씀하셨습니다. "이것이 하나님의 나라다."

이 비유들에 대한 주석을 쓴 캘빈(Calvin)은 이 비유가 성직자에게 해당하는 말씀이라고 보았습니다. 캘빈은 교회를 세상과 떨어진 곳에서 찾는 것은 헛된 것이라고 경고하면서 결론을 맺습니다.

아퀴나스는 '하나님의 경륜'을 말하였습니다. 여기서 말하는 경륜은 정도를 벗어난 경제학이라고 이해하면 괜찮습니다. 어떤 여인이 잃어버린 25센트짜리 동전을 찾느라 자기의 응접실을 다 뒤집어 놓습니다. 어떤 아버지는 집 나간 아들이 돌아왔을 때 환영 잔치를 하느라 큰 텐트 열 개를 설치하고 엄청난 비용을 지불합니다. 어떤 선한 목자는 배달 값을 포함해 몇 천 원에 불과한 양 한 마리를 위해 자기의 생명을 기꺼이 내놓으려 합니다.

우리는 범주적 사유를 버려야 합니다. 조직적 사유로 구성된 모든 신학을 내려놓으십시오. 그렇지 않으면 자기 맘대로 농장을 운영하는 하나님께 무례한 짓이 됩니다.

제자들이 예수님께 물었습니다. "하나님 나라를 보여 주십시오." 그러자 예수님께서 이렇게 답하였습니다. "어떤 사람이 비용을 따지지 않고 큰 잔치를 열었다. 도시의 가장 좋은 마차들을 사들이고 악단을 고용하였다. 그리고 모든 이웃과 벗들을 초청하였다. 그런데 초청받은 이들이 하나 둘씩 변명하기 시작했다." 이들은 바쁩니다. 창고를 청소하고 물건을 정리해야 합니다. 이들이 초대를 거부합니다.

그러자 잔치를 베푼 주인은 몹시 화가 납니다. 그래서 종들에게 가난한 자들과 벙어리들과 눈먼 지들과 다리를 저는 자들을 초청하라고 합니다. 이들은 토요일 저녁에 아무 할 일이 없는 사람들이었습니다. 곧 초청받은 자들이 왔습니다.

주님은 하나님의 나라가 그와 같다고 말씀하셨습니다. 하나님이 생각하는 교회는 토요일 저녁 시간을 같이 보낼 수 없을 것 같은 사람들과 함께하는 잔치입니다.

내가 새로 부임한 교회에 도착했을 때 모든 것이 잘 분류되어 있었습니다. 양과 염소, 구원받은 자와 저주받은 자, 희망이 넘치는 자와 희망이 없는 자. 이런 상황에서 주목받지 못하는 사람들이 하나 둘씩 조용히 사라지고 있었습니다. 나는 왜 예수님께서 조직신학을 쓰지 않았는지를 알게 되었습니다.

교회가 안정되어 가면서 나는 나와 내 식구들만 생각하고 있었습니다. 그 순간 예수님께서 말씀하셨습니다. "그런데 내게는 이 무리에 속하지 않은 또 다른 양들이 있어. 그 양들을 나도 찾아볼게."(요 10:16)

이제 기독교인의 삶의 규칙을 만들고 그 규칙에 따라 살았던 북아메리카와 북유럽으로부터 춤을 출 줄 아는 아프리카와 라틴 아메리카와 같은 곳으로 기독교의 사유가 옮겨 가고 있습니다. 여러분과 나는 이 일에 감사를 드려야 합니다.

여러분이 사용하지도 않는 고대 헬라어를 배우느라 시간을 사용하는 것을 보면 참 대단하다고 생각됩니다. 그런데 큰 교회를 세우는 것과 헬라어를 공부하는 일은 상관이 없습니다. 그렇다고 헬라어를 장롱 속에 처넣지는 마십시오. 당신에게 헬라어를 배우게 하는 것은 헬라어를 아는 것과 성공적인 목회가 관련이 있어서가 아닙니다. 그 이유는 좀 비실천적인 이유이긴 합니다만, 이미 죽은 언어를 배우는 데 시간을 사용하는 당신을 보면 양로원에서 80세의 노인과 오후를 지내고, 문제투성이의 10대 아이의 삶에 귀 기울이느라 토요일 오후를 보내고, 20명도 모이지 않는 그것도 잘 들으려 하지 않는 회중을 위해 설교를 작성하는 일에 지루해하지 않을 것이라는 희망 때문입니다. … 당신이 말쑥하고 싶다면 목회자가 될 수 없습니다.

"저 여자 목사님 말이야. 법대를 갈 수 있는 실력이었는데…. 내가 가르친 학생 중에서 가장 뛰어난 학생이었는데…." 가던 길을 바꾸어 버지니아 서부지역의 조그만 시골 길로 들어섰을 때 내 친구가 말했습니다. 우리는 하얀 목조로 된 조그마한 장로교회 앞에 차를 댔습니다. 페인트가 다 벗겨진 교회 팻말이 체인으로 연결돼 걸려 있었습니다. 그 팻말 아래에는 보일 듯 말 듯 '담임목사. 쥴리 존스'라고 쓰여 있었습니다.

"제기랄, 이게 무슨 시간 낭비람." 하면서 내 친구가 투덜거렸습니다.

그러나 씨를 아무렇게나 뿌린 이해할 수 없는 농부, 카펫을 다 걷어 내고 응접실 가구들을 마당으로 끄집어 낸 후 잃어버린 동전을 찾은 여인, 집 나갔다 돌아온 아들을 위해 잔치를 베푼 아버지, 잃은 양을 위해 기꺼이 생명을 던진 목자, 이들은 우리의 이해를 뛰어넘어 복음으로 기뻐하였습니다.

– 윌리엄 윌리몬^{William H. Willimon}
「프린스턴 세미나리 블래틴」(Prineton Seminary Bulletin)

이사 준비

친구가 죽었다는 소식을 들었습니다. 몇 해 전 그를 본 것이 마지막이었습니다. 내가 목사로 있는 동안 우리는 가까운 사이였습니다. 친구의 부음 소식을 듣고는 갑자기 친구가 보냈던 편지가 생각났습니다. 당시 이 친구는 나를 청빙하기 위해 소집된 목사청빙위원회 위원이었습니다.

목회에서 가장 어려운 일 가운데 하나는 자주 이사를 하는 것입니다. 감독의 파송에 따라 목사들은 이사를 합니다. 왜 목회자들은 "자주 이사를 해야 하는 것일까요?" 의사, 변호사, 회계사는 한 곳에 머물면서 자기의 경력을 키워 가는데, 왜 목사들만 자주 이사를 다녀야 할까요? 자주 이사하다보면 경제적으로도 도움이 안 되잖아요?

어떤 교단에서는 파송된 임지에서 몇 년간 목회를 하고 나면 다른 곳으로 옮겨야 할 것처럼 분위기가 돌아갑니다. 그러나 자주 이사하는 것을 당연하게 생각하다 보면 한 곳에 오래 머무는 것의 장점을 생각하지 못하게 할 수 있습니다. 물론 목회지에 오래 머물러 있다고 다 좋은 것은 아닙니다. 회중이 새로 부임하는 목회자를 환영하다가도 시간이 지나면서 힘들어 할 수 있습니다. 그래서 회중을 위해서는 새로운 목사가 오는 것도 괜찮은 일입니다.

그러나 한 임지에 목회자가 오래 머무는 것이 이사를 자주 하는 것보다 장점이 더 많습니다. 시간이 지날수록 목회자와 교인이 서로 가까워지고 가족이 됩니다. 좋은 조건의 봉급과 기회가 가족을 대신할 수는 없습니다. 오래 머물다 보면 관계가 편안해집니다. 다른 목회지에 가서 교인들과 좋은 관계를 가지려면 또 몇 년이 걸릴 것입니다. 앞으로 섬기게 될 교회가 지금 섬기는 교회보다 두 배로 크다면 친밀감을 형성하는 시간도 두 배로 걸릴 것입니다. 그럼 요점은 무엇입니까?

새 목회지에 이사하면 꼭 알아야 할 것을 숙지하는 데 시간이 걸립니다. 그런데 목회지가 자신과 맞지 않으면 목회자는 다음 목회지로 옮겨갈 생각을 합니다. 그러다가 지금 섬기는 교인과 교회가 바로 내가 섬겨야 할 교인이고 교회라고 생각하게 됩니다. 그리고 이때 나를 청빙한 위원들은 내 생애에서 가장 중요한 사람들이 됩니다.

죽은 친구는 내 생애에서 가장 소중했던 친구입니다. 그 친구는 폭설 속에서 눈길을 뚫고 운전하여 나를 공항에 데려다 준 적이 있습니다. 한때 예배위원장으로 일하였고 우리 가족과 함께 야구장에 간 적도 있습니다. 나는 친구와 친구의 부인을 영원히 잊지 못할 것입니다. 그런데 지금 친구가 하나님의 품에 안겼다는 소식을 접한 것입니다. 나는 "옛 친구에 대한 내 마음을 어찌 이 편지 한 장으로 표현할 수 있으리오!"라는 짧은 편지를 친구 부인에게 보냈습니다. 친구는 이미 내 마음을 알고 있을 것입니다.

－ 로버트 허드넛[Robert K. Hudnut]
「하나님의 백성, 하나님의 교회」(*This People, This Parish*)

자기를 내준 그리스도의 사랑

태초부터 있는 생명의 말씀에 관하여는 우리가 들은 바요 눈으로 본 바요 자세히 보고 우리의 손으로 만진 바라.(요일 1:1)

이 말씀은 목회 소명이 우리의 전 존재를 포함하는 경험으로부터 나온다는 점을 분명히 해 주고 있습니다. 목회의 주인은 태초부터 하나님과 함께 계셨고 우리 가운데 거하시기 위해 육체를 입으신(요 1:1, 14) 예수 그리스도이십니다. 목사가 된다는 것은 이 말씀을 증언하는 것이고 우리 가운데, 그리고 우리 안에 이 말씀의 현존을 드러내는 것입니다. 그러나 설교와 가르침, 축하와 상담, 인간의 고통을 덜어 주려고 조직하고 투쟁하는 형식을 띤 말씀의 증언은 인격적인 만남 곧 진정한 사랑의 경험에서 나올 때에만 참된 증언이 됩니다. 예수 그리스도를 내 귀로 듣고 내 눈으로 보고 내 손으로 만졌을 때에만, 스스로 주님의 증언자라고 할 수 있습니다.

열두 사도의 목회의 기초는 이들의 지식, 훈련, 인격이 아니라 예수님과 함께 살았던 삶이었습니다. 예수님을 직접 만나지 못했던 사도 바울은 훗날 다메섹 도상에서 그리스도를 만났습니다. 이 경험이 바로 바울의 사도적 사역을 결정짓는 기반이 되었습니다.

목회자의 영향력은 주님과의 친밀한 개인적 만남에 기초합니다. 사람과 문화와 시대가 다양한 것처럼, 주님과의 깊은 인격적 만남은 다양한 형식과 모양을 띱니다. 안디옥의 이그나티우스(Ignatius of Antioch), 사막의 안토니(Anthony of the Desert), 그레고리우스 대제(Gregory the Great), 베네딕트(Benedict), 버나드와 프란시스(Bernard and Francis), 로욜라의 이그나티우스(Ignatius of Loyola), 아빌라의 테레사(Theresa of Avila), 십자가의 요한(John of the Cross), 마틴 루터(Martin Luther), 존 웨슬리(John Wesley), 존 폭스와 존 번연(John Fox and John Bunyan), 샤를르 드 푸코(Charles de Foucauld), 다그 함마르셸드(Dag Hammarskjold), 마틴 루터 킹 주니어(Martin Luther King Jr.), 토마스 머튼(Thomas Merton), 장 바니에(Jean Vanier), 마더 테레사(Mother Teresa), 도로시 데이(Dorthy Day). 이 모든 증인들은 주님을 보았고, 본 대로 행동했고 말했습니다.

목회와 영적 삶은 나누어지지 않습니다. 영적 삶을 사는 것이란, 주님과 방해받지 않는 친밀한 연합 안에 사는 것입니다. 곧 주님을 보고 듣고 만지는 삶입니다. 목회의 삶은 이 세상 한가운데서 주님을 증언하는 것입니다. 우리의 형제와 자매들이 눈을 떠서 우리 가운데 계신 주님을 발견하여 서로 사랑하게 하는 것입니다.

인격적인 만남이 없다면, 목회는 피곤하고 지루해집니다. 다른 한편 우리의 영적 삶이 더 이상 적극적인 목회로 이어지지 않는다면, 내면의 성찰과 자기 성찰로 전락하여 역동성을 잃게 됩니다. 그리스도 안에 있는 삶과 그분의 이름으로 수행하는 목회는 십자가의 두 기둥처럼 나누어질 수 없습니다.

영적 삶

제자도가 아래로의 이동으로 예수님을 따르는 것이라면, 이것이 진정 인간적인 선택일까요? 예수님을 끝까지 진지하게 대할 수 있을까요? 아니면 아래로의 이동이란 자기 파괴적이고 자기 학대적인 여정을 시작한다는 의미일까요? 나는 실제로 이 물음에 답하고 있는지 의문입니다. 아래로의 이동이라는 예수님의 말씀을 지킬 수 없다고 생각한다면, 위로의 이동에 순응하기로 한 것이 아닐까요?

내가 이 물음을 묻는 것은 냉소주의자나 도덕주의자의 입장에서가 아닙니다. 오히려 영적 삶의 본성에 대한 물음을 제기하고자 하는 것입니다. 우리가 아래로의 길을 갈 수 있고 우리의 과제는 소박하게 그리스도를 닮는 것이라고 생각한다면, 우리는 우리에게 계시된 기본적인 진리를 잘못 이해한 것입니다.

아래로의 길은 우리의 길이 아니고, 하나님의 길입니다. 하나님은 아래로 향하는 우리에게 하나님 자신을 보여 주십니다. 그 까닭은 하나님만이 스스로 하나님의 특권을 비워 우리와 같이 될 수 있기 때문입니다. 우리의 신앙이 기초하는 큰 신비는, 우리와 같지 않고 비교할 수도 없는 그리고 우리와 경쟁이 될 수 없는 분이 우리 가운데 내려오셔서 우리의 육체를 입으셨다는 것입니다.

이처럼 아래로의 이동은 우리에게 자연스런 것이 아닙니다. 왜냐하면 우리의 모든 조직은 경쟁과 이기기 위한 것으로 오염되어 죄와 상처받은 조건의 본질에 속하기 때문입니다. 우리는 언제나 자기 자신을 찾아 나섭니다. 심지어는 숭고한 욕망과 판단을 어기면서까지 위로 향하는 익숙한 길에서 자신을 찾아 나섭니다. 우리가 스스로 겸손하다고 생각하는 순간 내가 이웃보다 겸손하니 더 많은 보상이 있을 것이라는 생각을 합니다.

아래로의 이동은 하나님의 길, 십자가의 길, 그리스도의 길입니다. 하나님의 생명의 길은 주님께서 성령을 통해 우리에게 주시고자 했던 길입니다. 성령의 길과 세상의 길이 얼마나 다른지는, 사도 바울이 고린도에 있는 기독교인들에게 전한 말씀 속에 잘 나타나 있습니다.

오직 은밀한 가운데 있는 하나님의 지혜를 말하는 것으로서 곧 감추어졌던 것인데 하나님이 우리의 영광을 위하여 만세 전에 미리 정하신 것이라. 이 지혜는 이 세대의 통치자들이 한 사람도 알지 못하였나니 만일 알았더라면 영광의 주를 십자가에 못 박지 아니하였으리라. 기록된 바, 하나님이 자기를 사랑하는 자들을 위하여 예비하신 모든 것으로 눈으로 보지 못하고 귀로 들지 못하고 사람의 마음으로 생각하지도 못하였도다 함과 같으니라. 오직 하나님이 성령으로 이것을 우리에게 보이셨으니 성령은 모든 것 곧 하나님의 깊은 것까지도 통찰하시느니라. 사람의 일을 사람의 속에 있는 영외에 누가 알리요. 이와 같이 하나님의 일도 하나님의 영외에는 아무도 알지 못하느니라. 우리가 세상의 영을 받지 아니하고 오직 하나님으로부터 온 영을 받았으니 이는 우리로 하여금 하나님께서 우리에게 은혜로 주신 것들을 알게 하려 하심이라. 우리가 이것을 말하거니와 사람의 지혜가 가르친 말로 아니하고 오직 성령께서 가르치신 것으로 하니 영적인 일은 영적인 것으로 분별하느니라. (고전 2:7~13)

이 말씀은 영적 삶의 의미를 간략하게 요약해 주고 있습니다. 하나님의 깊음 가운데 계신 그리스도의 성령이 우리로 하여금 새로운 생각과 마음으로 하나님의 길을 알게 하십니다.

예수님께서 십자가에 달려 돌아가셨을 때, 제자들은 깊은 상실감과 실패를 경험하였습니다. 이제 모든 것이 끝났다고 생각하였고 두려움 때문에 움츠러들었습니다. 제자들은 하나님의 아래로의 길을 이해하지 못했습니다. 그러나 오순절에 예수님께서 약속하신 성령이 오셨을 때 모든 것이 변하였습니다. 성령이 이들의 두려움을 날려 보낸 것입니다. 성령께서 이들에게 예수님은 진정 누구였는지 보게 하셨고, 새로운 길을 계시하셨습니다. 성령은 십자가의 길과 내려감의 길이 곧 구원의 길임을 열방에 선포할 수 있는 힘을 제자들에게 주셨습니다.

예수님은 성령이 누구인지를 우리에게 말씀해 주셨습니다. 돌아가시기 전날 밤, 주님은 제자들에게 말씀하셨습니다.

그러나 내가 너희에게 실상을 말하노니 내가 떠나가는 것이 너희에게 유익이라. 내가 떠나가지 아니하면 보혜사가 너희에게로 오시지 아니할 것이요 가면 내가 그를 너희에게로 보내리니 그가 와서 죄에 대하여, 의에 대하여, 심판에 대하여 세상을 책망하시리라. 죄에 대하여라 함은 그들이 나를 믿지 아니함이요. 의에 대하여라 함은 내가 아버지께로 가니 너희가 다시 나를 보지 못함이요. 심판에 대하여라 함은 이 세상 임금이 심판을 받았음이라. 내가 아직도 너희에게 이를 것이 많으나 지금은 너희가 감당하지 못하리라. 그러나 진리의 성령이 오시면 그가 너희를 모든 진리 가운데로 인도하시리니 그가 스스로 말하지 않고 오직 들은 것을 말하며 장래 일을 너희에게 알리시리라. 그가 내 영광을 나타내리니 내 것을 가지고 너희에게 알리시겠음이라. 무릇 아버지께 있는 것은 다 내 것이라 그러므로 내가 말하기를 그가 내 것을 가지고 너희에

게 알리시리라 하였노라. (요 16:7~15)

　여기서 예수님은 성령이 하나님의 존재의 충만함임을 보여 주고 있습니다. 예수님께서 '진리' 라 부르는 충만함입니다. 예수님께서 성령이 우리를 완전한 진리로 인도하실 것이라고 말씀하셨을 때, 그 말씀은 성령께서 우리로 하여금 새로운 백성이 되어 예수 그리스도의 생각과 시간 곧 새로운 생각과 새로운 시간을 살아가는 하나님의 삶에 온전히 참여하게 하신다는 의미입니다.

　그리스도의 영 안에 그리고 그리스도의 영을 통해서 우리는 때와 장소를 가리지 않고 작은 그리스도가 됩니다. 성령 안에 그리고 성령을 통해서 예수님이 알았던 것을 알게 되고 예수님이 하셨던 일을 할 수 있습니다. 이것은 이 땅의 누구도 알지 못했고 학습자와 영리한 사람들에게 숨겨져 있었던 하나님의 지혜인데, 이제 하나님의 자녀들에게 나타난 것입니다. 이 지혜는 성령을 통해서 영적으로만 배울 수 있는 지혜입니다.

　그러므로 제자도는 우리 안에 있는 성령의 삶입니다. 성령으로 말미암아 우리는 하나님의 삶으로 올려져 새로 볼 수 있는 눈과 들을 수 있는 귀와 만질 수 있는 손을 갖게 되었습니다. 하나님의 삶으로 올려진 우리는 눈으로 보고, 귀로 듣고, 손으로 만진 바를 증언하도록 세상에 보냄을 받았습니다. 이것이 우리 안에 있는 말씀의 삶에 대한 증언입니다.

　하나님의 아래로의 이동인 십자가의 길은, 우리가 예수님을 닮으려고 노력하는 것이 아니라 성령에 의해 그리스도로 살아가도록 변화되었기 때문에 우리의 길이 됩니다. 영적 삶이란 우리 안에 있는 그리스도의 영의 삶입니다. 약하지만 강하고, 포로 가운데 있으면서도 자유한, 아픔 가운데 기쁨이 넘치는, 가난한 가운데 풍요로운, 위로 향하는 사회 한가운데 살면서도 아래로의 구원의 길을 사는 자유한 삶입니다.

　비록 이 영적 삶이 과학 시대를 살아가는 우리에게 수수께끼 같고 만질 수 없으며 잡히지 않는 것처럼 보이지만, 그 열매로 보아 우리에게 엄청난 변화를 가져왔다는 것에 대해서는 의심할 수 없습니다. 사랑, 기쁨, 평화, 인내, 친절, 양선, 충성, 온유, 절제는 우리 주님의 성품이고 이 성품은 우상 숭배, 주술, 원수 맺는 것, 분쟁, 시기, 분냄, 당 짓는 것, 분열, 이단, 투기, 술 취함, 방탕함에 의해 찢겨진 세상 한가운데 현존합니다. (갈 5:19~23) 이 세상의 위로의 이동과 그리스도의 아래로의 이동을 분별하는 것은 어려운 일이 아닙니다.

– 헨리 나우웬 Henri Nouwen
「소저너스」(Sojourners)

목회로의 부름

목회의 선교적 특성은 하나님의 소명을 경험하는 데서 시작됩니다.

사도들은 복음을 전하고 공유하기 위해 부름받고 보냄을 받았던 하나님의 사람들이었습니다. 목회는 부름이지 경력이 아닙니다. 문자적 의미로 목회는 '섬기다' 라는 말에서 유래했습니다. 그러므로 목회란 어떤 직업이나 전문적인 일이 아니고, 사랑의 하나님의 부름을 받아들인 소명입니다. 교회는 예수 그리스도의 사도로서 생각하고 살고 죽고자 열망하는 평신도와 성직자를 필요로 합니다. 솔로몬(Dan E. Solomon) 감독은 교회에는 '기능적인 것을 넘어서는 선교적 지도력' 이 있어야 한다고 주장합니다.

어느 날 일상적인 목자의 삶을 살면서 광야에서 장인의 양떼를 돌보고 있던 모세를 하나님께서 불렀습니다. 불 붙은 떨기나무를 보았을 때 모세는 놀람과 충격을 경험하였습니다. 이때 천사가 나타났습니다. 모세는 이 경외로운 현상을 보고 이상한 풀을 너무 오래 씹어서 환영을 보는 것은 아닌지 생각했을지도 모릅니다. 그러나 "모세야! 모세야!" 부르시는 부름에 모세는 대답했습니다. "내가 여기 있나이다."(출 3:4)

회의론자들은 떨기나무에 정말 불이 붙었을까 질문합니다. 이 물음을 입증하기 위해 현장 검증을 할 수는 없습니다. 또 이것을 옆에서 보았다고 증언해 주는 사람도 없습니다. 거기다가 불타는 식물을 목격한 과학자도 없습니다. 그러나 히브리 사람들은 하나님께서 소박한 목자를 불러 저들의 예언자적 지도자로 세워 애굽의 압제에서 저들을 구원하여 약속의 땅으로 인도했다는 것을 결코 의심하지 않았습니다. 모세 또한 하나님의 소명을 의심하지 않았고, 어떤 어려움이 있더라도 자신의 목회에 하나님이 함께하심을 믿었습니다.

모세가 소명을 받는 동화 같은 장면은 예수님께서 처음 제자들을 부르실 때의 이야기와 큰 대비가 됩니다. 갈릴리 바다를 따라가면서 시장과 거리의 모퉁이를 돌았던 예수님은 시몬 베드로와 안드레라는 어부를 만났습니다. 예수님께서 그들에게 말씀하셨습니다. "나를 따라 오거라. 내가 너희를 사람 낚는 어부가 되게 하리라." 주님의 말씀에 제자들은 아무런 질문도 하지 않았습니다. 일의 요목이나 안내 책자도 요청하지 않았습니다. 연금 계획은 설명조차 없습니다. 대신 성경은 단순하게 말합니다. "그러자 그들이 즉시 그물을 내려놓고 주님을 따랐더라." 거기서 조금 가다가 신(Sin)과 데카당스의 모퉁이에 이르러 예수님께서 세베대의 아들 야고보와 그의 형제 요한이 아버지를 도와 일하는 것을 보시고 "그물 깁는 것을 멈추고 나를 따르라."고 하자 이들도 배와 아버지를 버려두고 예수님을 따랐습니다. 여기엔 불붙은 떨기나무는 없습니다. 천사의 목소리도 없습니다. 목회의 모험으로 부르시는 예수님의 권위 있는 부름만이 있을 뿐입니다. (마 4:18~22)

일을 멈추고 나를 따르라고 예수님께서 처음 제자들을 부르신 그때 이후, 교회는 지도자들을 세울 때마다 예수님의 부르심이 갖는 본성과 의미를 되새겼습니다. 바울이 목회에 입문한 것은 직업 선택이 아니라 다메섹 도상에서 일어난 하나님의 부르심에 대한 응답이었습니다. 사울은 경력의 사람이었지만, 바울은 소명의 사람이었습니다. 그 소명이 바울에게 동기를 부여하고 견지하게 하고 능력을 주어서, 박해와 감금과 논쟁과 실패 가운데서도 선교 여행을 계속할 수 있었습니다.

하나님은 평생 교회를 위해 헌신하는 성직자로 우리를 부르십니다. 또 어떤 사람은 직업을 통해 세상을 섬기도록 평신도 목회의 소명을 받습니다. 하나님께서 우리를 제사장직으로 부르시는 것이 아니라 삶의 모든 일터로 부르십니다. 소명에 대한 성경의 이해는, 봉사의 삶을 살라는 하나님의 초청입니다. 마틴 루터는 모든 직업이 거룩한 것이라고 강조하였습니다. 우리는 모든 일에서 하나님을 섬기는 소명을 감당할 수 있습니다. 요한 세바스찬 바흐(Johann Sebastian Bach)는 작곡하는 곡마다 위에 '오직 하나님의 영광을 위하여' 라는 의미의 첫 글자인 S.D.G.(Soli Deo Gloria)와 '예수님, 나를 도우소서!' 라는 의미인 J.J.(Jesu juva)를 써 넣었습니다. 슈바이처(Albert Schweitzer)가 말한 대로, 모든 사람의 소명은 다른 사람들을 섬기는 일입니다.

모세의 부르심, 예수님의 초청, 허쉬의 아버지를 부른 럭비 선수의 부름은 몇몇 예에 불과합니다. 하나님의 부르심은 아브라함과 예레미야의 경험으로부터 마리아와 바울에게 이르기까지 성경 전체에 나옵니다. 소명은 아우구스티누스, 존 웨슬리, 마틴 루터 킹 주니어, 마더 테레사와 같은 이들의 삶을 통해 역사 안에서 아주 구체적으로 지속되었습니다. 뿐만 아니라 소명의 역사는 일상에서 조용한 봉사의 삶을 살았던 기독교인 개개인과 공동체로 부름받은 교회를 통해서 이어지고 있습니다.

하나님의 명령은 편안, 성공, 부를 추구하는 인간의 욕구와 대비를 이루기 때문에, 하나님의 요청은 인간 영혼에 갈등을 일으킬 수도 있습니다. 웨슬리는 '소명을 받아들인다는 말은 무엇인가 할 준비, 무엇인가 잃을 준비, 무엇인가 고통받을 준비'를 하는 것이라고 생각하였습니다. 그러나 우리는 종종 들으려 하지 않습니다.

때때로 사람들은 하나님의 부르심을 오해합니다. 예전에 구름 사이로 'PC' 라는 글자가 나타난 것을 보고 '그리스도를 설교하라'(Preach Christ)는 의미로 해석하여 자기가 목사가 되도록 부름받았다고 생각한 농부가 있었습니다. 설교에 실패와 실수를 거듭한 농부는 마침내 PC의 의미가 '옥수수를 경작하라'(plow corn)는 부름임을 깨닫게 되었습니다. 오늘날 하나님은 그리스도를 설교하라(preach Christ)고 부르시기도 하지만, 컴퓨터에 프로그램을 깔아주는 사람(program computers)이나 직업 상담가(professional counseling)가 되라고도 부르십니다.

선교와 목회로 부르시는 하나님의 소명은 다양한 방식으로 예기치 않은 때에 임합니다. 목자에게 보인 떨기나무 불처럼 극적일 수도 있고, 어부들을 불렀던 예수님의 초청처럼 역동적일 수도 있으며, 대학생에게 다가온 럭비 선수의 조용한 말일 수도 있습니다. 우리가 부르심을 듣고 응답할 때 삶이 변화되고 역사가 바뀝니다. 현상 유지의 지축이 흔들리고, 혁명이 시작됩니다.

최근 특기할 만한 현상은 목사가 되기 위해 많은 사람들이 안정된 전문 직장을 떠난다는 것입니다. 변호사들이 화려한 경력을 뒤로 하고 회사를 퇴직하고 있습니다. 임상 심리학자들이 설교자가 되고자 훈련하고 있습니다. 신문기자들도 말씀 선포하는 것을 선택하였고, 주부들 중에는 40세가 넘어서 자신의 삶과 목회를 발견하기도 합니다. 요즘 신학교들은 풍부한 삶의 경험과 지식으로부터 얻은 통찰을 교회와 인류에게 제공하고자 찾아온 성숙한 기독교인들로 인해 큰 힘을 얻고 있습니다. 또한 그 반대의 물결도 감지되고 있습니다. 안수받은 목회자 중에는 사업과 전문 직업을 통해 본래적인 봉사의 일을 위해 목회 현장을 떠나는 사람들이 있습니다.

모든 사람은 세계 안에서 하나님의 사랑과 해방의 선교를 펼치기 위한 그릇입니다. 하나님은 온전함과 사회적 봉사에 삶을 바치는 사업가들을 필요로 합니다. 하나님은 인간의 개인적인 필요에 응답할 뿐 아니라 일로써 최고의 윤리적 표준을 지킨다고 믿는 전문가들을 필요로 합니다. 하나님은 삶을 온전히 교회와 인류를 위해 바치겠다고 작정한 학생들을 필요로 합니다. 삶의 상황이야 어떻든 하나님은 목회를 위해 우리를 부르십니다. 양로원 침대에 누워 있는 사람이라도 인권이 침해받는 지구적 상황에 저항하기 위해 국제사면위원회(Amnesty International)에 편지를 쓸 수 있습니다. 세계의 빈곤 퇴치와 무기 경쟁을 막을 다양한 가능성들이 존재합니다. 하나님은 여러 과제를 우리에게 주십니다. 크고 작은 과제와 장기적이며 단기적인 과제를 주십니다.

최근 남태평양에 단기 선교를 다녀온 60세의 어떤 남자는 한 사람이 무엇을 이룰 수 있는지를 보여 주었습니다. 그는 자녀와 아이들을 생각해서 교회와 연대하여 봉사하였습니다.

이 남자는 단기 선교 기간에 통가에 있는 한 소년학교를 방문하였습니다. 이 학교는 학생들에게 우유를 제공하면서 수익을 창출하기 위해 소를 키우고 있었습니다. 학교 관계자들과 대화를 하던 중에 이 신사는 종종 전기 공급이 중단되어 학생들에게 우유 급식을 하지 못한다는 사실을 알게 되었습니다. 전문 전기공이었던 이 남자가 자연스럽게 물었습니다. "그러면 왜 비상용 발전기를 구입하지 않습니까?" 그러자 학교 교장이 "20년 된 발동기가 한 대 있긴 한데 누구도 작동법을 모릅니다." 하고 말하였습니다.

다음날, 이른 아침잠을 설친 이 남자는 단기 선교 단장의 방문을 두드렸습니다. 그리고 자기가 학교에 돌아가 그 전기 발전기를 고쳐 주고 오겠노라고 말했습니다. 그러자 그녀가 말했습니다. "형제여, 성령이 당신에게 임하셨습니다. 당신은 그 발전기를 고치도록 부름받은 것입니다."

그 남자는 통가에 다시 가기 위해 회사에 한 달 더 휴가를 냈습니다. 이번에는 학생들의 도움을 받아 가며 발전기 발판을 만들고 발전기를 작동시켰습니다. 집에 도착한 우편 카드에는 '8월 3일 오후 6시 30분, 발전기가 돌아가기 시작했음'이라고 적혀 있었습니다.

지역 신문이 이 사실을 보도하고, 통가의 왕과 왕비가 이 지역을 방문하였습니다. 그러나 이 사람에게는 더 중요한 일이 있었습니다. 그는 생애 처음으로 예수 그리스도의 이름으로 다른 사람을 섬기는 것이 무슨 의미인지 깨달았습니다. 최근 그는 다시 통가에 갈 계획을 발표하였습니다. 그러면서 "이번에 또 내가 할 일을 주시네요."라고 말을 끝맺었습니다.

정의, 평화, 창조의 온전함이라는 하나님의 꿈이 실현되기 위해서는 아직도 이 세상에 다시 움직이기 시작해야 할 기계들이 많습니다. 성령께서 가르치는 말씀에 귀를 기울이면, 우리는 나의 재능과 은사를 어떻게 사용할 것인지를 발견할 수 있습니다. 목회는 핵, 국제, 생태 시대에 새로운 기독교 사도들을 찾고 있습니다. "주여! 내가 여기 있나이다. 나를 보내소서."라고 응답하는, 보다 책임 있는 대답이 요청되고 있습니다.

— 도널드 매써[Donald E. Messer]

「선의 음모」(A Conspiracy of Goodness)

목회와 순종의 멍에

프란츠 힐데브란트(Franz Hildebrandt)는 신약 성서를 읽으면서 복음서가 말하는 목사의 모습은 '제도 속에' 있는 인물이기보다는 '제도 아래에' 있는 인물임을 깨닫게 되었습니다. 힐데브란트는 좋은 감리교도였습니다. 이 책이 제시하는 바대로 감리교 안수 신학은 목회 제도의 적절성에 관심하기보다는 예수 그리스도의 복음과 교회를 위해 '제도 아래'에 서는 것이 안수받은 자의 의무임을 강조합니다.

'제도 아래'에 있다는 말은 순종적이고 책임적이어야 함을 뜻합니다. 캘빈은 안수받은 사람은 "스스로에 묶여 있는 율법이 아니고, 하나님과 교회에 종으로 매어 있음을 인식해야 한다."고 주장하였습니다. 섬김, 결속, 제도, 순종이란 말은 세속적이고 자유주의적인 20세기 문화에 어울리지 않는 용어들입니다. 우리는 개인의 자유에 어떤 제약을 허용하고 싶어하지 않습니다. 그러나 기독교 복음은 예수 그리스도로 인해 우리에게 도전합니다. "그는 근본 하나님의 본체시나 하나님과 동등 됨을 취할 것으로 여기지 아니하시고 오히려 자기를 비워 종의 형체를 가지사 사람들과 같이 되셨고 사람의 모양으로 나타나사 자기를 낮추시고 죽기까지 복종하셨으니 곧 십자가에 죽으심이라."(빌 2:6~8)

안수받은 목사들은 순종과 섬김이라는 자기 비움의 삶을 살아가는 대표자들로 부름받았습니다. 목회 갱신은 안수받은 목사가 '제도 아래' 살기로 한 이들의 고매한 소명을 다시 고백함으로써 가장 확실하게 이루어질 수 있습니다. 웨슬리의 기도에 귀 기울여 봅시다.

기쁨으로 순종의 멍에를 멥니다. 우리는 이제 우리의 것이 아니고 주님의 것입니다. 주님이 원하시는 것을 저희에게 맡기소서. 우리를 주님의 사람들과 함께 엮어 주소서. 우리로 함께 행동하게 하시고 함께 고통받게 하소서. 주님의 일을 하게 하시고, 주님을 위해 시간을 떼어놓게 하시며, 주님을 위해 높아지게 하시고, 주님을 위해 낮아지게도 하소서. 우리로 온전케 하시고, 우리를 비워 주소서. 모든 것을 가질 수 있게 하시고, 아무것도 갖지 않게 하소서. 우리는 자유로이 진심으로 가진 모든 것을 주님께 드리오니 주님이 원하시는 대로 사용하소서.

– 데니스 캠벨^{Dennis M. Campbell}
「순종의 멍에」(*The Yoke of Obedience*)

이때를 위해

개인과 집단의 감정과 기대감 속으로 뚫고 들어가 보면, 옛날 에스더에게 말해 주었던 모르드개가 오늘 우리에게 들려주는 음성을 듣게 됩니다. "이때를 위해 너를 이 왕국에 보낸 줄 누가 알겠는가?" 모르드개의 물음 속에서 우리는 유대-기독교가 물려준 전통의 핵심을 만납니다. 예컨대 우리의 삶은 기회나 운명이 아니라 하나님의 목적에 따라 인도된다는 신앙 고백을 만납니다. 비록 에스더서는 하나님의 이름을 거명하지는 않지만, 저자는 하나님의 때를 예민하게 인지하고 있습니다. 에스더가 왕비가 된 것은 우연히 운명에 따라 그 시기에 왕비가 된 것이 아닙니다. 에스더는 목적이 있어서 거기에 있었던 것입니다.

에스더는 유대인 여자로 이방 나라의 왕비가 됩니다. 왕의 심복 가운데 하나였던 하만은 왕의 허락을 받아 그 땅의 유대인을 모두 죽이기로 마음먹습니다. 이때 에스더의 후견인이자 사촌인 모르드개가 하만의 계획을 폭로하고, 왕을 설득할 수 있는 사람은 에스더밖에 없다는 사실을 알고 에스더에게 간청합니다. "만일 네가 이때에 침묵을 지킨다면, 다른 곳에서부터 유대인을 위한 구원이 올 것이다. 그러나 너와 네 아버지의 집은 망하게 될 것이다. 이때를 위해 너를 이 왕국에 보낸 줄 누가 알겠는가?" 모르드개는 에스더가 왜 그 자리에 있어야 했는지를 알았습니다. 에스더의 삶에는 목적이 있었습니다.

새해의 문지방에 서 있는 우리는 지금 모르드개가 에스더에게 했던 말을 듣고 있습니다. 이 말씀은 오늘 우리에게 들려주는 말씀입니다. 왜냐하면 하나님의 섭리는 우리가 여기 있는 것은 목적이 있어서라고 가르치고 있기 때문입니다. 우리는 아무렇게나 운명의 장난으로 여기 던져진 것이 아닙니다. 이때를 위해 어떤 목적을 위해 부름받은 것입니다. 하나님의 섭리를 이해하고 보면 우리 각자에게 들리는 말씀이 있습니다. "네가 여기 있는 것은 이유가 있어서다. 여기 네 존재가 역사를 바꾼다."

"이때를 위해 너를 이 왕국에 보낸 줄 누가 알겠는가?" 이 물음이 에스더에게 들렸던 것처럼 급하게 응답해야 할 물음으로 들리지 않는다면, 다시 한 번 생각해 보십시오. 우리는 지금 장로교회와 다른 교단들이 예기치 못한 쇠퇴기를 경험하고 있는 상황에서 함께 모였습니다. 교회 전체의 갱신을 가져오려면, 세계 안에 존재하는 교회의 독특한 정체성을 분명히 함으로써 기독교 신앙의 역사를 비판적으로 또한 애정을 갖고 이해해야 합니다. 분별력과 열정을 갖고 성경을 읽고 가르치고 설교하며, 사랑으로 상담하고, 용기 있게 세상의 권력과 세력에 맞서야 합니다. 간단히 말해 교회 갱신은 부분적으로는 신학교에서 배운 바를 온전히 실천함으로써 시작됩니다. 교회 갱신이 우리의 책임만은 아니지만, 이때를 위해 우리가 하나님 나라를 위해 부름을 받았는지 누가 압니까? 당신의 삶에는 목적이 있습니다. 그리고 당신이 세상을 변화시킵니다.

모르드개의 물음이 에스더에게 그랬던 것처럼 급하게 응답해야 할 물음으로 들리지 않는다면, 다시 한 번 생각해 보십시오. 28년 전 알라바마주 버밍햄 16가에 소재한 침례교에 폭탄이 투척되어 네 명의 소녀가 죽임을 당했습니다. 30여 년이 지난 지금 우리는 교회 안에 여전히 존재하고 있는 인종, 나라, 남녀 사이의 장벽을 해결하기 위해서 아픈 기억과 세례를 갱신할 수 있을까요? 화해를 이루는 것이 우리들만의 책임은 아니지만, "이때를 위해 우리를 이 왕국에 보낸 줄 누가 알겠습니까?" 우리의 삶에는 목적이 있고 여기 우리의 존재가 세상을 바꿉니다.

우리가 직면하고 있는 가장 중요한 과제 중의 하나는, 지금 여기서 우리를 부르신 하나님의 목적을 분별하는 일입니다. 아마도 새로운 결단을 하는 새해 첫날, 모르드개의 다급한 도전을 우리의 결단으로 받아들일 수 있을 것입니다. 그러나 경험에 기초한 내면의 소리는 우리의 일상 속에서 급한 도전이 무뎌질 것이라고 속삭입니다. 재미있을 것처럼 보이는 책도 꺼내어 읽기 시작하면 지루하게 될 수 있습니다. 그날의 급한 문제에 헌신하다 보면 바쁜 일정과 그로 인한 열정의 부족으로 긴장이 풀어지게 됩니다. 더구나 일상뿐 아니라 삶의 갑작스런 비극적 상황이 방향을 잃게 합니다. 어쩔 수 없다는 냉소가 확신을 지배하게 될 때, 허무가 목적의식을 삼켜버리게 될 때, 의심이 믿음을 뒤덮어버릴 때 우리는 어떻게 해야 할까요? 이때 하나님의 섭리는 무엇인가요? 하나님께서 부르신 목적을 어떻게 이룰 수 있을까요?

앞으로 여러분의 의심이 희망을 압도하고 삶의 무거운 짐이 목적의식을 집어삼켜 실패가 자명해 보인다면, 베드로의 형상을 떠올려 보시기 바랍니다.

나는 종종 의심에 싸여 있는 사람들이 "지금 당장 기적을 보면 믿을 수 있을 텐데."라고 말하는 소리를 듣습니다. 베드로는 이것이 꼭 그렇지 않음을 입증해 줍니다. 그는 기적 한가운데서 바른 신앙을 고백합니다. 베드로는 지금 물 위를 걷고 있습니다. 기적적인 일이 지금 베드로에게 일어나고 있고, 그를 둘러싼 사람들에게도 일어나고 있습니다. 그런데 그 시점에서 베드로가 무엇을 하고 있습니까? 베드로는 의심을 합니다. 기적 한가운데서 베드로의 신앙이 흔들립니다. 바람이 불어오는 것을 보았던 베드로는 두려워 가라앉기 시작하고, 그는 바로 "주님, 나를 구원하소서!"라고 부르짖습니다. 그러자 위로의 말씀이 뒤따라 나옵니다. 베드로가 두려움과 의심으로 부르짖자 "예수님께서 즉시 손을 내어 잡아주셨습니다."

하나님께서는 우리가 할 수 없는 것을 요구하지 않으십니다. 우리는 감당할 만한 삶의 목적을 위해 부름 받았습니다. 우리가 세상에서 감당해야 할 과제를 감당할 수 없다면, 희망보다는 좌절을 경험한다면, 초청이 아닌 버림을 받은 것처럼 느끼고 있다면, 자신을 돌아보고 가던 길을 멈추십시오. 성만찬 식탁에 나아오면서, 그리고 새해를 시작하면서 기독교 신앙의 중요한 두 고백을 마음에 새기십시오. 첫째는 여러분의 삶에는 목적이 있고 여러분의 존재가 세상을 바꾼다는 고백이고, 둘째는 지고의 희망과 가장 낮은 실패 속에서도 하나님은 여러분과 함께한다는 고백입니다.

우리가 빵을 뗄 때에 세상을 위해 사시고 죽으신 구원자 예수님의 사랑의 품에 참여하게 됨을 기억하십시오. 잔을 마실 때 하나님께서 부르신 목적을 깨달은 사람으로서 우리가 마시는 잔은 이 세상에서 계약의 삶임을 기억하십시오. 빵을 먹고 잔을 마실 때마다, 주님이 오실 때까지 주님의 죽음을 선포하십시오. 이때를 위하여 우리는 이 왕국에 보냄을 받았습니다.

— 낸시 더프[Nancy J. Duff]

「프린스턴 세미나리 블래틴」(The Princeton Seminary Bulletin)

우리는 어린아이로 돌아갈 수 없사오니
지혜를 향해 나아가도록 도와주소서.
우리는 처음부터 다시 시작할 수 없사오니
지금 여기서부터 신실하도록 도와주소서.
우리의 뜻으로 내 자신을 돌이킬 수 없사오니
당신에게로 돌아갈 수 있도록 도와주소서.
아멘.

— 에드워드 타일러[Edward Tyler]

「새해 축하 기도 모음」(Prayers in Celebration of the Turning Year)

세상을 향하여

기원 후 181년부터 203년까지 살았던 초기 기독교 순교자 퍼피튜아(Perpetua)의 아름다운 신앙 이야기가 있습니다. 그녀는 많은 유혹과 박해를 이겨 낸 신앙인이었습니다. 신앙을 지키다가 목숨을 바쳐야 하는 상황에서도 살아 계신 주님과 깊고 신실한 관계를 통해 신앙을 지켜 냈습니다.

나는 퍼피튜아의 삶에 감동받고 영감을 받았습니다. 그러나 내가 새삼 깨달은 바는, 엄청난 시련보다도 사소한 유혹 때문에 퍼피튜아가 하나님을 향한 신앙의 길을 떠나 속수무책으로 무너졌다는 사실입니다. 수천 번의 작은 결정들이 그리스도의 빛에서 자신을 보지 못하게 하고 희미한 불빛 아래 거하게 합니다. 그러므로 성직자는 매일 그리고 매주 창조자 하나님께 초점을 맞추어 삶과 소명이 조화를 이루도록 계획을 잡아야 합니다.

우리로 하여금 돌이켜 목표를 새롭게 하도록 돕는 몇 가지 본질적인 영성훈련들이 있습니다. 이 훈련은 그 훈련의 삶을 살았던 분들이 우리에게 여러 세기를 거쳐 물려준 유산입니다. 당신은 이미 이전에 이 훈련을 수행했을 수도 있습니다. 따라서 여기서 강조하는 것은 이 훈련들을 온전히 수행하여 훈련한대로 당신의 삶을 살아가라는 것입니다. 여러 방법이 있기 때문에 여러분에게 맞는 훈련을 택하는 것이 중요합니다. 어떤 훈련들은 우리를 만드시고, 부르시고, 보내시고, 지켜 주시는 분에게 신실하기 위해서 꼭 해야 하는 훈련입니다. 몇몇 기본적인 훈련을 정리해 보면 다음과 같습니다. 1) 매일 읽고 묵상하십시오. 2) 사랑과 증인의 삶을 사십시오. 3) 삶으로 기도하고, 기도로 사십시오. 4) 공동으로 예배를 드리십시오. 5) 서로 지원하고 방향을 제시할 만한 계약 공동체나 작은 공동체를 가지십시오. 이 다섯 가지는 여러분의 삶의 일과표에 포함시켜야 할 기본 훈련들입니다.

이 훈련의 수행을 통해 우리는 예수님을 보다 온전히 만나고 그분과의 관계를 보다 완전하게 할 수 있습니다. 예수님 안에서 우리는 우리가 보고자 하는 하나님의 형상을 가장 분명하게 봅니다. 예수님과의 관계 속에서 우리는 진정한 신앙을 깨닫게 되고, 계약 관계로 부르시는 하나님의 부르심을 경험합니다. 이 계약 관계는 신앙의 관계이고, 우리의 삶 안에 하나님이 개입하시고 임재하시는 관계입니다. 수잔 존슨(Sunanne Johnson)은 「교실에서 이루어지는 영적 구성」(Spiritual Formation in the Classroom)이라는 책에서 "죄의 고백과 회개, 성경 탐구, 사회적으로 소외된 사람들을 위한 정의 실현을 수행하지 않는다면 우리는 기독교인이 될 수 없다."고 하였습니다. 그 이유는 성경을 탐구하고 기도의 삶을 살며 사랑과 정의와 고백과 회개를 통해서 우리는 보다 분명하게 예수 그리스도의 형상을 볼 수 있기 때문입니다. 예수 그리스도의 형상을 분명하게 볼 때에만 우리의 삶 안에 그리스도의 흔적이 나타날 수 있습니다.

훈련된 삶

며칠간의 수련을 마치고 이제 일선 목회 현장으로 돌아가야 할 시간입니다. 우리의 목회는 마가복음 6장에 기록된 대로, 도전과 배척의 현장에 보냄을 받았던 예수님의 제자들의 상황과 다르지 않습니다. 제자들이 돌아와 경험한 바를 예수님께 보고하자, 예수님은 양육과 변화를 위해 이들을 사막으로 불러 쉼과 성찰의 시간을 갖게 합니다. 우리가 이렇게 한적한 공간에서 수련의 시간을 가진 것은 주님의 초청에 의한 것입니다.

이제 다시금 목회 현장의 한가운데로 들어가야 합니다. 마가복음에 의하면 예수님은 목자 없는 양 같은 군중에게 깊은 연민을 느꼈습니다. 그래서 그들을 가르치시고 저들에게 먹을 것을 주십니다. 곧 여러분도 목회적인 감각과 연민을 갖고서 모두에게 필요한 것을 공급하시는 선한 목자의 모범을 따라 목양에 참여하게 될 것입니다. 그런데 여러분은 어떻게 그 선한 목자와 관계하겠습니까? 어떻게 포도나무에 붙어 있겠습니까? 어떻게 목회 한가운데서 풍요로운 생명의 근거와 연결되어 있겠습니까? 여러분이 돌보는 뭇 영혼들의 갈증을 풀어 주듯이, 당신의 영혼의 갈증을 풀어 줄 생명수를 어떻게 받아 마시겠습니까?

많은 사람들이 특정한 삶의 일과표를 가짐으로써, 목회하는 동안 하나님의 은총에 지속적으로 거할 수 있음을 경험하였습니다. 이 삶의 일과표는 목회하는 현장뿐 아니라 자신의 필요와 은사와도 잘 어울리게 됩니다. 이 삶의 일과표는 단순할 수도 있고 복잡할 수도 있지만, 기독교 목사로서 예수 그리스도와 더불어 살아가도록 구조와 안내와 지속성을 제공할 것입니다. 기독교는 처음부터 상처 입은 세상에서 예수님을 따르는 사람들이 신실하게 살아갈 수 있도록 여러 수행들을 강조하였습니다. 이 수행들은 규칙으로 발전되었고, 기원 후 346년경에는 성 파코미우스(Pachomius)에 의해 기록으로 남겨지기도 하였습니다. 수도원의 삶의 규칙은 신실한 제자가 되기 위한 공인된 형식과 구조를 갖고 있었습니다. 수도원 밖의 삶의 방식이나 일과표 또한 제자도의 일부로 널리 수행되었습니다. 1세기 이후 기독교인들은 다양한 훈련을 수행함으로써 신실한 제자가 되었습니다.

살아 계신 그리스도와 동행하게 될 때, 삶의 방식을 발전시킬 수 있는 단순한 삶의 일과표가 있습니다. 이 일과표는 당신이 변화하고 성장할 때 함께 변화하고 성장합니다. 이 일과표를 따라감으로써 목회로 우리를 부르시고 보내시고 보호하시는 주님을 지속적으로 인식하고 주목하게 됩니다.

여유로운 수련의 하루 일정을 마치고 분주한 목회 현장으로 돌아가기 전, 자신의 계획을 만들어 보십시오. 지금 완성하고 있는 오늘은, 융통성과 자유뿐 아니라 특정한 구조를 가지고 있습니다. 이 구조는 하나님께 주목하고 하나님께서 우리의 삶 안에서 활동하시도록 만든 것입니다. 그러나 내일은 어떻습니까? 여러분에게 내일은 어떤 모습입니까? 이 물음에 대한 대답은 양육과 안내와 교제를 만들어 낼 삶의 일과표를 발전시키는 데 첫 번째 단계가 됩니다. 이 발전 과정을 시작하는 단순하고 쉬운 길은, "내가 어떻게 매일, 매주일, 매달, 매년 하나님께 주목하며 응답하는 삶을 살 수 있을 것인가?"라는 물음에 답하는 것입니다. 내 삶의 일과표에 무엇을 포함할 생각입니까?

매일, 매주, 매달, 매년 삶의 일과표에 꼭 포함하고 싶은 제안들을 읽어 보십시오. 그렇게 한 후 신실한 삶을 위해 당신의 목록에 포함하고 싶은 항목들을 더 만들어 보십시오. 기도와 분별을 통해 당신의 삶의 일과표에 포함시킬 항목을 결정하였으면 일, 주. 월. 년으로 항목을 나누어 수행할 것들을 적어 보십시오.

매일 일과표

매일 일과표에는 아래 제시한 항목의 일부 혹은 전체를 포함시킬 수 있습니다. 다시금 강조하고 싶은 것은 삶의 일과표가 당신의 것이 되어야 한다는 점입니다. 또한 삶과 목회에서 새로운 모험과 훈련에 기꺼이 임하십시오. 기도와 묵상 속에서 당신의 독특한 영적 여정, 목회의 상황과 본성을 생각하고, 당신의 영적 양육과 성장을 위해 특별히 작용될 것으로 보이는 항목들을 선택하십시오.

첫째, 당신이 하루를 지낼 거룩한 시간과 장소를 정하십시오. 이 일은 삶의 일과표에서 중요한 첫 단계입니다. 나는 나의 영적 삶에서 특별히 아침 시간과 집 안의 서재가 도움이 되는 것을 발견하였습니다. 그러나 서재가 적절하거나 적합하다고 생각되지 않으면 당신에게 가장 좋은 장소와 시간을 찾으십시오. 시간은 저녁, 정오, 한밤중일 수 있습니다. 중요한 것은 방해받지 않고 하나님과 함께할 수 있는 거룩한 시간을 만들라는 것입니다. 집 안의 서재, 침실, 벽난로 옆, 교회의 제단, 숲 속 등이 당신에게 거룩한 장소가 될 수 있습니다. 거룩한 장소가 어디든 그곳을 당신이 예배, 기도, 헌신을 드릴 수 있는 장소로 만드십시오. 십자가, 성상, 초, 또 다른 종교적 상징을 사용하면 이 장소의 거룩함이 기억될 뿐 아니라 그곳에 거할 때 지속적으로 하나님께 집중할 수 있는 힘을 얻게 됩니다.

많은 사람들은 매일 일과표를 하루 일정에 초점을 맞춥니다. 「하나님의 백성을 위한 기도 안내서」(*A Guide to Prayer for All God's People*), 「공동기도서」(*The Book of Common Prayer*), 「목회자와 사역자들을 위한 기도 안내서」(*A Guide to Prayer for Ministers and Other Servants*)는 여전히 많은 사람들에게 유용한 안내서가 될 것입니다. 당신도 이 중에 하나를 선택하거나 다른 자료를 선택하여 사용할 수 있습니다. 예컨대 교회 찬송가에 나와 있는 매일 기도와 찬양 예배 순서, 하루 일과를 여는 기도 순서 등이 있습니다. 이 매일 일과표는 성경 묵상, 기도, 응답을 포함하고, 일과 시간 중에 따로 시간을 떼어 놓을 수 있는 구조를 만들도록 합니다.

하루가 지나는 동안 다른 수행이나 다른 도움을 받을 수도 있습니다. 잠에서 깨어나는 순간에 하나님께 드리는 기도는 살아 계신 그리스도와의 교제로 하루를 시작하게 합니다. 의미가 담긴 종교적인 상징이나 좋아하는 구절을 화장대나 면도하는 거울에 붙여 놓고 당신과 함께하시는 하나님을 주목하십시오. 식사 때마다 드리는 기도는 당신의 삶 속에서 풍요롭게 인도하시는 하나님의 은총에 감사를 표현하는 방식 중 하나입니다. 마침 기도는 하루를 돌아보게 하고, 실수를 고백하게 하며, 용서받고, 은총에 감사하게 하며, 모든 것을 하나님의 돌보심에 맡김으로 신실한 제자가 되도록 만듭니다.

매주간 삶의 일과표는 매일 일과표를 한 주 길이로 연장한 것으로, 그 주간에 특별한 활동이 있으면 매일 일과표에 적절히 첨가하십시오. 존 웨슬리는 헌신, 연민, 증인 활동이 모든 기독교인을 위한 필수적인 은총의 수단이 된다고 생각했습니다. 당신은 적어도 이 은총의 수단 가운데 두 개의 수단을 매주 당신의 일과표에 통합시킬 수 있습니다. 아니면 처음부터 셋 모두를 포함시키기로 결정할 수 있습니다.

많은 사람들이 매주 성만찬에 참여하는 것이 하나님의 은총의 놀라운 근거가 됨을 경험하였습니다. 어떤 교회는 성만찬을 매일 제공하기도 하고, 다른 목회자로부터 성만찬 받는 것을 허용하기도 합니다.

가장 중요한 것은 주간 계획표에 안식의 시간을 포함시키는 일입니다. 목회자는 안식이 필요합니다. 그러므로 오늘 수련을 마치고 주간 계획표를 계획하면서 안식을 포함시키십시오. 향후 6개월 계획을 짜면서 달력에 안식일을 적어 넣으십시오. 안식을 결정하는 것이 오늘보다 더 쉬운 날은 없을 것입니다. 이제 결정하였으면 실행에 옮기는 일만 남았습니다.

월간 계획표에는 매일 일과표와 주간 계획표에 신실한 제자도의 본질이라고 생각하는 항목들을 첨가하십시오. 예컨대 하루를 따로 떼어 놓을 수 있고 가난하고 소외된 사람들을 위한 선교나 목회의 날을 하루 정할 수도 있습니다. 하루 동안 에이즈 병동에서 봉사하거나 임시 은신처에서 일할 수도 있고, 자원 봉사로 호스피스나 병원에서 일할 수도 있습니다. 어떤 사람들은 매달 한 차례씩 사랑의 집짓기 운동에 참여하여 일하기도 합니다. 이러한 활동을 통해 참여자들은 양육과 보호하심의 풍요라는 은총을 경험합니다. 그런가 하면 또 다른 사람에게는 매달 한 권의 새로운 책을 읽는 것이 은총의 수단이 됩니다. 책을 읽는 중에 하나님의 인도하심과 영감을 얻습니다.

마지막으로 매일, 매주, 매달 계획표에 일 년 계획표를 통합하고 당신이 느끼기에 완전하고 독특하게 하나님과의 동행할 수 있는 방법을 첨가하십시오. 적어도 일 년에 한 번 3일 동안의 수련회를 계획하십시오. 연초에 하루는 써 놓은 일기를 읽어 보며 지나간 한해를 돌아보고, 지난 해에 있었던 사건과 활동을 묵상해 보십시오. 사건 하나하나를 다시금 떠올리면서 당신의 삶을 향한 하나님의 뜻과 목적이 이 사건들 속에 어떻게 표현되었는지 살펴보십시오. 당신의 일과표를 점검해 보고 새해가 되면서 주님의 인도하심을 받아야 할 부분이 있다고 느끼는 부분에 대해서는 수정을 가하십시오.

이 과정은 영적 인도자, 영적 친구, 혹은 계약 집단과 함께 할 수 있습니다. 이 영적 동료들과 함께 하면 이들로부터 격려, 희망, 방향 제시를 받을 수 있습니다. 마지막으로 빈 달력과 종이 위에 삶을 위한 당신의 일과표에 포함시켜야 할 것을 적어 보십시오. 달력이나 종이를 책상이나 성경 속에 두어 당신의 계획을 늘 기억함으로 하나님과의 신실한 동행을 지속하는 데 온전히 자신을 드리도록 하십시오.

나중에 당신은 기도하면서 포스터(Richard Foster)의 「훈련의 축하」(Celebration of Discipline)나 윌리아드(Dallas Williard)의 「훈련의 영」(Spirit of the Disciplines)과 같은 책을 읽고 삶의 일과표에 다

른 훈련을 더할 수도 있습니다.

당신이 만든 일과표는 영적 여정을 위한 안내와 은총의 놀라운 근거가 될 수 있습니다. 수정하지 말고 적어도 한 달 동안 사용해 보십시오. 다음번에 하루를 정해 수련할 때 수정할 것이 있으면 그때 점검하면서 일과표를 조율할 수 있습니다. 기도와 응답으로 매일 훈련했던 성경 묵상은 이 일과표를 만든 당신에게 풍요로운 영적 선물로 되돌아올 것입니다. 또한 살아 계신 그리스도와의 신실한 교제는 당신의 돌봄을 받고 있는 회중에게 놀라운 축복과 영감을 일으킬 것입니다.

참고
문헌

아래의 자료를 사용할 수 있도록 출판사들이 허락해 준 것에 대해 진심으로 감사드립니다.

Archambeau, Trudy. *Prayer*. 저자 허락.

Bell, Martin. From *Street Singing and Preaching*. Copyright © 1991 by Martin Bell. Abingdon Press 허락.

Bernier, Paul. From *Eucharist: Celebrating Its Rhythms in Our Lives*. Copyright 1993. Aver Maria Press, Notre Dame, IN 46556. 출판사 허락.

Bloom, Anthony. *From Beginning to Pray*. © 1970 BY Archbishop Anthony Bloom. Paulist Press and Darton, Longman & Todd Ltd, London, England 허락. 원래는 Darton 출판사에서 *School for Prayer*라는 제목으로 출판된 것임.

Bondi, Roberta. From *To Love as God Loves Us*. Copyright © 1987 Fortress Press. Augsburg Press 허락.

Bonhoeffer, Dietrich. 'Who Am I' Macmillan Publishing Company and SCM Press Ltd 허락. *Letters and Papers From Prison*, Rev., Enlarged Edn., by Dietrich Bonhoeffer. Copyright © 1953, 1967, 1971 by SCM Press Ltd; From *Meditating on the Word* 중에서. Cowley Publications 허락. 28 Temple Place, Boston, MA 02111.

Buechner, Frederick. From *Telling the Truth*. Copyright © 1977 by Frederick Buechner. HarperCollins Publishers, Inc.(152쪽)로부터 허락을 받아 다시 인쇄한 것임.

Burghardt, Walter J. 'Contemplation: A Long Look at the Real', Copyright 1989, *Church* magazine, published by the National Pastoral Life Center, 299 Elizabeth St., NY, NY 10012-2806 허락.

Bruteau, Beatrice. *Radical Optimism: Rooting Ourselves in Reality*. Copyright © 1993 by Beatrice Bruteau. The Crossroad Publishing Company의 허락으로 다시 인쇄한 것임.

Campbell, Dennis. From *The Yoke of Obedience*. Copyright © 1988 by Abingdon Press 허락.

Carmody, John. 'Quaker Spirituality' originally published in *Spiritual Life*(v. 38, No. 3, Fall 1992). 저자의 허락.

Craddock Fred B. 'The Last Temptation of the Church', Originally published in *Princeton Seminary Bulletin* 10(1989): 193-98. 저자와 출판사 허락.

Duff, Nancy. 'Such a Time as This'. Originally published in *Princeton Seminary Bulletin* 13(1992): 196-98. 저자와 출판사 허락.

Fenhagen, James C. Excerpt on 'Simplicity' from *Ministry and Solitude* by James C. Penhagen. Copyright © 1981 by The Seabury Press, Inc. HarperCollins Publishers, Inc.(134쪽)의 허락.

Finley, James. From *Merton's Palace of Nowhere*. Copyright 1978. Ave Maria Press, Notre Dame, IN 46556. 출판사 허락.

Foster, Richard J. From *Prayer: Finding The Heart's True Home*. Copyright © 1992 by Richard J. Foster. Harper

Collins Publishers, Inc. and Hodder & Stoughton Limited. (36, 76쪽)의 허락으로 재인쇄함.

Greenleaf, Robert K. From *Spirituality as Leadership*. 저자의 허락. The Robert K. Greenleaf Center, 1100 W. 42nd St. Suite 321, Indianapolis, IN 46208.

Hamilton, Neill Q. From *Maturing in the Christian Life: A Pastor's Guide*, © 1984 Neill Q. Hamilton. Westminster/John Knox Press 허락.

Harle-Mould, Hope Douglas, J. 'To Fail Often' From *Church Worship*. Educational Ministries. 165 Plaza Drive, Prescott, AZ 86303-5549 허락으로 재인쇄함.

Hays, Edward. From *Pray All Ways*. Copyright Forest of Peace Publishing, Inc., 251 Muncie Rd., Leavenworth, KS 66048-4946. 출판사 허락.

Heschel, Abraham J. From *Tempo*, October 15, 1969. Dimensions of Man by Harold P. Simonson and John B. Magee. Copyright © 1973에서 재인쇄함. Published by Harper and Row, Publishers.

Holmes, Urban T. III. From *Spirituality for Ministry*. The Estate of Urban T. Homes, Mrs. Jane Holmes, Box 323, Sewanee TN 37375에서 재인쇄함.

Hudnut, Robert K. From *This People, This Parish*. 저자 허락으로 재인쇄함.

Johnson, Ben Campbell. From *Pastoral Spirituality*. published by Westminster/John Knox Press.

Jones, Alan. From *Exploring Spiritual Direction*. Copyright 1982 by Alan Jones. Published by the Seabury Press.

Keller, Jack A. Jr. From 'Reading to Feed the Imagination' in *Quarterly Review*, Spring 1992. 저자 허락.

Kriebel, Martha. From *A Stole is a Towel*. Pilgrim Press, Cleveland, Ohio 허락으로 재인쇄함.

Leech, Kenneth. From *The Eye of the Storm: Living Spirituality in the Real World*. Copyright © 1992 by Kenneth Leech. HarperCollins Publishers, Inc. (38쪽) 허락으로 재인쇄함.

L'Engle, Madeleine. From *Walking on Water: Reflections on Faith and Art*, © Crosswicks, 1980. Harold Shaw Publishers, Wheaton, IL 허락.

Maloney, George A. From *In Jesus We Trust*. Copyright 1990. Ave Maria Press, Notre Dame, IN 46556. 출판사 허락.

Marty, Martin E. From *A Cry of Absence: Reflections for the Winter of the Heart* by Martin E. Marty and Illustrated by Susan Teumer Marty. Text Copyright © 1983 by Martin E. Marty. Illustrations © 1983 by Susan Teumer Marty. HarperCollins Publishers, Inc(26쪽) 허락으로 재인쇄함.

May, Gerald G. From *Simply Sane*, Copyright © 1977 by Gerald G. May, M.D. The Crossroad Publishing Company 허락으로 재인쇄함.

Messer, Donald E. From a Conspiracy of Goodness. Copyright © 1992 by Abingdon Press. 허락. From *Contemporary Images of Christian Ministry*. Copyright © 1989 by Abingdon Press. 허락.

Moore, James. From *When All Else Fails···Read the Instructions*. Copyright © 1993 by Dimensions for Living. 출판사 허락.

Nelson, D. Ellis. From *How Faith Matures*. published by Westminster/John Knox. Norris, Kathleen. From *Dakota*. Copyright © 1993 by Kathleen Norris. Ticknor & Fields/ Houghton Mifflin Company. All rights reserved.

Nouwen, Henri J. M. From *In the Name of Jesus*. Copyright © 1989 by Henri J. M. Nouwen. The Crossroad Publishing Company 허락으로 재인쇄함.; from *Aging* by Henri J. M. Nouwen and Walter J. Gaffney. Doubleday, a division of Bantam, Doubleday, Dell Publishing Group, Inc. 허락으로 재인쇄함.; from *The*

Way of the Heart. Copyright © 1981 by Henri J. M. Nouwen. HarperCollins Publishers, Inc.(46쪽) 허락으로 재인쇄함.; 'A Self-Emptied Heart' and 'The Selfless Way of Christ'. 나우웬의 허락.

Peterson, Eugene H. From *Working the Angles.* Wm. B. Eerdmans Publishing Co., Grand Rapids, MI 허락.

Puls, Joan. From *Seek Treasures in Small Fields: Everyday Holiness.* Copyright 1993 by Joan Puls(paper 160쪽). 출판사 허락. Publshied by Twenty-Third Publications, P.O. Box 180, Mystic, CT 06355.

Ransom, John Crowe. Lines from 'Winter Remembered' from *Selected Poems* by Langston Hughes, Copyright 1924 by Alfred A. Knopf Inc. and renewed 1952 by John Crowe Ranson. Alfred A. Knopf Inc. and Carcanet Press Limited 허락.

Rice, Howard L. From *Reformed Spirituality* published by Westminster/John Knox.

Rohr, Richard. From *Simplicity: The Art of Living.* English Translation Copyright © 1991 by the Crossroad Publishing Company. The Crossroad Publishing Company 허락으로 재인쇄함.

Rupp, Joyce. From *May I Have This Dance?* Copyright 1992. Ave Maria Press, Notre Dame, IN 46556. 출판사 허락.

Schapper, Donna. From *Hard Times.* Copyright 1993 by Abingdon Press. 출판사 허락.

Schnase, Robert. From *Ambition in Ministry.* Copyright © 1993 by Abingdon Press. 출판사 허락.

Shawchuck, Norman. From *Leading the Congregation* by Norman Shawchuck and Roger Heuser. Copyright © 1993 by Abingdon Press. 출판사 허락.

Simmons, Henry C. From *In the Footsteps of the Mystics.* © 1992 by Henry C. Simmons. Paulist Press 허락.

Taylor, Barbara Brown. From *The Preaching Life.* Cowley Publications, 28 Temple Place, Boston, MA 02111 허락으로 재인쇄함.

Thompson, Marjorie J. Prayer and Excerpt from 'The Bread of Anxious Toil', a Sermon Preached at The Upper Room Chapel, Nashville, TN. 저자 허락.

Tyler, Edward. From *Prayers in Celebration of the Turning Year.* Copyright © 1978 by Edward Tyler. Abingdon Press 허락.

Wannergin, Walter J. Jr. From *Ragman and Other Cries of Faith.* Copyright © 1984 by Walter Wanergin, Jr. HarperCollins Publishers, Inc.(111쪽) 허락.

Westerhoff, John H. III. From *Inner Growth Outer Change.* Copyright © 1979 by The Seabury Press, Inc. HarperCollins Publishers, Inc.(140쪽) 허락으로 재인쇄함. from *The Spiritual Life: Learning East and West.* Copyright © 1982 by John H. Westerhoff III and John D. Eusden. HarperCollins Publishers, Inc(106쪽) 허락으로 재인쇄함.

Wicks, Robert J. From *Touching the Holy.* Copyright 1992. Ave Maria Press, Notre Dame, IN 46566. 출판사 허락.

Wiederkehr, Macrina. From *A Tree Full of Angels.* Copyright © 1988 by Macrina Wiederkehr. HarperCollins Publishers, Inc.(33쪽) 허락으로 재인쇄함.

Willimon, William H. 'The Messiness of Ministry'. Originally published in *Princeton Seminary Bulletin* 14(1993): 229-33. 저자와 출판사 허락.

Wuellner, Flora Slosson. From *Heart of Healing, Heart of Light.* Copyright © 1993. 출판사 허락. The Upper Room. 1908. Grand Avenue, P.O. Box 189, Nashville, TN 37202.

영적 독서를 위한 색인

가프니 Gaffney, Walter J.   69

그린리프 Greenleaf, Robert K.   63

나우웬 Nouwen, Henri J. M.   69, 73, 127, 161, 203

넬슨 Nelson, C. Ellis.   194

노리스 Norris, Kathleen.   72

니코디모스 Nikodimos, St.   127

더프 Duff, Nancy J.   211

라이스 Rice, Howard L.   169

랜섬 Ransom, John Crowe   28

럽 Rupp, Joyce.   28, 84

레인 Lane, Belden C.   123

로렌스 Lawrence, Brother   116

로어 Lohr, Richard   171

리치 Leech, Kenneth   44

마티 Marty, Martin E.   31

말로니 Maloney, George A.   89

매써 Messer, Donald E.   174, 207

메이 May, Gerald G.   102

무어 Moore, James W.   168

박스터 Baxter, Richard   57

버니어 Bernier, Paul   124

벨 Bell, Martin   104, 145

본디 Bondi, Roberta C.   103

본회퍼 Bonhoeffer, Dietrich   56, 71

부그하르트 Burghardt, Walter J.   138

부크너 Buechner, Frederick   195

블룸 Bloom, Anthony   119

브루토우 Bruteau, Beatrice   165

쇼척 Shawchuck, Norman   61

쉐퍼 Schaper, Donna   182

슈네이즈 Schnase, Robert   157

시몬스 Simmons, Henry C.   134

아참뷰 Archambeau, Trudy   105

엥겔 L'Engle, Madeleine.   132

와너진 Wanergin, Walter, Jr.   141

웨스터호프 Westerhoff, John H.   133, 181

위더커 Wiederkehr, Macrina   41

윅스 Wicks, Robert J.   65

윌너 Wuellner, Flora Slosson   37

윌리몬 Willimon, William H.   198

유스든 Eusden, John D.   133

존스 Jones, Alan.   177

존슨 Johnson, Ben Campbell   127

카모디 Carmody, John   131

캠벨 Campbell, Dennis   208

켈러 Keller, Jack A., Jr.   95

크래독 Craddock, Fred B.   164

크리벨 Kriebel, Martha B.   63

타일러 Tyler, Edward   45, 73, 183, 211

테일러 Taylor, Barbara Brown   68

톰슨 Thompson, Marjorie   115

팽하겐 Fenhagen, James C.   170

포스터 Foster, Richard J.   43, 96

풀스 Puls, Joan   166

피터슨 Peterson, Eugene H.   94

핀리 Finley, James   126

할레-몰드 Harle-Mould, Hope Douglas J.   89

해밀턴 Hamilton, Neil Q.   176

허드넛 Hudnut, Robert K.   199

헤셸 Heschel, Abraham J.   104

헤이스 Hays, Edward   33

호이저 Heuser, Roger   61

홈즈 Holmes, Urban T., III   101

  루벤 좁 감독님은 미 연합감리교회의 영성국 의장과 다락방 편집장을 지내신 영적 지도자십니다. 은퇴 후에도 「루벤 좁 지도력 개발원」(Bishop Rueben Job Center for Leadership Development)을 통해 목회자들에게 영성과 지도력을 훈련함으로써 교회를 건강하게 세워 가시는 미 연합 감리교회의 가장 존경 받는 영성가이십니다.

  「영성수련 Retreat」(A Guide to Retreat: For All God's Shepherds)은 루벤 감독님께서 목회자들에게 영성의 훈련을 돕고자 펴낸 영성수련 교본입니다. 이 책을 번역하게 된 동기는 현재 미 연합감리교회 영성국 의장을 맡고 있는 정희수 감독님의 추천에 의한 것입니다. 2007년 겨울 제게 루벤 감독께서 쓰신 「세 가지 생활 수칙: 웨슬리 식으로 살아가기」(Three Simple Rules: A Way of Wesleyan Living)를 선물하면서 한국의 기독교인들과 나누고 싶으니 이 책을 한국에 소개하였으면 하는 바람을 피력하였습니다. 흔쾌히 허락을 하고는 학교와 교회의 소그룹에서 같이 읽고 깊은 감동을 받았습니다. 2008년 여름 방학 번역을 시작하면서 정희수 감독님에게 번역 과정을 알렸더니 이미 미국에서 한국어로 번역이 되었다고 알려 주었습니다. 아쉽지만 하던 번역을 멈추고 내 하던 일을 하고자 맘먹고 있는데 정희수 감독님이 다시 연락을 해 왔습니다. 루벤 감독이 펴낸 「영성수련 Retreat」이란 책이 있는데 루벤 감독님의 대표적인 책으로서 이 책 또한 한국의 교인들이 꼭 읽었으면 하는 바람과 함께 한국에 소개해 줄 수 없겠냐는 부탁이었습니다.

  이처럼 이 책의 번역은 정희수 감독님의 한국교회를 향한 사랑에서 시작되었습니다. 저는 2008년 가을학기 협성대학교의 어학당 회원들과 정동제일교회 영어목회 교우들과 이 책을 같이 읽었습니다. 독해에 참여했던 회원들은 목회자들의 영성수련을 위한 책이지만 굳이 안수 받은 목회자에게만 한정될 필요가 없다고 공감하였습니다. 안수 받은 목회자뿐 아니라 평신도 목회자들에게 교회의 지도자로 일하는 모든 이들의 영성 안내서가 될 수 있다는 확신을 갖게 되었습니다. 그래서 책 제목을 「영성수련」이라고 하였습니다. 번역이 끝나고 여러 목회자와 신학생들에게 읽어보라고 원고를 돌렸습니다. 모두가 좋은 영감을 얻었다고 격려를 보내주었습니다. 그 중에 정애성 목사님과 염용희 전도사님은 교정에 참여해 여러모로 도움을 주셨습니다.

이 책은 목회자의 영성수련을 위한 교본입니다. 기도와 묵상에 기초한 성경읽기가 있고 그리스도인의 사랑과 증인의 삶이 담긴 영적 독서가 있습니다. 글의 내용들은 우리의 삶과 유리되지 않은 영성의 깊이를 담고 있습니다. 언제 어디에서 우리가 목회자의 소명으로부터 떠나 방황하게 되었는지 우리의 존재를 헤아리게 하고 하나님의 존재 앞에 서게 합니다. 이 책은 독자들을 하나님과의 깊은 관계 회복으로 안내하여 하나님의 백성으로서 서로 사랑하고 존중하며 연합하도록 안내합니다. 그리고 마침내 목회자와 교회가 영적으로 건강할 수 있도록 안내합니다.

이 책은 지방회나 연회별 목회자와 평신도 지도자 영성수련을 위해 사용하면 좋을 것입니다. 또한 신학생들의 영성훈련의 교재로 활용하여도 좋습니다. 상황에 따라서는 영성수련의 참가자들이 소 그룹을 이루어 이 책이 제시한 안내를 따라 일정기간 수련할 수 있습니다. 혹은 개인적인 교본으로 활용하여 목회 현장이나 기도원에 들어가 홀로 순서에 따라 영성훈련의 지침으로 삼아도 좋습니다. 이 책은 달을 가리키는 손가락처럼 안수 받은 목회자들과 평신도 목회 지도자들이 하나님을 깊이 만나도록 안내하는 영성훈련의 안내서입니다. 모쪼록 책을 읽고 영성수련을 시작하는 모든 분들에게 하나님의 은총이 넘치시기를 기도합니다. 마지막으로 장이 바뀔 때마다 영감 있는 사진을 제공해 주어 한국어 번역본이 영어 원본보다 더 살아있는 책이 되도록 해준 유인선 전도사님, 출판할 수 있도록 허락하신 도서출판 kmc(출판국)과 김광덕 총무님께 감사와 고마움을 표합니다.

2009년 9월
봉담골 연구실에서 이세형

그리스도 안에서 한 형제요 자매인 한국 독자들에게

이세형 박사의 번역으로 「영성수련 Retreat」을 한국인 독자들이 읽을 수 있게 되어 기쁘게 생각합니다. 이 책의 글을 읽고 묵상하며 영성훈련에 임하는 모든 분들에게 하나님의 사랑이 넘치기를 기도합니다. 여러분이 이 책을 안내 삼아 영성훈련에 임하게 될 때 하나님의 인도하심, 능력, 격려, 축복, 열매 맺음을 경험하게 될 것입니다. 진심으로 이 책을 읽는 모든 분들의 목회와 삶에서 하나님의 은총이 넘치시기를 기도합니다.

은혜와 평강이 함께하시기를
루벤 좁 감독